● 프로처럼 촬영하는 기술과 예술 감각 익히기

프로페셔널 영상 촬영의 바이블

촬영감독이 쉽게 풀어쓴
영상 촬영의 **이론과 실제**

장기혁 지음

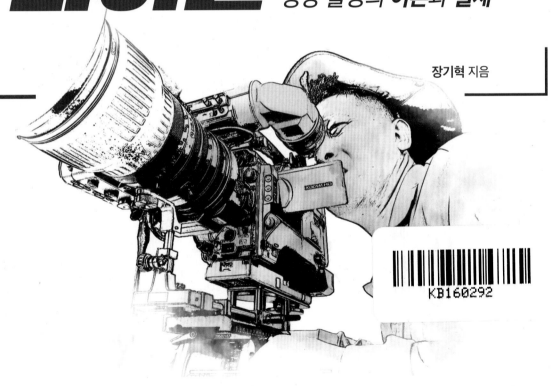

GOLDEN RABBIT

현대 사회는 누구나 손쉽게 동영상을 촬영하고 편집해, SNS(유튜브·인스타그램·틱톡·트위터·페이스북)를 통해 유통시키며 경제적으로 수익을 창출하는 1인 미디어 시대이다. 이와 같은 현상이 나타나는 것은, 통신기술의 발달과 스마트폰·DSLR·소형 캠코더(6mm) 등과 같은 다양한 종류의 카메라가 많이 보급되었기 때문이다. 하지만 유통되는 동영상의 품질은 예술적(영상미학)·기술적 측면에서 완성도가 떨어져 시청자들에게 메시지message가 강하게 전달되지 않는다. 이는 동영상의 기본적 구성요소이면서 병행 사용하는 영상video과 소리audio의 품질이 떨어지기 때문이다. 촬영 현장에서 기술적으로 잘못 촬영된 영상이나 잘못 녹음된 소리는 편집 과정에 일부(화면의 밝기·색상) 수정할 수 있지만 그 범위에 한계가 있다. 영상미학적으로 잘못 촬영된 화면은 편집 과정에 화면 크기를 수정할 수 있지만(촬영 원본 영상의 규격이 매우 클 때에 제한적으로 가능), 그 이외의 여러 가지 요소들은 수정할 수 없다.

예술적·기술적 측면에서 완성도가 높은 동영상이란, 고품질의 영상과 소리를 통해 시청자들의 시각과 청각을 동시에 자극하며 특정의 메시지를 강하게 전달하는 것이다. 이와 같은 고품질 동영상을 획득하려면 카메라·조명·마이크 등을 다루는 장비 사용 기술과, 시청자들이 촬영된 화면을 바라보는 심리를 다루는 영상문법(영상미학)에 대한 깊이 있는 이해와 함께 그 둘을 혼합 사용하는 능력이 필요하지만 초보자들에게는 매우 힘들고 어려운 일이다. 필자 역시 입문 초기 그와 같은 문제를 해결하고자 전문 서적들을 찾아서 공부했지만 대부분 예술적·기술적 측면 중 어느 한쪽으로 편중되어 실제 촬영 현장에서 접목하기 어려웠다. 선배들의 어깨 너머로도 배웠지만 그 과정이 체계적이지 못해 이해하기 힘들었다.

시청자들에게 프로그램의 제작 목적을 매우 분명하고 효과적으로 전달하는 고품질 동영상을 획득하려면 동영상 촬영 전문가로 호칭되는 촬영감독이 필요하다. 촬영감독은 어떤 피사체를 촬영하더라도 전문적인 지식과 다양한 경험을 통해, 카메라가 촬영하는 위치·높이·거리·렌즈 화각·무빙 방법·화면 크기·구도·빛(조명)·소리 등과 같이 시청자들의 심리에 영향을 주는 기술적·예술적 요인들을 적극 활용해, 촬영되는 장면 속에 자신의 사상·관점·감정 등과 같은 주관적 요소를 매우 강하게 개입시키며 시청자들에게 특정 메시지를 전달하는 사람이다. 이때 나타나는 기술적·예술적 감각은 각자 가지고 있는 성격·소양·감수성 등과 함께 학습 정도, 실제 제작 현장에서 쌓은 다양한 경험과 노력, 열정의 정도에 따라 차이가 있다.

필자도 시간이 지나면서 예술적·기술적 원리를 실제 촬영 현장에서 동시에 적용하는 근본 원리에 대해 조금씩 깨달았고 촬영감독이 되었지만 아직도 가야 할 길이 남아 있다. 그럼에도 이 책을 쓴 이유는 이 분야에 처음 입문하는 분들이 과거에 필자가 힘들어 했던 과정들을 조금이라도 쉽게 극복하는 데 도움이 되기를 바라는 마음으로, 33년간 실제 제작 현장에서 터득한 기술적·이론적 경험과 선배들로부터 구전으로 전해지던 노하우 등을 초보자들도 쉽게 이해할 수 있게 전하기 위함이다.

필자는 지난 33년간 젊음과 열정을 모두 바친 촬영감독이라는 직업을 천직이라 생각하며 살아왔고, 정년퇴직을 앞두고 사랑했던 나의 직업에 대해 책으로 마무리할 수 있어서 보람도 있다. 그렇게 살 수 있었던 가장 큰 이유는 그동안 제작 현장에서 동고동락한 많은 선후배의 크나큰 도움 때문이었다. 그 모든 분께 진심으로 감사드린다.

끝으로, 이 책이 세 번째 개정판까지 출판되게 도와주신 독자 여러분, 사진 사용을 허락해준 권재은·장지원·강지현 양, 책을 출판해준 골든래빗 출판사에 감사드린다. 더불어 아빠가 힘들 때마다 옆에서 든든하게 지켜주면서 훌륭한 청년으로 성장해준 쌍둥이 아들 장유근·장인근에게도 고마움을 전한다.

OBS 촬영감독
장기혁
itvchang@naver.com

목차

CHAPTER 01

빛과 색

빛은 태양이나 고온의 물질에서 발광해 공간 속으로 직진해나가는 전자기파[1]의 일종이며, 사람의 눈으로 볼 수 있는 가시광선과 눈으로 볼 수 없는 자외선[2]·적외선[3]·X선[4]· 전파[5]·마이크로파[6]·감마선[7] 등으로 나누어진다.

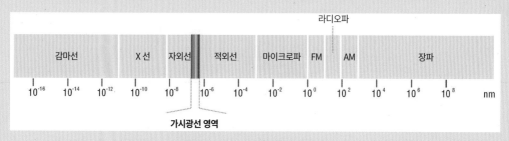

그림 1-1 다양한 종류의 빛과 가시광선

인간이 눈으로 물체를 볼 수 있는 것도 물체에서 반사된 빛(가시광선)이 눈으로 유입되어 이미지로 형성되기 때문이다. 카메라로 촬영할 때는 물체에서 반사된 빛이 렌즈를 통해 카메라로 유입되어 영상으로 생성된다. 카메라로 촬영된 영상을 사람의 눈으로 볼 수 있게 재현하는 TV수상기,

---

1 주기적으로 세기가 변화하는 전자기장이 공간 속으로 전파해 나가는 현상이며 '전자파'라고도 한다.

2 태양광을 스펙트럼으로 분류할 때 가시광선보다 파장이 짧아 눈에 보이지 않는 빛이다. 1801년 독일의 화학자 J.W. 리터가 처음 발견하였으며 파장이 약 397~10nm인 전자기파의 총칭이다. 파장의 길이가 190nm 이하인 것은 원자외선이라 한다.

3 가시광선보다 파장이 긴 빛이며, 태양광을 프리즘으로 분산시키면 붉은색보다 더 바깥쪽에 있는 빛이다.

4 x-ray. 빠르게 흐르는 전자를 물체에 충돌시키면 투과력이 강한 전자기파가 방출되는데 그것을 **X선**(x-ray)이라 한다.

5 전기력선과 자기력선으로 이루어지는 일종의 유동(流動) 에너지로서, 파장이 0.1mm 이상인 전자기파이며, 진동전류에 의해 에너지가 공간으로 방사되는 현상이다. 통신수단으로 사용되기도 한다.

6 microwave. 파장 약 1mm 이하의 전파이며 극초단파라고도 한다.

7 gamma ray. 전자기파의 일종이며 파장이 약 10-11mm이하이다. α선, β선과 함께 자연방사선의 하나이며, 의료용이나 비파괴검사, 물성연구 등에 널리 이용되고 있다.

컴퓨터 모니터, 극장 스크린 등의 각종 디스플레이 장비도 빛을 사용한다. 따라서 빛이 없으면 사람이 눈으로 물체를 볼 수 없고 카메라로 영상을 촬영하거나 디스플레이 장비로 재현할 수 없다. 이와 같이 빛은 카메라로 영상을 촬영하고 재현하는 전 과정에 필수적으로 사용되므로 영상을 '빛의 예술'이라고도 한다.

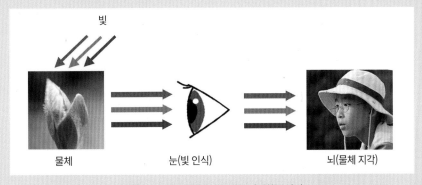

그림 1-2 인간의 시각이 물체를 인식하는 방법

이 장에서는 사람이 눈으로 물체를 인식하는 과정과 카메라가 영상을 촬영하는 과정을 서로 비교하며 빛이 활용되는 방법을 설명한다. 사람의 눈이 물체를 볼 때 여러 조직이 작용하는 현상들과 특성에 대해 구체적으로 설명하는 목적은 이 책에서 설명될 다양한 항목에서 지속적으로 등장하기 때문이다.

가시광선

가시광선은 사람의 눈으로 볼 수 있는 빛이다. 일상에서 가장 흔하게 접하는 태양광은 가시광선 영역이 가장 넓다. 1666년 영국의 물리학자 뉴턴은 가시광선을 프리즘에 투과시키면 빨강(700~610nm[8]), 주황(610~590nm), 노랑(590~570nm), 초록(570~500nm), 파랑(500~450nm), 남색과 보라(450~380nm) 등의 7가지 빛으로 분광된다는 것을 밝혀냈다. 이 빛들은 더 이상 분광되지 않으므로 **단색광**이라 한다. 이와 같은 현상이 나타나는 것은 380~700mm의 파장을 가진 가시광선이 프리즘을 통과하는 과정에 파장이 높은 빛은 작게 굴절되고 파장이 낮은 빛은 많이 굴절되기 때문이다. 빛이 물체를 비추면 반사·흡수·투과·산란·굴절 현상 등이 나타난다.

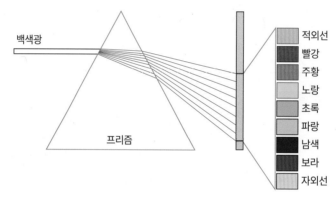

그림 1-3 가시광선이 프리즘을 투과하며 분광된 단색광의 종류

---

8   빛의 파장을 나타내는 단위이며 1나노미터는 1미터의 10억분의 1이다.

1-1 반사, 흡수

반사란 빛이 진행 과정에 물체 표면에서 반사되는 현상이며, 물체를 구성하는 물질의 성분·종류·밀도 등의 차이에 따라 반사되는 양이 다르다. 물체 표면이 거울과 같이 균일해 빛이 일정한 방향으로 반사되는 것을 **정반사**라 한다. 물체 표면이 울퉁불퉁하거나 거칠어 빛이 사방으로 분산되며 반사되는 것을 **난반사**라 한다. 정반사·난반사가 서로 섞여 있는 것을 **혼합반사**라 한다. 인간이 눈으로 물체를 볼 수 있는 것도 빛의 정반사·난반사·혼합반사 현상 때문이다.

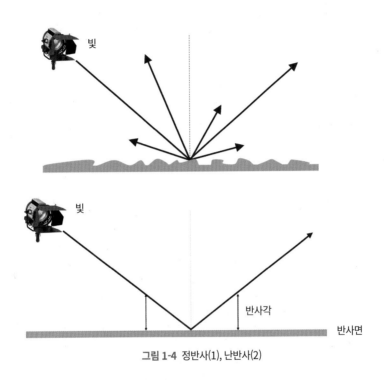

그림 1-4 정반사(1), 난반사(2)

흡수란 빛이 물체를 비출 때 물체 표면에서 흡수되는 현상이며 물체 표면을 구성하는 물질의 성분·종류·색상 등의 차이에 따라 빛이 흡수되는 양에 차이가 있다. 예를 들어 흰색과 같이 밝은 계열의 색은 흡수되는 양보다 반사되는 양이 많고 검은색과 같이 어두운 계열의 색은 반사되는 양보다 흡수되는 양이 많다.

1-2 투과, 산란

투과란 빛이 진행 과정에 어떤 물체를 통과하는 것이며, 물체를 구성하는 물질의 성분·종류·밀도 등의 차이에 따라 투과되는 빛의 양이 다르다. 예를 들어 유리와 같이 투명한 물체는 대부분의 빛을 투과시키지만, 색이 어둡고 투명하지 못한 물체일수록 투과되는 빛의 양도 적어진다.

산란은 빛이 물체를 투과할 때 여러 방향으로 분산되는 것이다. 물체를 구성하는 물질의 성분·종류·밀도 등의 차이에 따라 투명하지 않을수록 산란되는 양이 많아지고 투명할수록 산란되는 양이 적어진다.

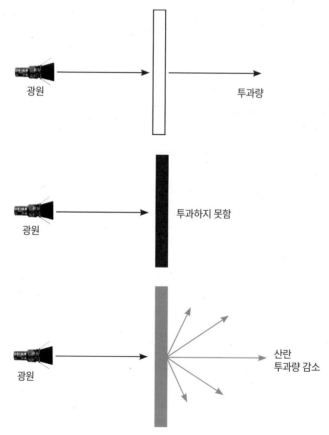

그림 1-5 빛이 투명한 물체를 투과(1), 투명하지 않은 물체는 빛이 투과하지 못함(2), 빛이 투과하면서 산란(3)

1-3 굴절

굴절은 빛이 물체를 투과하는 과정에 진행방향이 바뀌는 것이다. 물체를 구성하는 물질의 밀도가 일정하고 투명할수록 굴절되는 각도가 작고, 물질의 밀도가 일정하지 않고 투명하지 않을수록 굴절되는 각도가 커진다.

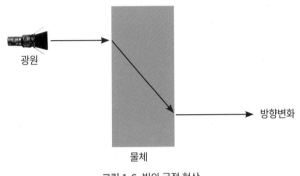

광원

방향변화

물체

그림 1-6 빛의 굴절 현상

앞에서 설명한 빛의 반사·흡수·투과·산란·굴절 과정에 나타나는 특성들은, 카메라로 영상을 촬영하면서 인공조명을 비추는 방법을 결정하거나 인공조명기구를 만드는 근본 원리로 응용되고 있다. 카메라에 사용되는 렌즈도, 오목·볼록 렌즈 여러 개를 혼합 사용하면서 빛이 렌즈를 투과하는 과정에 굴절되는 현상을 이용해 영상을 만든다.

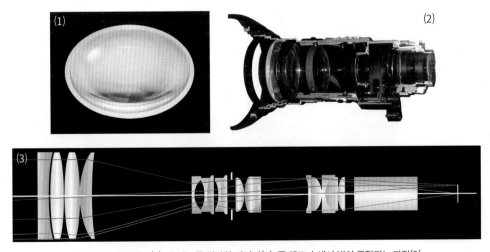

그림 1-7 볼록 렌즈(1), 줌 렌즈를 절단한 이미지(2), 줌 렌즈 속에서 빛이 굴절되는 과정(3)

 **1-4 그림자**

빛이 물체를 비추면 반대편에 그림자가 나타난다. 밝고 강한 빛을 비추면 진한 그림자가 나타나고, 어둡고 약한 빛을 비추면 연한 그림자가 나타난다. 이와 같이 빛의 밝기에 따라 달라지는 그림자의 농도 차이는 카메라로 영상을 촬영하면서 자연광을 이용하거나 인공조명을 비추는 방법을 결정할 때 응용된다. 그림자는 표면·투영 그림자로 나누어진다.

1-4-1 표면 그림자

표면 그림자는 물체 표면에서 볼록한 부분의 아래와 오목한 부분의 위에 나타난다. 사람의 시각은 표면 그림자에 의해 물체의 형태·입체감·질감 등을 구별한다. 다음 사진은 빛의 반사에 의해 사람의 시각이 물체의 형태와 색을 인식하고, 표면 그림자에 의해 음각과 양각을 인식하는 예이다. 이때 볼록(양각) 또는 오목(음각)하다고 인식하는 것은, 사람의 눈이 밝기에 민감하게 반응하므로 밝은 부분을 먼저 보며 튀어나와 있다고 느끼고, 어두운 부분은 늦게 보며 들어 있다고 느끼기 때문이다(사람 눈 항목 참고).

그림 1-8 그림자에 의해 나타나는 입체감

1-4-2 투영 그림자

투영 그림자는 물체와 연결되거나 분리되며 사람의 시각이 물체의 위치나 시간 개념을 인식하게 한다. 예를 들어 투영 그림자를 이용하는 그림자놀이는 물체와 그림자가 서로 분리되며 다른 물체의 표면에 왜곡된 이미지를 만들기 때문에 시각적인 흥미를 유발시키기도 한다.

그림 1-9 투영 그림자(1·2), 그림자놀이(3)

일상에서 피사체에 길게 나타난 그림자는 아침·저녁 느낌을 주고, 짧게 나타난 그림자는 한 낮이라는 느낌을 준다. 다음 사진은 겨울철 오후 5시경에 촬영한 것이다. 사진 속에 길게 나타난 그림자가 오후라는 시간 개념을 느끼게 한다.

그림 1-10 그림자 길이에 의해 시간이 표현되는 예

1-4-3 콘트라스트

콘트라스트^{contrast}는 카메라로 촬영된 동영상이나 사진에서 가장 밝은 부분과 어두운 부분의 밝기 차이로 나타나는 대비 현상이다. 강한 빛이 피사체를 비추어 그림자가 진하며 밝고 어두운 부분의 차이가 크게 나타나는 현상을 "콘트라스트 비가 높다"라고 표현한다. 반대로, 약한 빛이 피사체를 비추어 그림자가 연하며 밝고 어두운 부분의 차이가 크지 않게 나타나는 현상을 "콘트라스트 비가 낮다"라고 표현한다. 콘트라스트 비를 다른 용어로는 **명암 대비**라 한다.

참고로 주간의 야외촬영은 햇빛이 강해 그림자가 진하게 나타나므로 촬영용 라이트를 비추더라도 콘트라스트 비를 조절하기 어렵다. 반면 실내 촬영은 생활 속에서 사용하는 인공조명기구들이 비추는 빛이 약해 그림자가 연하게 나타나므로 촬영용 라이트를 비추며 콘트라스트 비를 쉽게 조절할 수 있다.

다음 사진 3장은 동일 조건에서 촬영 방법 차이에 따라 밝은 곳과 어두운 곳의 밝기가 변화하며 콘트라스트 비도 변화되는 것을 보여주는 예이다.

그림 1-11 콘트라스트 비 변화의 예

사람의 눈에 무색으로 인식되는 태양광(가시광선)을 프리즘에 투과시키면 파장 차이에 따라 크게 7가지(빨강·주황·노랑·초록·파랑·남색·보라) 단색광으로 나누어지는 빛을 색이라 한다. 사람의 시각이 물체의 색을 구별할 수 있는 것은 가시광선이 물체를 비출 때 물체 표면에서 반사·흡수 현상이 나타나기 때문이다.

다음 그림은 태양광이 나뭇잎을 비출 때 사람의 시각이 초록색으로 인식하는 것을 설명하는 것이다. 나뭇잎은 크게 7개 종류의 빛(색)으로 구성된 가시광선에서 초록 빛(색)만 반사시키고 나머지 빛(색)들은 모두 흡수함으로 초록색으로 보인다.

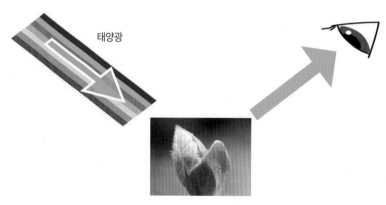

태양광

그림 1-12 인간의 시각이 색을 인식하는 원리

2-1 색의 분류

색은 크게 물체색(표면색)·광원색·투과색 등으로 나누어지고, 다시 색이 없는 무채색(흰색·회색·검정색)과 색이 있는 유채색(빨강·주황·노랑·연두·녹색·청록·파랑·남색·보라·자주)으로 분류된다.

2-1-1 물체색

물체색은 가시광선이 물체를 비출 때 물체 표면이 반사하는 반사광에 의해 결정되며 사람의 시각이 물체의 색상·거리감·방향·위치·질감 등을 구별하게 한다. **표면색**이라고도 한다.

다음 이미지에서 꽃이 흰색으로 보이는 것은 크게 7가지 색으로 구성된 가시광선의 대부분을 반사시키기 때문이다. 흰 꽃의 배경이 초록색으로 보이는 것은 초록색 빛만 반사시키고 나머지 빛은 흡수하기 때문이다.

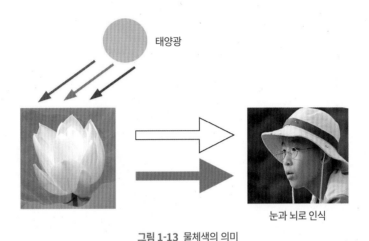

그림 1-13 물체색의 의미

2-1-2 광원색

광원색은 빛을 만드는 방법이나 빛을 발광하는 소재에 따라 결정된다. 예를 들어 일상에서 흔하게 사용하는 백열등·형광등이 발광하는 빛도 광원색이다.

다음 이미지는 인공조명기구가 노란색 계열의 빛을 발광하므로 사람의 눈도 노란색 계열의 빛으로 인식한다는 것을 설명하는 것이다.

그림 1-14 광원색의 의미

2-1-3 투과색

투과색은 빛(색)이 어떤 물질을 투과하는 과정에 물질을 구성하는 성분·종류·밀도·색상 등의 영향을 받아 색이 본질과 다르게 변화되는 것이다. 다음 사진에서는 태양광이 다양한 색이 들어 있는 유리 창문을 투과하면서 색이 바뀌는 현상을 볼 수 있다. 일상에서 사용하는 다양한 종류의 인공조명기구나 촬영용 라이트가 발광하는 빛의 색상을 변환시킬 때도 이와 같은 원리를 응용한다(조명용 필터 항목 참고).

그림 1-15 투과색의 예

2-1-4 유채색, 무채색

유채색은 빨강·주황·노랑·연두·녹색·청록·파랑·남색·보라·자주 등이며 색의 3요소인 색상·채도·명도 등을 가지고 있다. **무채색**은 가시광선이 물체를 비출 때 대부분의 빛(색)이 반사·흡수되어 색상과 채도가 없는 흰색·회색·검정색 등이며 명도 차이로 구분된다. 예를 들어 흰색은 대부분의 빛(색)을 반사함으로 희게 보이고 검은색은 대부분의 빛(색)을 흡수함으로 검게 보인다.

다음 2장의 사진은 같은 피사체를 촬영한 것이다. 유채색을 사용하는 컬러사진은 피사체의 색이 눈으로 보는 것과 동일하므로 흑백사진에 비해 사실적으로 보인다. 무채색을 사용하는 흑백사진은 명도 차이로 피사체를 표현하지만 색이 없으므로 컬러사진에 비해 사실감이 떨어진다.

그림 1-16 유채색을 사용하는 컬러사진(1), 무채색을 사용하는 흑백사진(2)

① 색상

색상은 유채색에만 있고 무채색에는 없다. 큰 틀에서는 가시광선을 프리즘으로 분광할 때 나타나는 7가지(빨강·주황·노랑·초록·파랑·남색·보라) 색(빛)으로 나누어진다.

② 채도

채도는 색의 선명도와 진하고 연함을 나타내는 포화도이며 유채색에만 있고 무채색에는 없다. 선명하고 진한 색은 채도가 높고 어둡고 탁한 색은 채도가 낮다. 예를 들어 무채색인 흰색·검은색은 채도가 0%이고 유채색인 빨강·파랑은 채도가 100%이다. 동일 색상에서는 채도가 가장 높은 것을 **순색**이라 한다.

그림 1-17 채도의 의미

③ 명도

명도는 색의 밝기이다. 유채색은 밝은 계열의 색일수록 명도가 높고 어두운 계열의 색일수록 명도가 낮다. 무채색은 흰색 계열일수록 명도가 높고 검은색 계열일수록 명도가 낮다.

그림 1-18 명도의 의미

참고로 동영상을 촬영하는 카메라, 촬영된 동영상을 편집하는 편집용 프로그램, 카메라로 촬영되는 영상을 확인하거나 촬영된 영상을 재현하는 모니터 등에서 색상은 휴^{hue}·틴트^{tint}, 채도는 크로마^{chroma}·세츄레이션^{saturation}, 명도는 브라이트니스^{brightness}라는 용어를 대용으로 사용하는 것이 일반적이다.

2-2 색의 제조 방식과 표색계

색을 만드는 방식은 가산·감산 혼합 등이 있다. 그와 같은 방식으로 만든 다양한 종류의 색을 사람의 시각을 통해 분류하면 개인별로 차이가 있다. 따라서 많은 사람이 공통적으로 사용할 수 있도록 각 색상에 특정 기준을 설정하고 체계적으로 표시한 것이 **표색계**이다. 참고로 사람의 눈은 같은 계열의 색상을 약 250가지로 구분하고, 혼합된 색은 약 17,000가지로 구분할 수 있다고 한다.

2-2-1 감산혼합

감산혼합은 염료·잉크·토너·물감 등을 혼합해 색을 만드는 방법이며 자주색·노란색·파랑색 등이 **삼원색**이다. 이 방식은 삼원색을 서로 같은 비율로 혼합하면 검정색이 만들어지는 것이 특징이며, 신문·잡지·포스터 등과 같은 각종 인화물에서 색을 표현할 때 사용한다. 감산혼합으로 만든 다양한 종류의 색들은 먼셀·오스트발트·CMYK 표색계 등으로 측정하지만 흔하게 사용하는 먼셀 표색계를 중심으로 설명한다.

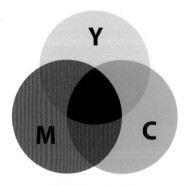

그림 1-19 감산혼합 방식

① 먼셀 표색계

먼셀 표색계 Munsell color system는 미국의 화가이자 색체 연구가인 먼셀Albert Henry Munsell이 1905년에 고안한 것을, 미국 광학협회optical society of america에서 계량한 것이며 주로 미술 분야에서 사용한다.

이 표색계는 다음 1번 그림과 같이 세로축을 중심으로 사방으로 원형을 이루며 빨강·주황·노랑·연두·녹색·청록·파랑·남색·보라·자주 등의 10가지 색으로 나누어 배열하고, 각 색상별로 또 다시 1~10단계로 세분화시켜 배열하므로, 가로축은 중심에 가까울수록 채도가 낮고 멀수록 채도가 높다. 세로축 중심에는 수직 방향으로 명암이 밝은 흰색에서 명암이 어두운 검정색까지 10단계로 나누어 배열되어 있다. 세로축의 명도를 나타내는 수, 가로축의 채도를 나타내는 수, 원형으로 색상을 나타내는 수로 특정의 색을 읽는다. 이 표색계에서 각 색의 180° 방향(반대편)에 위치하는 색을 **보색**이라 한다.

참고로 세로축 중심에 10단계로 나누어 배열된 명도를 응용해 만든 것이 **그레이 스케일 차트**gray scale chart이다. 이 차트는 동영상을 촬영하는 카메라의 기계적인 설정 상태를 점검하는 블랙black, 감마gamma, 니knee 신호 등을 확인하거나 화이트 밸런스를 조절할 때 사용한다(화이트 밸런스, 영상신호 조절 항목 각각 참고).

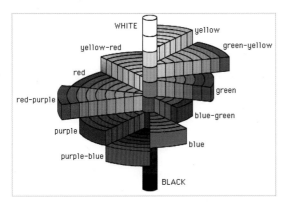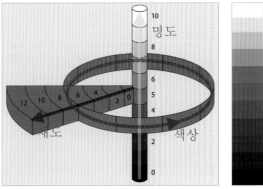

그림 1-20 먼셀 표색계(1), 먼셀 표색계의 가로축 단면도(2), 세로축 중심축의 명도단계(3)

2-2-2 가산혼합

가산혼합은 빨강(R), 초록(G), 남색(B) 등의 빛을 혼합해 다양한 종류의 색을 만드는 방식이다. 빨강·초록·파랑 빛을 가산혼합의 삼원색이라 하며 서로 같은 비율로 혼합하면 흰색이 만들어지는 것이 특징이다. 이 방식은 1801년 영국의 토마스 영[9]이 처음으로 발견했고, 전기를 사용하는 카메라, TV수상기, 컴퓨터 모니터, 극장 스크린 등에서 색을 만들거나 재현할 때 사용한다. 가산혼합으로 만든 다양한 종류의 색은 CIE 표색계로 측정한다.

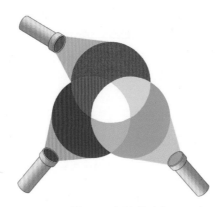

그림 1-21 가산혼합 방식

① CIE 1931 표색계

CIE 1931 표색계는 1931년 국제조명위원회[10]가 만들었다. 이 표색계는 사람 눈의 망막에 분포하는 시세포가 가시광선 영역의 R·G·B 빛에 반응하는 특성을 **분광광도계**[11]로 측정해 다음 1번 그림과 같이 색 대응 함수 그래프를 만들고, 2번 그림과 같이 음수를 수정해 3차원의 X·Y·Z 함수로 변환한 다음, 3번 그림과 같이 X·Y축을 사용하는 2차원에 좌표로 표시하고 선으로 연결한 것이다.

표색계 가장자리의 경계선에는 가시광선을 스펙트럼으로 분리할 때 크게 7가지로 구분되는 단색

---

9 Thomas Young. 영국의 의학자, 물리학자, 고고학자(1773~1829)이다. 빛의 간섭 원리, 생리 발광, 난시 등을 발견하였으며, 고대 이집트 문자와 로제타석의 상형 문자를 해독하는 데 공헌하였다.

10 색채를 정확하게 측정해 전달하고 재현하려면 색채표준이 필요하다. 광원, 물체, 시각으로 정의되는 색에 대해 어떤 것을 기준광원으로 정할 것인가, 사람의 표준시감을 무엇으로 정할 것인가, 관측 각도를 어떻게 할 것인가 등의 방법을 결정할 전문가들이 모인 국제회의가 필요하게 되어 1913년에 만들어진 국제조명위원회이다. 통상 CIE(commission internationale de l'Eclairage)로 줄여서 사용한다. 여기서 제정된 균등 색차 색도 시스템인 CIE Lab 색 공간 및, CIE Luv 색 공간을 CIE 표준 측색 시스템이라 하며, 그것에 의해 1931년에 만들어진 것이 CIE 1931 표준 표색계이다.

11 각 파장에 대한 빛 에너지를 스펙트럼으로 분류하고 빛의 세기를 측정하는 데 사용하는 장비이다.

광들의 파장이 나노미터^{nm} 단위로 표시되어 있으며, 채도가 낮을수록 가운데에 위치하고 채도가 높을수록 가장자리 쪽에 위치한다. 흰색(백색광^{white})은 채도가 없으므로 중앙에 위치한다.

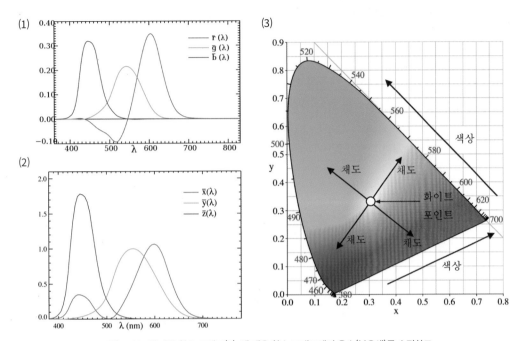

그림 1-22 색 대응 함수 그래프(1), 색 대응 함수 그래프에서 음수(붉은색)를 수정하고
r·g·b 함수를 x·y·z 함수로 변환한 그래프(2), CIE 1931표색계(3)

03 ▷ 사람 눈과 카메라의 이미지 생성 과정 비교

사람의 눈은 물체에서 반사된 빛이 유입되면 사물의 모양·크기·거리·색상 등을 구별한다. 이때 사물의 색상을 구분하는 것을 색각, 사물의 모양을 인지하는 것을 양감, 물체의 재질을 구분하는 것을 질감이라 하며, 그와 같은 여러 가지 감각들을 총체적으로 **시각**이라 한다. 눈은 각막·공막·홍채·동공·모양체·수정체·유리체 등의 조직들로 구성되어 있으며, 물체를 선명하게 보기 위해서는 여러 조직들이 동시에 움직인다.

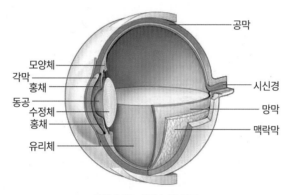

그림 1-23 사람 눈의 구조

🎬 3-1 동공, 수정체

동공은 물체에서 반사된 빛이 눈으로 유입될 때 구경이 변하면서 빛이 통과되는 양을 조절한다. 동공의 구경은 인종과 개인별로 차이가 있지만 평균 3~4mm 정도이다. 빛이 부족한 어두운 곳에서 동공이 완전히 열렸을 때 구경은 약 8mm이고 빛이 충분한 밝은 조건에서는 2mm로 줄어들기 때문에, 눈으로 들어오는 빛의 상대적 비율은 16:1이지만 망막에서 시각 축을 벗어난 빛에 민감하게 반응하지 않으므로 실제 비율은 10:1 정도다. 수정체 중심에서 망막까지 평균 초점 거리는 약 16mm이다. 따라서 유효구경은 16/8(초점 거리/구경)이므로 F2~8 사이의 범위 내에 있다.

수정체는 유리와 같이 투명한 조직이며 볼록 렌즈 형태이다. 피사체를 바라보는 거리에 따라 모양체에 의해 두께가 조절되면서, 동공을 통과해 들어온 빛이 굴절되는 각도를 변환시켜 망막에서 초점이 선명하게 맞추어지게 한다. 가까운 거리에 있는 물체를 볼 때는 다음 1번 그림과 같이 수정체의 두께가 두꺼워지며 빛이 많이 굴절되게 하고, 먼 거리에 있는 물체를 볼 때는 다음 2번 그림과 같이 수정체의 두께가 얇아지며 빛이 작게 굴절되게 한다(초점 거리·초점·조리개·렌즈 항목 각각 참고).

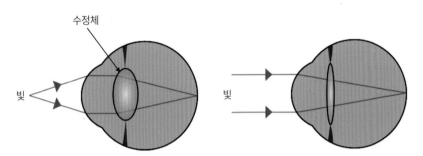

그림 1-24 가까운 거리에 있는 물체를 볼 때(1), 먼 거리에 있는 물체를 볼 때(2)

3-2 망막

망막은 눈의 가장 안쪽에 위치하는 투명하고 얇은 막이다. 동공과 수정체를 통과해 들어온 빛으로 형성된 이미지가 망막에 도착하면, 시세포들이 빛의 양과 색을 각각 구분해 감지한다. 시세포는 원추세포, 간상세포로 나누어진다(카메라의 이미지 센서 기능).

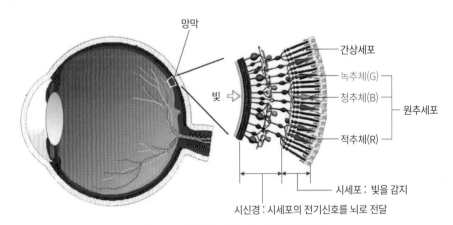

그림 1-25 망막에 분포하는 원추세포와 간상세포

3-2-1 원추세포

원추세포는 망막 중심부에 집중적으로 분포하며 원뿔·추상 세포라는 명칭도 사용한다. 빨간색 빛에 반응하는 **적추체**(R), 녹색 빛에 반응하는 **녹추체**(G), 파란색 빛에 반응하는 **청추체**(B)로 나누어지지만, 녹색 빛(G)에 가장 민감하게 반응한다. 한쪽 눈의 망막에 약 7백만 개가 분포되어 있으며, 주로 0.1Lux(럭스·룩스)[12] 이상의 빛을 크게 R(빨간색), G(녹색), B(푸른색) 색으로 분리해 받아들이고 전기신호로 변환한 다음 시신경을 통해 뇌로 보낸다. 뇌는 R·G·B 빛을 혼합해 물체의 색과 형태를 인식한다. 따라서 원추세포에 이상이 생기면 물체의 색을 구별할 수 없음으로 색맹이 된다.

3-2-2 간상세포

간상세포는 망막의 가장자리에 퍼져 있으며 막대 모양이므로 **막대세포**라 부르기도 한다. 한쪽 눈의 망막에는 약 1억 2~3천만 개가 분포되어 있으며, 빛의 밝기가 0.1Lux 이하의 어두운 환경에서 물체의 형태를 흑백사진과 같이 무채색으로 인식한다. 색은 인식하지 못한다. 예를 들어 야간에 빛이 어두워 밝기가 0.1Lux 이하이면 원추세포가 작용하지 않아서 물체의 색상은 구별할 수 없지만, 간상세포가 어두운 빛에 반응하며 물체의 형태를 흑백으로 보게 된다. 따라서 간상세포에 문제가 생기면 야간에 물체를 구분할 수 없는 야맹증이 된다.

참고로 사람의 눈은 어두운 곳에서는 밝기 변화에 민감하게 반응하고, 밝은 곳에서는 밝기 변화에 둔감하게 반응한다. 전체적으로는 밝기 변화에 민감하게 반응하므로 피사체를 바라볼 때 명도가 밝은 색이나 물체를 가장 먼저 보게 된다. 다음은 컬러·선명도(해상도) 순서로 본다. 따라서 동영상이나 사진을 촬영하면서 인공조명을 하거나 구도를 구성할 때도 사람 눈의 특성을 효과적으로 활용해야 주제가 분명하게 강조된다.

3-2-3 이미지 인식

망막에 분포하는 원추세포·간상세포가 빛에 반응하며 만든 이미지에서, 밝기와 색에 대한 정보가 각각 전기신호로 변환되어 시신경을 통해 뇌로 전달되면, 뇌는 물체의 형태·명암·색·움직임 등의 정보를 각각 분리해 처리한 다음, 전체적으로 통합해 물체의 형태·색·움직임·깊이 등을 인식한다.

---

12 조명이 일정한 평면이 밝게 비추이는 정도이며 1cd(칸델라)의 점광원으로부터 1m 떨어진 곳에 있는 광선에 수직인 면의 조명도가 1Lux이다. 촛불 1개의 밝기가 1Lux 정도이다. 일반적으로 태양광은 3만2000~10만 룩스, 방송국스튜디오 조명은 1000룩스, 사무실은 약 400룩스, 달빛은 약 1룩스 정도이다.

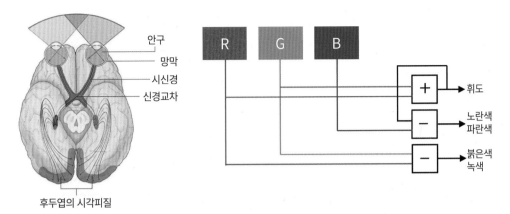

그림 1-26 눈의 망막에서 생성된 이미지를 시신경을 통해 뇌로 보내는 방식

카메라와 사람 눈의 성능 비교

카메라로 영상을 촬영할 때는 물체에서 반사되어온 빛이 사람 눈의 수정체와 같은 역할을 하는 렌즈를 투과하는 과정에 초점이 선명하게 맞추어지면서 이미지가 만들어지고, 동공과 같은 역할을 하는 조리개를 통과하면서 빛의 양이 조절된 다음, 렌즈 뒤 카메라 내부에서 사람 눈의 망막과 같은 기능을 수행하는 **이미지 센서**^{image sensor}에 도달한다.

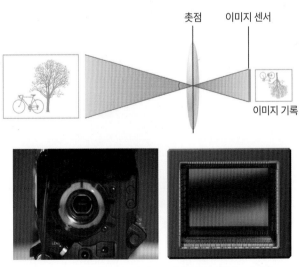

그림 1-27 빛이 렌즈를 통과해 이미지 센서에 도달하는 과정(1),
TV 방송용 ENG 카메라에서 이미지 센서의 위치(2), 이미지 센서(3)

이미지 센서는 반도체의 일종이며 **CCD**^{charge coupled device}, **CMOS**^{complementary metal oxide semiconductor} 등이 있지만 대부분 CMOS를 사용한다.

다음 1번 그림은 이미지 센서이다. 검은색 원으로 표시한 부분은 렌즈를 통해 들어온 빛을 R·G·B로 각각 분리해 집광하는 **포토 센서**^{photosensor}들이 모자이크 형태로 분포되어 있는 것을 확대해보여주는 것이다. 참고로 포토 센서는 사람 눈의 망막에 분포하는 간상세포, 원추세포 기능을 수행한다. 다음 2번 이미지는 1번 이미지에서 검은색 원으로 표시한 부분을 더 확대한 것이다.

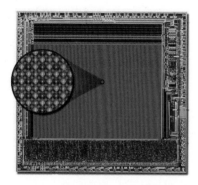 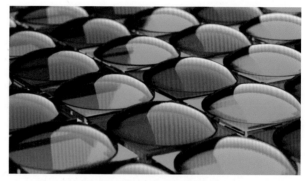

그림 1-28 이미지 센서 표면에 분포되어 있는 R·G·B 포토 센서(1), 포토 센서를 확대한 이미지(2)

다음 1번 사진은 R·G·B 포토 센서들이 빛을 집광해 영상이 생성된 것, 2번 사진은 1번 사진에서 빨간 사각형으로 표시한 부분을 확대한 것이다. 각 포토 센서들이 집광한 빛이 매우 작은 하나하나의 점(화소·픽셀)으로 되어 있다는 것을 알 수 있다.

 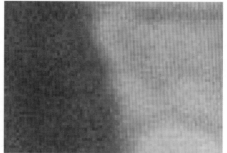

그림 1-29 R·G·B 포토 센서 들이 빛을 집광해 만든 이미지(1), 매우 작은 화소들로 구성되어 있는 이미지(2)

이미지 센서가 R·G·B 빛으로 집광한 각 화소를 전압으로 변환하고 출력해 데이터 저장장치에 기록하면 영상이 생성된다. 디스플레이 장비를 통해 카메라로 촬영된 영상을 재현할 때도 R·G·B 화소들은 각각 하나하나의 빛으로 표현된다. 이와 같이 영상 촬영용 카메라는 근본적으로 사람의 눈이 물체의 형태와 색을 인식하는 원리를 응용해 만든 장비이다.

3-3-1 이미지 센서의 해상도

이미지 센서의 **해상도**는 카메라로 촬영되는 영상이 선명하게 보이는 척도이다. 일반적으로 이미지 센서가 크고 포토 센서(화소·픽셀) 수가 많을수록 해상도가 올라가므로 화질(영상의 품질)이 좋아지고, 이미지 센서가 작고 포토 센서 수가 적을수록 해상도가 떨어지므로 화질이 나빠진다.

다음 그림에서 컬러가 다른 각 사각형들은 HDTV 2K, UHDTV 4K·8K 카메라가 사용하는 이미지 센서 크기를 서로 비교한 것이다.

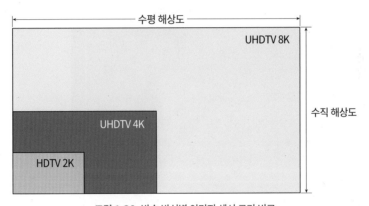

그림 1-30 방송 방식별 이미지 센서 크기 비교

이미지 센서의 해상도는 수평×수직 해상도이다. 2·4·8K 규격 영상 1장(프레임)을 만들 때 사용되는 화소 수(해상도)는 다음과 같다(디지털 영상 이미지 생성, 이미지 센서의 프레임 생성 방식 항목 각각 참고).

- HDTV(2K) : 수평 해상도 1,920 × 수직 해상도 1,080 = 2,073,600화소
- UHDTV(4K) : 수평 해상도 3,840 × 수직 해상도 2,160 = 8,294,400화소
- UHDTV(8K) : 수평 해상도 7,680 × 수직 해상도 4,320 = 33,177,600화소

위 3가지 규격 영상의 화소 수로 화질을 비교하면 다음과 같다.

- 8,294,400(4K) ÷ 2,073,600(2K) = 4(4K가 2K보다 화질이 4배 좋음)
- 33,177,600(8K) ÷ 2,073,600(2K) = 16(8K가 2K보다 화질이 16배 좋음)

- 33,177,600(8K) ÷ 8,294,400(4K) = 4(8K가 4K보다 화질이 4배 좋음)

이미지 센서에서 1프레임의 영상을 만들기 위해 각 포토 센서들이 빛을 집광해 생성된 전하를 전기적인 주파수를 사용해 표본화(스캔scan, 캡처capture, 샘플링sampling)할 때 블랭킹blanking13 구간인 가장자리 부분은 사용하지 않는다. 이미지 센서의 전체 화소 수에서 블랭킹 구간을 제외하고 실제로 사용되는 것을 **유효 화소 수**라 한다. 유효 화소 수는 이미지 센서의 전체 화소 수보다 조금(일반적으로 약 4%) 떨어진다.

참고로 **유효 화소 수**를 제외한 가장자리 부분(블랭킹 구간)은 카메라의 블랙을 잡는 기준으로도 사용된다. UHDTV는 블랙 레벨의 기준이 0 IRE이므로 0 IRE의 동기신호를 연속적으로 주사한다(이미지 센서의 프레임 생성 방식, 영상신호 조절 항목 각각 참고).

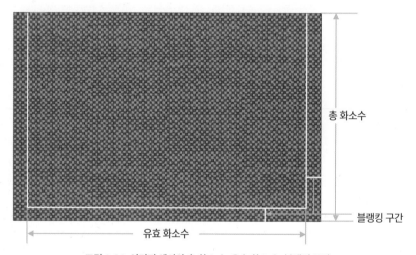

그림 1-31 이미지 센서의 총 화소 수, 유효 화소 수, 블랭킹 구간

영상을 촬영하는 카메라나 촬영된 영상을 디스플레이 장비로 재현할 때 디테일 신호를 높게 조절하면 화면이 선명해지며 해상도가 높아지는 것처럼 보이지만, 화면을 구성하는 화소 수가 증가하지 않으므로 해상도는 변하지 않는다. 디테일 신호는 피사체의 경계를 나타내는 윤곽선의 선명도를 조절하는 것이다(색의 연변 대비 항목 참고).

---

13 어떤 정보를 주사선으로 입출력시킬 때 주사선 끝에서 다음 주사선 첫머리로 옮아가는 복귀선을 소거하기 위해 이 기간만 전자 빔을 출력하지 않도록 하는 것이다.

3-3-2 사람 눈과 이미지 센서의 해상도 비교

UHDTV 방식의 4K 카메라가 사용하는 이미지 센서의 해상도는 8,294,400화소, 8K 카메라는 33,177,600화소이다. 사람의 한쪽 눈의 망막에 분포하는 시세포(화소·픽셀) 수는 120,000,000(간상세포) + 7,000,000(원추세포) = 127,000,000개이다.

사람의 한쪽 눈과 UHDTV 4K,8K 카메라가 사용하는 이미지 센서의 해상도를 서로 비교하면, 다음 계산식에서 보듯이 사람 눈의 해상도가 4K 카메라보다는 약 15배, 8K 카메라보다는 약 4배 더 높다.

- 4K 카메라 : 127,000,000(눈의 시세포) ÷ 8,294,400(이미지 센서 화소 수) = 15.3
- 8K 카메라 : 127,000,000(눈의 시세포) ÷ 33,177,600(이미지 센서 화소 수) = 3.8

하지만 사람이 눈으로 물체의 색과 형태를 동시에 보려면 최소한 0.1Lux 이상의 빛이 있어야 하며, 이때 망막에 분포하는 원추세포들이 빛에 반응한다. 카메라도 일정 양의 빛이 있어야 컬러영상을 촬영할 수 있으며, 이때 이미지 센서의 R·G·B 포토 센서들이 사람 눈의 원추세포와 같이 빛에 반응해 집광한다.

사람의 한쪽 눈에 분포하는 원추세포 수와 UHDTV 4K·8K 카메라가 사용하는 이미지 센서의 해상도를 서로 비교하면, 다음 계산식에서 보듯이 4K 카메라의 해상도가 약 1배 높고 8K 카메라는 약 5배 높다.

- 8,294,400(4K이미지 센서) ÷ 7,000,000(한쪽 눈의 원추세포) = 1.18
- 33,177,600(8K이미지 센서) ÷ 7,000,000(한쪽 눈의 원추세포) = 4.7

사람의 양쪽 눈에 분포하는 원추세포 수를 합친 것과 UHD 4K·8K 카메라의 해상도를 비교하면, 다음 계산식에서 보듯이 사람의 두 눈이 4K 카메라보다 약 1.5배 높다. 이는 사람이 눈으로 보는 현실과 같은 영상을 촬영할 수 없다는 것이다. 반면 8K 카메라의 해상도는 사람의 양쪽 눈보다 약 2배 높다. 이는 일정양의 빛이 비추는 곳에서는 사람이 양쪽 눈으로 보는 현실과 동일하거나, 해상도가 더 높은 영상을 촬영할 수 있다는 것이다.

- 14,000,000(두 눈의 원추세포) ÷ 8,294,400(4K이미지 센서) = 1.6
- 33,177,600(8K이미지 센서) ÷ 14,000,000(두 눈의 원추세포) = 2.3

하지만 카메라에 사용되는 이미지 센서는 사람의 눈이 빛이 부족한 어두운 곳에서 물체를 식별할 때 작용하는 간상세포 기능을 수행하는 포토 센서가 없어서 어두운 환경에서 촬영하기 어렵다. 이와 같은 문제점을 해결하기 위해 이미지 센서의 포토 센서가 빛에 반응하는 성능을 기계적으로 증폭시키면서 촬영하지만 너무 과하게 증폭시키면 화면을 구성하는 입자가 거칠어진다는 것이 단점이다. 반면 사람의 눈은 어두운 곳에서 물체를 볼 때도 간상세포가 작용해 거칠게 보이는 현상이 나타나지 않는다는 것이 카메라와 차이점이다.

카메라가 사람이 눈으로 보는 현실과 같은 영상을 촬영하려면 이미지 센서의 해상도 외에도, 영상을 형성하는 렌즈의 해상도가 사람 눈 수정체·유리체 해상도와 동일해야 하지만 렌즈는 구조상 다양한 종류의 수차가 나타나며 해상도에 영향을 준다. 이와 같이 사람의 눈과 카메라의 성능은 차이가 있지만, 기술의 발전에 의해 이미지 센서와 렌즈의 성능은 매우 빠른 속도로 향상되고 있다(렌즈 수차, 이미지 센서의 감도 항목 각각 참고).

3-3-3 동영상의 생성 원리

사람의 눈이 일정한 시간 간격을 두고 빛이 주기적으로 켜지고 꺼지는 것을 볼 때 깜박이는 것으로 느끼는 것을 **플리커**[flicker] 현상이라 한다. 이때 빛이 1초당 깜박이는 횟수를 **임계융합주파수**[14]라 하며 단위는 헤르츠[15]를 사용한다. 1초당 빛이 깜박이는 횟수를 점점 빠르게 올려주면 어느 시점부터는 항상 켜져 있는 것으로 느낀다. 이는 사람의 눈이 무엇을 볼 때 망막에서 이미지가 0.03~0.1초 동안 남아 있는 잔상 때문이다. 따라서 빛이 깜박이는 속도가 0.1초보다 빠르면, 망막에서 먼저 본 이미지가 사라지기 전에 나중에 보는 이미지가 겹쳐져 보여, 빛이 계속 켜져 있는 것과 같이 착각하는 착시현상이 나타난다.

망막의 잔상 현상은 밝은 빛을 볼수록 길게 나타나고, 어두운 빛을 볼수록 짧게 나타나며, 빛을 보는 환경에도 영향을 받는다. 어두운 환경에서는 임계융합주파수가 16Hz(1/16초) 이상만 되면 계속 켜져 있는 것으로 인식하지만 플리커 현상이 나타난다. 반면 밝은 환경에서는 임계융합주파수가 40Hz(1/40초) 이상만 되면 계속 켜져 있는 것으로 인식하지만 플리커 현상이 나타나지 않는다.

---

14 CFF. critical fusion frequency
15 Hz. 주파수, 진동수의 단위이다. 1초에 1사이클의 주파수를 주파수 1Hz라 한다. 주로 전기·통신·음향 공학 등에 사용되며, 전자기파의 존재를 실험적으로 증명한 독일의 물리학자 H.R. 헤르츠에서 따온 것이다.

TV 방송이나 영화는, 정지되어 있는 각 장면들을 디스플레이 장치에서 빛을 사용해 아주 짧은 시각 간격을 두고 연속적으로 재현하며 나열한 것이지만, 망막에서 나타나는 잔상현상에 의해 동영상으로 인식된다.

극장에서 관람하는 영화는 어두운 환경이므로 정지된 장면을 1초당 16프레임(16Hz) 이상만 보여주면 동영상으로 인식하지만 플리커 현상이 나타난다. 따라서 16프레임보다 더 많은 24프레임(24Hz)으로 보여주면서 플리커 현상을 감소시킨다. 24프레임보다 더 많은 프레임을 보여줄수록 플리커 현상이 줄어들지만, 촬영할 때 영상 데이터양이 증가해 저장장치의 용량이 커져야 하므로 제작비용이 증가한다는 것이 단점이다.

극장보다 밝은 환경에서 시청하는 TV수상기는, 1초당 40프레임(40Hz) 이상만 보여주면 동영상으로 인식하고 플리커 현상도 느끼지 않는다(일본 NHK방송사는 45Hz라고 주장함). HDTV 방송에서는 1초당 30프레임을 60Hz로 디스플레이하는 인터레이스 방식은 플리커 현상이 나타나지 않지만, 1초당 30프레임을 30Hz로 디스플레이하는 프로그레시브 방식은 플리커 현상이 나타난다. UHDTV 방송은 프로그레시브 방식을 사용해 1초당 30·60Hz로 디스플레이한다. 따라서 30Hz는 플리커 현상이 나타나고, 60Hz는 플리커 현상이 나타나지 않는다(이미지 센서의 프레임 생성 방식 항목 참고).

그림 1-32 정지 영상을 짧은 시간에 연속적으로 나열하며 동영상을 만드는 방식

렌즈

앞서 설명한 바와 같이, 사람의 눈은 물체에서 반사된 빛이 동공을 통과하는 과정에 빛의 양이 조절되고, 수정체에서 초점이 선명하게 맞추어진 다음 망막에 도달하면, 시세포(원추·간상 세포)에서 전기신호로 변환된 다음 시신경을 통해 뇌로 보내지고, 뇌는 물체의 형태·색·움직임·깊이 등을 인식한다.

소형 캠코더 카메라도 작동 방식을 자동으로 사용하면, 사람의 시각과 같이 물체에서 반사되어 카메라로 유입되는 빛의 양·색상·초점 등을 자동으로 조절하며 정상적인 영상을 촬영한다. 하지만 전문가들이 사용하는 카메라는 대부분 수동 방식을 사용하므로, 카메라로 유입되는 빛의 양·색상·초점 등을 사용자가 상황에 맞게 조절해야 정상적인 영상으로 촬영되는 것이 사람의 시각과 차이점이다.

동영상 촬영용 카메라는 크게 렌즈·카메라·뷰파인더·마이크·ND 필터·영상 데이터 기록장치 등으로 구성되어 있다. 각각 기능은 다르지만 서로 밀접하게 연관되면서 동영상을 만들기 때문에, 상관관계를 잘 이해하고 효과적으로 사용하는 것이 양질의 영상을 촬영할 수 있는 기술적 방법이다. 사용 목적에 따라 크게 영화용·TV 방송용·가정용 등으로 구분된다. 카메라 제조사에 따라 구조와 작동 방식에 조금씩 차이가 있지만 동영상이 생성되고 기록되는 근본 원리는 모두 같다.

렌즈　마이크　　뷰파인더　필터　　　녹화부　와이어리스마이크

그림 2-1 TV 방송용 ENG 카메라의 주요 부분 명칭

TV 방송 프로그램을 제작할 때 흔하게 사용하는 방송용 ENG 카메라[1]에서 빛이 영상으로 만들어지는 과정을 순서대로 살펴보면 다음과 같다.

1 물체에서 반사된 빛이 렌즈를 투과하면서 선명한 이미지(영상)로 만든다.
2 렌즈 중앙에 위치하는 조리개가 빛이 투과되는 양을 1차로 조절한다.
3 렌즈 뒤에 위치하는 ND 필터가 카메라로 들어오는 빛의 양을 2차로 조절한다.
4 위 과정들을 거쳐 빛이 이미지 센서 표면에 도달하면, R·G·B 포토 센서들이 각각 나누어 집광해 아날로그방식의 영상 신호를 생성하고 디지털 방식의 영상 신호로 변환해 출력한다.
5 출력된 디지털 방식의 영상 신호를 데이터 저장장치에 기록한다.

이 장에서는 동영상이 촬영되는 과정에 1차적으로 사용되는 카메라 렌즈의 종류와 특성을 설명한다.

빛

렌즈   조리개   ND필터   이미지 센서   영상 데이터 기록

그림 2-2 방송용 ENG 카메라에서 빛이 영상으로 생성되는 과정

---

1 Electronic News Gathering camera : 방송국을 벗어난 야외에서 카메라맨이 들고 다닐 수 있도록 휴대용으로 설계되어 TV방송 프로그램이나 뉴스를 취재할 때 주로 사용하는 카메라를 지칭하는 용어이다. EFP 카메라와 차이점은 카메라의 기능을 제어하는 CCU가 없다는 것이다.

렌즈^{lens}는 규석·붕산·알루미나·탄산바륨·산화란탄 등의 소재로 만든 투명한 물질의 면을 갈아서 곡률·두께 등을 서로 다르게 만든 것이며, 형태에 따라 오목·볼록 렌즈로 나누어진다. 빛이 **볼록 렌즈**를 투과하면 한 점에서 초점이 맺히고, **오목 렌즈**를 투과하면 사방으로 분산된다.

카메라에 장착되어 있는 렌즈는 오목·볼록 렌즈 여러 개를 조합해 만든 것이며, 물체에서 반사된 빛이 렌즈 내부로 들어오면 굴절시키는 과정을 반복하며 선명한 이미지를 만든다. TV 방송용·영화용·가정용·스틸 카메라 등에 사용되는 렌즈들 모두 근본 원리와 장단점은 같다.

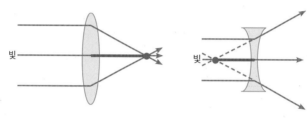

빛

빛

그림 2-3 볼록 렌즈(1), 오목 렌즈(2)

사람의 눈은 사물을 바라볼 때 자신이 원하는 부분만을 골라서 보는 **선택적 시각**[2] 특성이 있어, 보고 싶은 것과 관심 있는 것에만 초점이 맞고 나머지는 흐리게 보이는 현상이 나타난다.

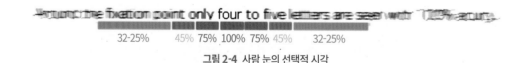

| 32-25% | | 45% | 75% | 100% | 75% | 45% | | 32-25% |

그림 2-4 사람 눈의 선택적 시각

사람의 눈이 좌우상하 방향으로 보는 전체 범위를 **시야각**이라 한다. 눈동자가 고정되어 있을 때 최대 시야각은 일반적으로 상(60°)하(75°)로 135°, 좌(60°)우(60°)로 120°이지만, 고정된 자세에서 좌우로 눈을 움직이면 최대 190°까지 볼 수 있다. 그중 선택적 시각 특성에 의해 초점이 선명하게

---

2 관심이 있는 정보만 선택적으로 받아들이고 다른 것은 여과시킨다. 이는 인간의 시각이 안정화, 단순화 과정에서 나타나며 많은 정보로 인한 혼돈을 줄여주는 장점이 있지만, 고정된 관념에 의해 편견을 가질 수 있음으로 본질보다 왜곡되게 보고 인식할 수 있는 단점도 있다.

맞아 보이는 유효 시야각은 상(25°)하(30°)55°, 좌(30°)우(30°) 60°이다.

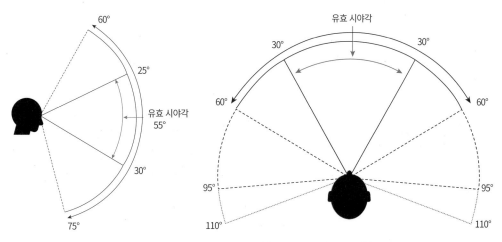

그림 2-5 사람 눈의 상하 시야각(1), 사람 눈의 좌우 시야각(2)

카메라로 영상을 촬영할 때, 렌즈가 사람의 눈이 바라보는 시야각과 같이 좌우상하 방향으로 보여주는 전체 범위를 **화각**이라 한다. **초점**은 렌즈를 통해 들어온 빛이 렌즈 내부에서 선명한 영상으로 만들어지는 임의의 점이다. **초점 거리**는 초점과 이미지 센서 사이의 거리이며 단위는 mm를 사용한다. 초점 거리가 길수록 화각이 좁아지고 짧을수록 화각이 넓어진다.

렌즈는 화각 차이에 따라 표준·망원·광각 등으로 나누어지며, 접사·적외선·이노비전innovision 등과 같이 특별한 영상을 촬영할 때 사용하는 렌즈도 있다.

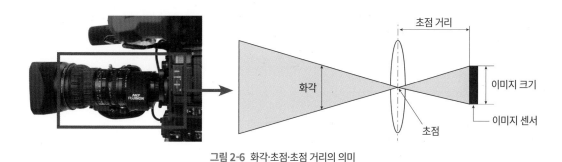

그림 2-6 화각·초점·초점 거리의 의미

1-1 표준 렌즈

표준 렌즈는 사람 눈의 유효 시야각과 화각이 비슷하므로, 촬영된 영상도 사람이 눈으로 보는 것과 비슷한 느낌을 준다는 것이 특징이다. 다음 그림과 같이 카메라 기종에 따라 사용되는 이미지 센서의 규격이 다르므로 표준 렌즈 화각도 다르지만, 일반적으로 이미지 센서의 대각선 길이와 비슷한 초점 거리를 가진 것을 표준 렌즈라 한다.

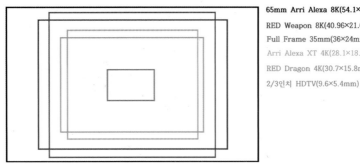

그림 2-7 카메라 기종별 이미지 센서 크기

과거 아날로그 방식의 35mm 필름을 사용하던 카메라는 필름의 가로×세로 규격이 36 ×24mm이고 대각선 길이가 약 43mm이므로 대각선 길이와 비슷한 초점 거리를 가진 50mm(45~55mm) 렌즈를 표준 렌즈로 규정했다. 하지만 디지털 방식의 4K·8K·DSLR 카메라 등에 사용되는 이미지 센서는 35mm 필름 규격과 같은 것도 있고 다른 것도 있다. 이미지 센서 규격이 35mm 필름과 같으면 50mm 렌즈를 표준 렌즈라 할 수 있지만, 이미지 센서 규격이 35mm 필름보다 크거나 작으면 표준 렌즈의 화각도 달라진다. 예를 들어 HDTV 방송용 ENG 카메라가 사용하는 2/3인치 규격의 이미지 센서는 '9.59mm(가로) × 5.39mm(세로)'이고 대각선 길이는 11mm이므로 초점 거리가 11mm인 것을 표준 렌즈라 할 수 있다.

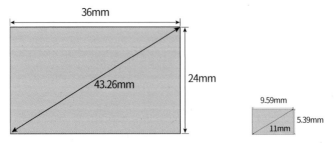

그림 2-8 35mm 필름의 규격(1), HDTV 방송용 ENG 카메라의 2/3인치 이미지 센서(2)

다음 표는 HDTV 방송용 ENG 카메라에서 흔하게 사용하는 2/3인치 이미지 센서와 35mm 필름 규격 이미지 센서에 사용되는 렌즈의 초점 거리별 화각 차이를 서로 비교한 것이다. 화각이 서로 비슷해도 초점 거리는 차이가 있다.

2/3인치 이미지 센서		35mm 필름 규격 이미지 센서	
초점 거리(mm)	화각(°)	초점 거리(mm)	화각(°)
6	72.5	28	75
11	47	50	46
50	10.1	100	24
125	4.0	135	18
300	1.68	300	8
500	1.01	500	5
1,000	0.5	1,200	2

표 2-1 이미지 센서 규격에 따른 렌즈의 화각 차이 비교

다음 그림은 35mm 필름 규격 이미지 센서에 사용되는 렌즈의 초점 거리별 화각을 더 자세히 보여준다. 이 그림에서 초점 거리가 50mm(표준 렌즈)보다 짧으면 와이드 렌즈이고 50mm보다 길면 망원 렌즈이다.

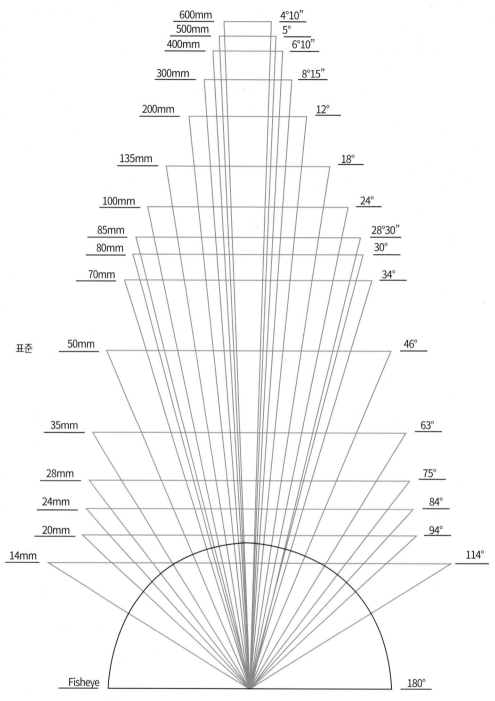

그림 2-9 35mm 필름 규격 이미지 센서에 사용되는 렌즈의 초점 거리별 화각

1-2 광각 렌즈

광각 렌즈는 화각이 넓어서 좁은 공간을 넓게 보여줄 수 있고 큰 건물이나 풍경 등을 촬영하기 좋다. 핸드 헬드hand held[3]로 촬영할 때 망원 렌즈를 사용하면 화면이 흔들리는 것이 잘 나타나지만, 광각 렌즈를 사용하면 화면이 흔들리는 현상이 줄어든다.

참고로 광각 렌즈보다 화각이 더 넓은 **피쉬 아이 렌즈(어안 렌즈**fish eye lens**)**는 화각이 180° 또는 그 이상이므로 피사체를 촬영하면 매우 많이 왜곡된다. 예능 프로그램에서는 왜곡 특성을 이용해 인물의 얼굴을 의도적으로 왜곡시키며 코믹하게 보여주기도 한다.

그림 2-10 TV 방송용 ENG 카메라의 줌 렌즈 앞에 장착해 사용하는 피쉬 아이 어태치먼트(1),
니콘 피쉬 아이 줌 렌즈 8-15mm(2), 캐논 피쉬 아이 줌 렌즈 EF8-15mm(3)

1-3 망원 렌즈

망원 렌즈는 표준·광각 렌즈에 비해 화각이 좁아서, 주로 멀리 있는 피사체를 크게 확대해서 촬영할 때 사용한다. 망원이 되는 척도를 나타내는 초점 거리에 따라 100·200·300·600·800mm 등이 있다. 수치가 높을수록 화각이 좁아지므로 피사체가 크게 확대되고, 수치가 낮을수록 화각이 넓어지므로 피사체가 작게 확대된다. 예를 들어 200mm 망원 렌즈는 표준 50mm 렌즈에 비해 피사체가 4배(200/50=4) 확대되지만, 화각이 1/4로 좁아지므로 촬영할 때 화면이 많이 흔들린다는 것이 단점이다. 참고로 스틸 카메라용 렌즈는 그와 같은 단점을 보완하기 위해 렌즈 내부에 흔들림 보정장치stabilizer를 내장시키기도 한다.

---

3 사람이 카메라를 어깨에 올리거나 손으로 들고 촬영하는 기법이다.

화각이 같은 망원 렌즈의 성능을 서로 비교 평가할 때는 해상도가 높고 최저 조리개 수치가 낮을수록 품질이 좋은 것이다. 해상도가 떨어지면 촬영되는 영상의 선명도가 떨어지고, 최저 조리개 수치가 높으면 어두운 조건에서 촬영할 때 불리하다. 예를 들어 어두운 환경에서 최저 조리개 수치가 2.8인 렌즈와 4인 렌즈로 촬영할 때, 2.8이 4보다 빛을 더 많이 통과시키므로 유리하다. 표준 렌즈와 망원 렌즈의 해상도를 비교하면 망원 렌즈의 해상도가 떨어지는 것이 일반적이다(조리개 항목 참고).

 접사 렌즈

렌즈는 최대 근접 포커스 거리가 있고, 그 범위보다 짧은 거리에 위치하는 피사체에 포커스를 맞출 수 없다. **접사 렌즈**는 매우 가까운 거리에 있는 피사체에도 초점을 맞출 수 있어서, 일반적인 렌즈로 촬영하기 어려운 매우 작은 피사체들을 크게 확대하며 촬영할 때 주로 사용한다.

다음 1·2번 사진은 니콘·캐논 제조사의 접사 렌즈이다. 이 렌즈들은 DSLR 카메라나 영화용 카메라와 렌즈 마운트가 서로 호환되므로 장착할 수 있지만, TV 방송용 ENG 카메라는 렌즈 마운트 형식이 달라서 장착할 수 없다(포커스 조절 항목 참고).

그림 2-11 니콘 105mm 접사 렌즈(1), 캐논 100mm 접사 렌즈(2)

이노비전innovision은 접사 렌즈이다. 얇은 물속에서도 촬영할 수 있으며, 일상적인 방향에서 촬영하기 어려운 조건에서는 렌즈 각도를 45°·90°등으로 꺾으며 사용할 수 있다. 제조사별로 차이가 있지만 5, 6.5, 9, 12mm 등이 있다.

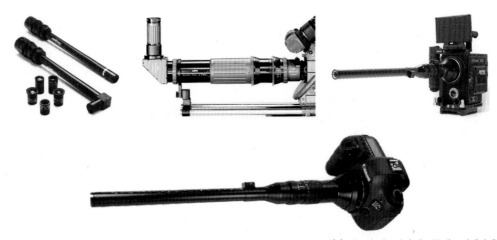

그림 2-12 이노비전 렌즈(1), 이노비전 렌즈를 방송용 ENG 카메라에 장착한 이미지(2), 라오와 이노비전 렌즈를 레드 카메라에 장착한 이미지(3), 라오와 이노비전 렌즈를 DSLR 카메라에 장착한 이미지(4)

렌즈는 초점이 고정되어 있는 고정 초점 렌즈와 렌즈 내부에서 초점이 앞뒤로 움직이며 초점 거리가 변화하는 가변 초점 렌즈로 나누어진다.

2-1 고정 초점 렌즈(단렌즈)

고정 초점 렌즈는 초점이 고정되어 있어 화각도 고정되어 있다. 초점 거리에 따라 5, 9, 14, 24, 35, 50, 70, 100(105), 200, 300, 600, 800mm 등이 있으며, 수치가 작을수록 화각이 넓고 수치가 클수록 화각이 좁다.

일반적으로 고정 초점 렌즈는 가변 초점 렌즈에 비해 해상도가 높고 최저 조리개 수치는 낮으며 피사계 심도가 얕은 것이 장점이지만, 렌즈를 카메라에 장착하고 촬영할 때 벌어지는 상황에 맞는 화각을 가진 렌즈로 교환하는 시간이 소요된다는 것이 단점이다. 따라서 시간적인 여유가 있는 영화·드라마·다큐멘터리 등을 촬영할 때 주로 사용한다(해상도, 조리개, 피사계 심도 항목 각각 참고).

그림 2-13 렌즈의 화각과 촬영되는 범위

2-2 가변 초점 렌즈(줌 렌즈)

렌즈 내부에서 초점의 위치가 앞뒤로 움직이면서 초점 거리가 변화하고 그에 따라 화각이 변하는 렌즈를 **가변 초점 렌즈(줌 렌즈^{zoom lens})**라 한다.

다음 1번 그림은 줌 렌즈에서 줌 기능을 사용할 때 화각이 달라지면서 피사체 크기가 변화되는 원리를 설명한 것이다. 다음 2번 그림은 줌 렌즈 내부에서 화각이 변화되는 원리를 설명한 것이다. **줌 아웃^{zoom out}**을 하면 노란색 화살표로 표시한 초점의 위치가 뒤쪽으로 이동하며 초점 거리가 짧아지므로 화각이 넓어진다. 반대로 **줌 인^{zoom in}**을 하면 초점이 앞쪽으로 이동하며 초점 거리가 길어지므로 화각이 좁아진다. 예를 들어 줌 렌즈에 '18 × 8'로 표기되어 있으면, 줌 기능에 의해 18배의 줌을 사용할 수 있고 최소 초점 거리가 8mm라는 것이다. 따라서 18 × 8 = 144이므로 8~144mm까지 초점 거리가 변화하며 화각도 변화된다.

TV 방송용 ENG 카메라와 소형 캠코더는 기본적으로 줌 렌즈를 장착하고 사용한다. 이는 짧은 시간에 화각을 다양하게 조절하면서 벌어지는 상황에 순발력 있게 대처하며 편리하게 촬영할 수 있는 장점을 가지고 있기 때문이다. 하지만 고정 초점 렌즈에 비해 해상도와 최저 조리개 수치가 떨어지고 피사계 심도가 깊다는 것이 단점이다(해상도, 조리개, 피사계 심도, 렌즈의 종류별 비교 항목 각각 참고).

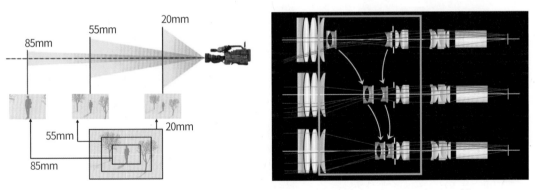

그림 2-14 줌 렌즈에서 줌 기능에 의해 화각이 변화되는 원리(1), 줌 렌즈에서 초점 거리가 변하는 원리(2)

TV 방송용 ENG 카메라에 사용되는 줌 렌즈 제조사는 캐논CANON, 후지논FUJINON이 대표적이다. 다음 사진들은 캐논사의 줌 렌즈이며 종류에 따라 화각과 줌 배율에 차이가 있다. DSLR 카메라는 **렌즈 마운트**[4] 형식이 다르므로 다음 렌즈들을 장착할 수 없다.

그림 2-15 YJ20X8.5B-VRS(1), KH10EX3.6-IRSE(2), XS 13X3.3BRM-M38(3)

참고로 고배율 줌 렌즈는 줌 배율을 높게 사용할수록 화각이 좁아지므로 피사체가 더욱 크게 확대되지만, 촬영되는 화면이 다음 2번 사진과 같이 해상도(선명도)가 떨어지고 밝기가 어두워지는 F 드롭 현상이 발생하므로 주의해서 사용한다.

그림 2-16 TV 방송용 ENG 카메라에 고배율 줌 렌즈를 장착한 모습(1),
고배율 줌 렌즈로 줌 배율을 높게 사용해 촬영한 이미지(2)

TV 방송용 ENG 카메라에 사용되는 줌 렌즈는 줌 배율을 2배로 증가시키는 **익스텐더 어댑터**extender adapter가 장착된 것도 있다. 예를 들어 어떤 렌즈의 최대 줌 배율이 14배일 때 익스텐더 어댑터를 사용하면 28배가 되므로, 고배율 망원 렌즈를 사용하는 것과 같은 효과를 낼 수 있다는 것이 장점

---

4 Lens Mount. 카메라에 렌즈를 장착하는 기계적 장치이며, 카메라 제조사와 기종에 따라 각각 다른 방식을 사용한다.

이지만 해상도와 노출이 떨어지는 것이 단점이다. 다음 2번 사진에서는 빨간 사각형으로 표시한 레버를 아래로 내려 익스텐더 어댑터 기능을 사용한다.

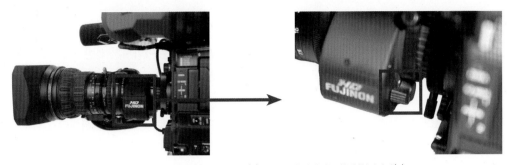

그림 2-17 익스텐더 어댑터의 위치(1), 익스텐더 어댑터를 확대한 이미지(2)

포커스 조절

포커스focus는 피사체에서 반사된 빛이 렌즈를 통과하면서 만들어지는 이미지가 선명하거나 흐리게 보이도록 초점을 조절하는 것이며 자동·수동 조절 방식이 있다. TV 방송용 ENG·영화용 카메라 등에서 사용하는 렌즈의 포커스는 대부분 수동 조절 방식을 사용하므로, 익숙하게 사용하려면 오랜 숙련 기간이 필요하다. 참고로 영화·드라마 촬영은 포커스를 전문적으로 맞추어주는 사람이 있다. 그 이유는 영상의 해상도가 높으면 대형디스플레이 장치에서 재현할 때 포커스가 매우 정확하게 구별되어보이지만, 촬영감독이 작은 크기의 뷰파인더 화면을 보면서 포커스를 정확하게 맞추기 어렵다. 따라서 그와 같은 실수를 방지하기 위함이다.

참고로 TV 방송용 ENG와 영화용 카메라의 렌즈에 장착하고 사용하는 **매트 박스**matte box는 렌즈 앞쪽에 필터나 포커스 조절장치, 렌즈로 불필요한 광선이 들어올 때 나타나는 **헐레이션**[5] 제거용 장비 등을 장착할 수 있는 액세서리 장치이다.

그림 2-18 ARRI 사의 매트박스(1), 무선 포커스 조절 장치(2)

소형 캠코더의 포커스도 자동·수동 조절 방식을 선택하고 사용할 수 있다. 자동 조절 방식은 기본적으로 화면의 가장 밝은 부분에 초점을 맞추도록 설계되어 있어, 주 피사체(인물·물체)보다 배경이 밝으면 주 피사체에 초점을 맞추지 않고 배경에 초점을 맞추는 현상이 나타난다. 이와 같은 때에는 포커스를 수동으로 조절하며 주 피사체에 초점을 맞춘다.

---

5 halation. 렌즈 내부로 강한 광선이 유입될 때 빛이 렌즈 내부에서 난반사되며 피사체 주위에 불필요한 빛이 흐릿한 형태로 나타나는 현상이다.

DSLR 카메라로 동영상을 촬영할 때 포커스는 수동·자동 조절 방식을 선택하고 사용할 수 있다. 수동 조절 방식은 사용자가 손으로 포커스를 조절한다. 자동 조절 방식은 가장 밝은 피사체나 화면 속에서 특정의 피사체(사람 얼굴)를 지정하면 포커스를 자동으로 맞춘다. 피사체가 움직일 때에도 자동으로 포커스를 맞춘다. 하지만 카메라 구조상 야외에서 촬영할 때 포커스나 구도를 확인하는 LCD 액정 모니터에 햇빛이 반사되면, 포커스·구도 등이 잘 보이지 않아 불편하므로 별도로 모니터를 장착하고 사용하는 것이 일반적이다(뷰파인더 조절 항목 참고).

3-1 마크로 포커스

마크로 포커스macro focus는 렌즈의 최대 근접 포커스 조절 거리보다 짧은 곳에 위치하는 피사체에 초점을 맞출 때 사용한다. 예를 들어 렌즈의 최대 근접 포커스 조절 거리가 60Cm이면 60Cm보다 짧은 거리에 있는 피사체에 초점을 맞출 때 사용한다. 최대 근접 포커스 조절 거리는 포커스 조절 링에 숫자로 표시되어 있다.

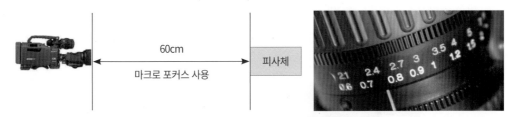

그림 2-19 마크로 포커스 조절 기능의 개념(1), 최대 근접 포커스 거리(2)

TV 방송용 ENG 카메라에서 사용하는 줌 렌즈는 대부분 마크로 포커스 조절 기능이 있다. 필요 시 좌에서 우측 방향으로 레버lever를 돌리며 초점(포커스)을 맞추고, 사용 후에는 반드시 정상적인 위치에 고정시켜야 한다. 조절용 레버가 정상적인 위치에서 벗어나 있으면 주밍(줌 인, 줌 아웃) 기능을 사용할 때 포커스가 맞지 않는다. 이와 같은 실수를 방지하기 위해 마크로 포커스 조절용 레버는 렌즈에 파여 있는 홈에 고정되어 있다(주밍은 카메라 움직임 항목 참고).

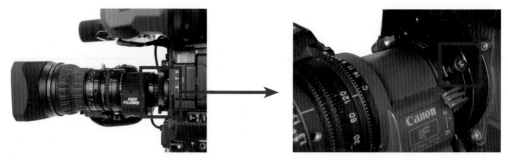

그림 2-20 마크로 포커스 조절용 레버의 위치(1), 마크로 포커스 조절용 레버의 위치(2)

3-2 플랜지 백과 백 포커스 조절

플랜지 백flange back은 렌즈 마운트 기준면으로부터 카메라 내부에 위치하는 이미지 센서 표면까지 거리다. 렌즈 제조사와 카메라 기종에 따라 렌즈 마운트 형식에 차이가 있어 플랜지 백도 각각 다르다. 참고로 TV 방송용 ENG 카메라는 **베요넷 마운트**bayonet mounts를 사용하며 플랜지 백은 35.74, 38, 48mm 등으로 표준화되어 있다. 소형 캠코더는 주로 C·CS 마운트를 사용하며 플랜지 백은 17.526, 12.5mm로 표준화되어 있다.

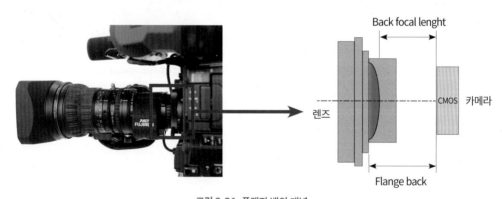

그림 2-21 플랜지 백의 개념

카메라에 렌즈를 장착하고 사용할 때 플랜지 백이 정확히 맞지 않으면, 렌즈를 통과하면서 생성된 영상이 이미지 센서 표면에 도달할 때 초점이 선명하게 맞지 않는다. 이때 플랜지 백을 조절하며 이미지 센서에서 영상의 초점이 선명하게 맺히도록 수정하는 과정을 **백 포커스**back focus 조절이라 한다. 카메라에 렌즈를 처음으로 장착하고 사용할 때는 반드시 백 포커스가 맞는지 확인하고 정확히 맞지 않으면 정확히 맞도록 조절해야 한다. 그 이후에는 사용 중에 주기적으로 확인하고 잘못되었을 경우 다시 정확히 맞도록 조절한다.

다음 사진에서는 빨간 사각형으로 표시한 것이 TV 방송용 ENG 카메라에서 사용하는 줌 렌즈의 백 포커스 조절용 레버이다. 백 포커스는 사람의 눈으로 보거나 웨이브 폼 모니터를 사용해 조절한다.

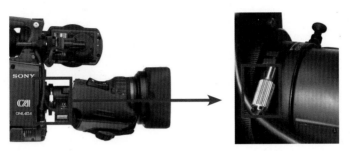

그림 2-22 TV 방송용 ENG 카메라에서 사용하는 줌 렌즈의 백 포커스 조절용 레버의 위치

① 사람의 눈으로 보면서 백 포커스를 조절하는 방법

TV 방송용 ENG 카메라에 사용하는 줌 렌즈의 백 포커스를 조절할 때 흔하게 사용하는 방법이다. 조절 순서는 다음과 같다.

1 카메라와 백 포커스 조절용 차트의 거리를 약 3m가 되도록 설치한다.

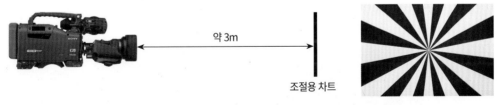

약 3m

조절용 차트

그림 2-23 TV 방송용 ENG 카메라의 백 포커스 조절 방법(1), 백 포커스 조절용 차트(2)

2 조리개를 개방시켜 피사계 심도가 최대한 얕게 한다. 이때 화면이 과도하게 밝을 때에는 ND 필터를 교체하면서 정상적인 밝기로 보이게 한다(피사계 심도, ND 필터 항목 각각 참고).

3 주밍 기능을 사용해 백 포커스 조절용 차트 중심에 최대한 줌 인하고 포커스를 정확하게 맞춘 다음 서서히 줌 아웃한다.

4 줌 아웃 진행 중이나 끝난 후 포커스가 정확하게 맞지 않으면 백 포커스 조절용 레버를 좌우로 돌리며 차트가 선명하게 보이도록 조절한다.

5 다시 최대한 줌 인한 다음 포커스가 정확하게 맞는지 확인하고, 줌 아웃하면서 포커스가 맞는지 확인한다. 이때 포커스가 정확하게 맞으면 조절이 끝난 것이므로 백 포커스 조절용 레버가 움직이지 않도록 고정시킨다. 포커스가 정확히 맞지 않으면 위 과정들을 반복한다.

6 익스텐더 어댑터가 장착된 렌즈는 백 포커스 조절이 끝난 뒤, 조절용 차트에 최대한 줌 인하고 포커스를 맞춘 다음 익스텐더 어댑터를 사용한 상태로 줌 아웃하면서 포커스에 변화가 있는지 확인한다. 이때 포커스가 맞지 않으면 백 포커스가 정확하게 맞지 않은 것이므로 다시 조절한다.

② 웨이브 폼 모니터를 사용해 백 포커스를 조절하는 방법

웨이브 폼 모니터를 사용하면 줌 렌즈와 단렌즈의 백 포커스를 모두 조절할 수 있다. 조절 순서는 다음과 같다.

1 카메라에 렌즈를 장착하고 영상을 출력(비디오 아웃video out)하면서 웨이브 폼 모니터와 연결한 다음, 렌즈의 포커스 조절 링을 무한대(∞) 위치로 돌리고 조리개를 최대한 개방시킨다.

2 백 포커스 조절용 레버를 좌우로 움직이며 다음 2장의 사진에서 빨간 사각형으로 표시한 것과 같이, 웨이브 폼 모니터에 나타나는 파형의 형태를 확인한다.

다음 1번 사진에서 푸른 형광색 사각형으로 표시한 파형은 백 포커스가 맞지 않는 상태다. 이때 잠겨 있는 백 포커스 조절용 레버를 풀어서 좌우로 돌리면 2번 사진과 같이 파형이 변화되는 순간이 나타난다. 이는 백 포커스가 잘 맞는 상태라는 것이다. 조절이 끝나면 백 포커스 조절용 레버가 움직이지 않도록 레버를 돌려서 고정시킨다.

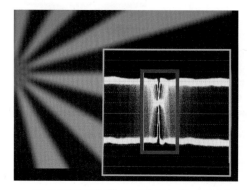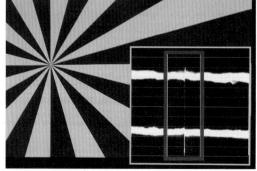

그림 2-24 백 포커스가 맞지 않은 상태의 파형(1), 백 포커스가 맞은 상태의 파형(2)

참고로 캐논·니콘 등의 DSLR 카메라는 렌즈 마운트 형식이 서로 달라서 렌즈를 교환하며 사용할 수 없다. 따라서 카메라 제조사에서 만든 전용 렌즈를 사용하므로 백 포커스를 맞추지 않아도 된다. 영화용 카메라에 아리, 칼 자이스, 캐논 등의 렌즈를 장착하고 사용할 때도 백 포커스를 맞춰야 한다.

그림 2-25 캐논 DSLR 카메라 렌즈 마운트(1), 니논 DSLR 카메라 렌즈 마운트(2)

앞서 빛 항목에서 설명한 바와 같이 태양광이 프리즘을 투과하면 7가지 빛(색·단색광)으로 분리된다. 이와 같은 현상은 각각 다른 파장을 가진 빛들이 프리즘을 투과하는 과정에 파장이 높을수록 굴절률이 크고 파장이 낮을수록 굴절률이 작아서 나타난다. 렌즈에서 나타나는 수차는 피사체에서 반사된 다양한 종류의 색을 가진 빛들이 구면 형태로 만든 렌즈의 광축과 평행이나 경사지게 투과할 때 각각 굴절률이 달라서 이미지 센서 표면에서 초점이 각각 다른 곳에 맺히며 영상의 해상도가 떨어지는 현상이며, 색수차·구면수차로 나누어진다.

4-1 색수차

색수차는 피사체에서 반사된 빛이 렌즈의 광축과 평행으로 투과할 때 R·G·B로 나누어지며, 굴절각 차이에 따라 이미지 센서 표면에서 초점이 각각 다른 곳에 맺히는 현상이다. 다음 3번 이미지와 같이 사람 눈의 망막에서도 이와 같은 현상이 나타난다. 색수차는 주로 밝은 피사체를 촬영할 때, 밝은 부분이 어두운 부분에 영향을 미쳐 피사체 윤곽에 색 번짐 현상이 나타나면서 영상의 선명도에 영향을 준다. 참고로 색수차는 대구경 렌즈나 망원 렌즈로 촬영할 때 잘 나타나고, 줌 렌즈로 촬영할 때는 줌 배율을 높게 사용할수록 잘 나타난다.

다음 1번 사진은 색수차가 나타나지 않은 것이다. 2번 사진에서는 흰색과 푸른색의 경계선에 분홍색 선으로 나타나는 색수차를 볼 수 있다.

그림 2-26 정상적인 이미지(1), 색수차가 나타난 이미지(2),
사람 눈의 망막에서 R·G·B 빛이 맺히는 위치(3) (1·2번 이미지 출처 : 니콘 홈페이지)

색수차는 단일 렌즈 여러 개를 겹치거나 비구면 렌즈를 조합 사용해 이미지 센서 표면에서 R·G·B 빛의 초점이 최대한 비슷한 위치에서 맺히도록 보정한다. 이와 같은 방법으로 색수차를 보정한 것을 **색지움 렌즈**(아크로매트 렌즈achromatic lens), **아포크로마트 렌즈**(APOapochromat lens)라 한다.

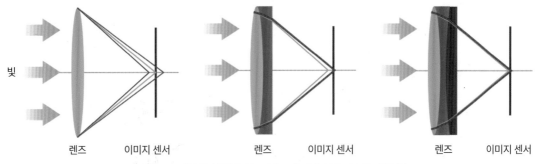

그림 2-27 색수차 현상(1), 아크로매트 렌즈(2), 아포크로마트 렌즈(3)

다음 그림은 색수차가 보정된 렌즈의 내부 구조다. 연두색으로 표시한 것은 비구면 렌즈이고 분홍색으로 표시한 것은 ED 렌즈다. 색수차 보정에 사용된 렌즈 재질과 제조사에 따라 EDextra low dispersion, UDultra low dispersion, SDsuper low dispersion, LD, SLD, XLD, ELD 등과 같이 다양한 명칭을 사용한다.

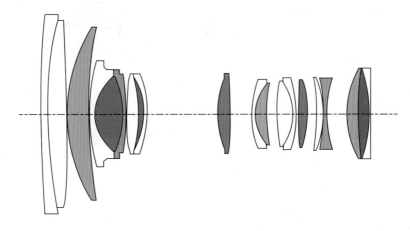

그림 2-28 색수차를 보정한 렌즈의 내부 구조

 **4-2** 구면수차

구면수차는 빛이 구면 형태로 만든 렌즈의 광축과 경사지게 투과할 때 이미지 센서 표면에서 초점이 각각 다른 곳에 맺혀 나타난다. 보정 방법은 볼록·오목렌즈를 조합하거나 비구면 렌즈를 사용해 이미지 센서 표면에서 초점이 최대한 비슷한 곳에 맺히도록 수정하는 것이다.

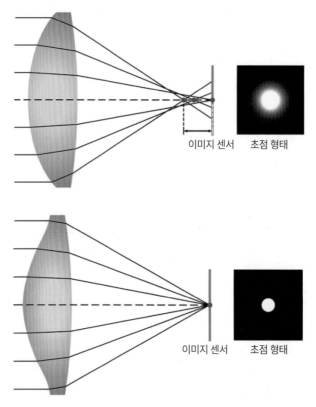

그림 2-29 구면 렌즈에서 구면 수차가 나타나는 원리(1), 비구면 렌즈 사용으로 구면 수차가 보정되는 원리(2)

다음 1번 사진은 구면수차가 보정되어 피사체들이 선명하게 보인다. 2번 사진은 구면수차가 나타나 전체적으로 선명도가 떨어지며 피사체들이 흐리게 보인다.

그림 2-30 정상적인 이미지(1), 구면수차가 나타난 이미지(2) (이미지 출처 : 니콘 홈페이지)

구면수차는 대구경 렌즈나 광각렌즈로 촬영할 때 빛의 양이 매우 부족해 조리개를 최대로 개방시키면 잘 나타난다. 이때는 라이트를 비추며 부족한 빛을 보충해주거나 카메라의 감도를 올리고 조리개를 2~3단계 닫아주면 제거된다.

반대로 빛이 매우 밝아 조리개를 지나치게 닫고 촬영할 때는, 렌즈 경통 내부 면에서 반사된 빛의 일부가 조리개 뒤쪽으로 돌아 들어가는 회절현상에 의해 빛이 이미지 센서 표면에 모두 도착하지 못해 구면수차가 나타난다. 이와 같은 때에는 ND 필터를 농도가 진한 것으로 교체하거나, 셔터 스피드를 높은 쪽으로 올리면서 카메라로 들어오는 빛의 양을 줄이고 조리개를 열어주면 구면수차가 제거된다. 이 외에도 코마수차·비점수차·상면만곡·왜곡수차 등이 있지만 큰 틀에서는 모두 구면수차에 포함된다.

① 코마수차

코마coma 수차는 빛이 렌즈의 광축과 경사지게 투과하면서 초점이 광학 중심축을 벗어난 지점에 맺혀 나타난다. 형태가 꼬리를 끄는 혜성과 비슷해 **혜성형 수차**라고도 한다. 빛이 렌즈를 투과하는 경사가 심할수록 코마수차가 강하게 나타나고 평행으로 투과하면 나타나지 않는다. 대구경 렌즈일수록 잘 나타나지만 노출에 영향을 주는 셔터 스피드·감도·ND 필터 등을 조절하면서 조리개를 닫아주면 일부 보정된다. 코마수차는 렌즈 면의 곡률을 조절하거나, 볼록·오목·비구면 렌즈 등을 조합 사용해 보정한다.

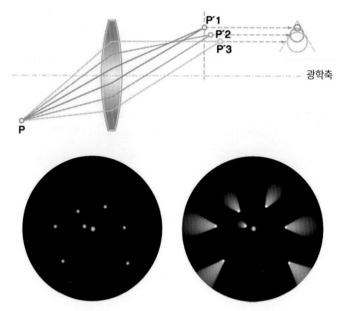

그림 2-31 코마수차가 나타나는 원리(1), 정상적인 이미지(2), 코마수차가 나타난 이미지(3) (이미지 출처 : 니콘 홈페이지)

② 비점수차

빛이 렌즈를 투과해 영상으로 만들어질 때, 렌즈 면의 곡률이 일정하지 않거나 수평·수직 방향으로 휘어져 있으면 수평·수직 방향으로 초점이 일치하지 않는다. 그 결과 수직으로 초점을 맞추면 수평으로 초점이 맞지 않고, 수평으로 초점을 맞추면 수직으로 초점이 맞지 않아서 전체적으로 화면이 흐릿하게 보이며 해상도가 떨어지는 현상을 **비점수차**라 한다. 비점수차는 조리개 수치가 낮을수록 잘 나타나며 해상도 테스트 차트, MTF 그래프 등을 통해 확인할 수 있다(렌즈의 해상도 항목 참고).

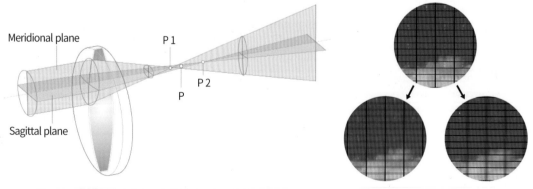

그림 2-32 비점수차가 나타나는 원리(1), 정상 이미지(좌)와 비점 수차가 나타난 이미지(우)(2)(이미지 출처 : 니콘 홈페이지)

③ 상면만곡

상면만곡은 렌즈를 투과하면서 생성된 영상이 이미지 센서 표면에 곡면으로 맺혀 촬영된 영상이 평면으로 보이지 않고 곡면으로 변형되어 보이는 현상이다. 피사체의 중심에 초점을 맞추면 주변의 초점이 맞지 않고, 주변에 초점을 맞추면 중심의 초점이 맞지 않는다. 참고로 상면만곡은 비점수차와 관련성이 깊어서 비점수차가 보정되면 상면만곡도 줄어든다.

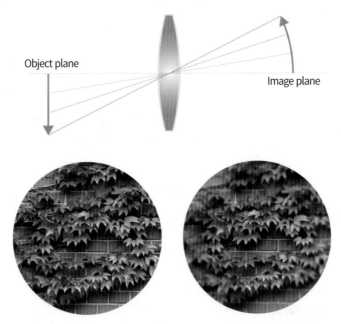

그림 2-33 상면만곡이 나타나는 원리(1), 정상 이미지(2), 상면만곡이 나타난 이미지(3) (이미지 출처 : 니콘 홈페이지)

④ 왜곡수차

왜곡수차는 빛이 렌즈를 투과해 영상으로 만들어질 때 피사체의 형태가 팽창·축소되며 본래의 모습과 다르게 변형되는 현상이며, 와이드·망원 렌즈에서 공통적으로 나타난다. 와이드 렌즈는 피사체와 가까운 곳에서 촬영할 때 팽창왜곡 현상이 매우 잘 나타난다. 줌 렌즈는 최대 광각에서 팽창왜곡 현상이 나타나고 최대 망원일 때 축소왜곡 현상이 나타난다.

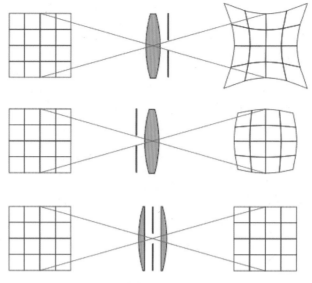

그림 2-34 축소왜곡 현상(상), 팽창왜곡 현상(중), 정상적 이미지(하)

그림 2-35 축소왜곡 이미지(1), 팽창왜곡 이미지(2), 정상적 이미지(3) (이미지 출처 : 니콘 홈페이지)

위에서 설명한 구면수차, 코마수차, 비점수차, 상면만곡, 왜곡수차 등은 독일 수학자 필리프 루트비히 폰 자이델[6]이 발견하고 분류해 **자이델**의 5수차라 한다. 그중 구면수차, 코마수차, 색수차는 조리개를 닫고 피사계 심도를 깊게 하면 일정부분 보정된다. 상면만곡도 조리개를 닫아주면 일부 보정되지만 완전하게 보정하는 것은 불가능하다. 비점수차는 조리개 조절로 보정할 수 없다. 줌 렌즈는 광각으로 사용할 때 코마수차, 구면수차, 팽창왜곡 등이 나타날 수 있고, 줌 배율을 올리고 망원으로 사용할 때는 색수차, 축소왜곡 현상이 나타날 수 있다(피사계 심도 항목 참고).

---

6 Phillipp Ludwig von Seidel

렌즈 해상도

렌즈의 성능은 색 재현성·해상도·밝기 등을 종합적으로 고려해서 평가하지만 일반적으로 해상도를 가장 중요한 기준으로 사용한다. 이는 렌즈 구조상 나타나는 다양한 수차(색수차, 구면수차)들에 의해 해상도가 영향을 받기 때문이다. 따라서 렌즈의 해상도가 높다는 것은 수차를 최대한 보정해 성능이 좋다는 것이다.

렌즈의 해상도는 다음 두 사진과 같이 흰색·검은색 선들이 점점 더 좁은 간격으로 그어져 있는 공간 주파수 측정용 차트[7]를 사용해 평가한다. 이 차트를 렌즈로 촬영할 때 선들의 간격이 넓게 떨어져 있으면(공간 주파수 낮음) 콘트라스트 차이가 크므로 흰색·검은색 선들이 분명하게 구분되지만, 선들의 간격이 좁아질수록(공간 주파수 높음) 콘트라스트 차이가 작으므로 어느 시점부터는 흰색·검은색 선을 더 이상 구분하기 어려워 전체적으로 회색으로 보인다.

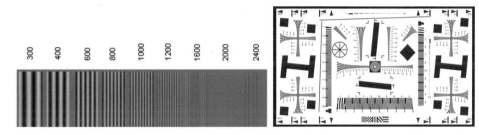

그림 2-36 공간 주파수 측정용 차트(1, 2)

렌즈가 공간 주파수 차트의 흰색·검은색 선을 콘트라스트 차이로 구분하는 척도를 수치화시키고 그래프로 나타낸 것이 다음 그림과 같은 **MTF**(변조 전달 함수modulation transfer function) 그래프다. 수직축은 렌즈의 콘트라스트 재현율, 수평축은 흰색·검은색 선 수(선/mm)를 공간 주파수로 나타낸 것이다. 렌즈가 공간 주파수 측정용 차트의 세밀한 흰색·검은색 선들을 선명하게 구분할수록 MTF 수치는 올라간다. 이는 렌즈의 콘트라스트 재현율이 높아 해상도가 높다는 것이다. 반대로 렌즈가 공간 주파수 차트의 세밀한 흰색·검은색 선들을 구분하지 못해 흐릿하게 보일수록 MTF 수치는 떨어진다. 이는 렌즈의 콘트라스트 재현율이 낮아 해상도가 낮다는 것이다.

---

7   공간주파수 측정용 차트는 1mm 안에 흑백의 선이 10, 30, 50개가 들어 있는 것으로 구분된다. ISO 12233 standard 차트가 대표적이다.

카메라에 렌즈를 장착하고 영상을 촬영할 때 사람이 눈으로 보는 것과 동일하게 표현되는 것이 가장 이상적이며 그것을 MTF 수치로 나타내면 1이다. 하지만 렌즈는 구조상 다양한 수차(구면수차, 색수차)들이 나타나면서 콘트라스트 재현율에 영향을 미치므로, MTF 수치가 1인 렌즈는 존재할 수 없으며 1에 근접할수록 콘트라스트 재현율이 높아서 해상도가 높다는 것이다(다음 그래프에서 수직축의 MTF 수치 100은 MTF 수치 1을 콘트라스트 재현율로 변환해 표시한 것임).

다음 그림은 서로 다른 A·B 렌즈의 특성을 비교한 것이다. 렌즈 A는 공간 주파수가 낮은 대역에서는 B보다 해상도가 높고, 공간 주파수가 높은 대역에서는 B보다 해상도가 낮다. 렌즈 B는 공간 주파수가 낮은 대역에서는 A보다 해상도가 낮지만, 공간 주파수가 높은 대역에서는 A보다 해상도가 높다. 이와 같이 어떤 렌즈의 성능을 평가할 때는 공간 주파수가 낮고 높은 대역에서의 콘트라스트 재현율 차이로 나타나는 해상도를 동시에 고려해야 한다.

참고로 렌즈 제조사에서 제공하는 MTF 수치(그래프)는 제조사에 따라 측정 방법과 장비가 다르므로 참고자료로만 활용한다.

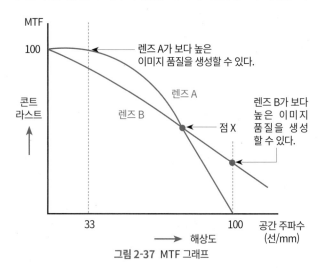

그림 2-37 MTF 그래프

5-1 사람 눈을 이용한 렌즈 해상도 평가의 예

사람의 눈으로 보면서 렌즈의 해상도를 평가할 때는 방사형, 원통형 모양의 차트를 사용해 수직·수평 해상도를 동시에 확인한다.

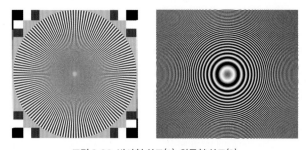

그림 2-38 방사형 차트(1), 원통형 차트(2)

일반적으로 렌즈는 중앙 부분의 해상도가 높고 가장자리로 갈수록 해상도가 떨어진다. 따라서 렌즈의 성능이 좋다는 것은 중앙부와 가장자리 부분의 해상도에 차이가 없고 전체적으로 해상도가 높다는 것이다.

다음 이미지들은 동일 조건에서 서로 다른 렌즈 2개의 해상도를 비교하기 위해 촬영한 것이다. 1번 이미지는 4개 모서리 부분의 해상도가 2번 이미지보다 떨어지므로, 2번 이미지를 촬영한 렌즈가 성능이 더 좋은 것이다. 이와 같이 사람의 눈을 이용해 렌즈의 성능을 평가하는 방식은 계측기를 사용하는 방식에 비해 정확도가 떨어질 수 있다.

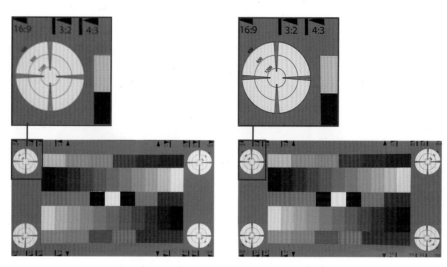

그림 2-39 렌즈의 해상도 비교 테스트 이미지(1·2)

5-2 조리개 수치와 해상도의 상관관계

앞서 설명한 바와 같이 줌 렌즈는 화각이 넓은 와이드 상태에서 줌 인하며 화각을 좁혀 줄수록 노출과 해상도가 떨어지는 경우가 있다(f드롭f-drop 현상). 고정 초점 렌즈도 최저·최고 노출로 촬영하면 구면수차가 나타나면서 전체적으로 화면이 흐리게 보이며 해상도가 떨어진다. 따라서 조리개 수치는 최대와 최저의 중간 수치(5.6)를 사용해야 해상도가 좋은 양질의 영상으로 촬영된다. 이와 같이 렌즈의 해상도는 조리개 수치에 의해서도 영향을 받으므로, 렌즈의 성능을 평가할 때는 조리개 수치를 최소와 최대로 설정하고 각각 평가하기도 한다.

5-3 렌즈 표면 코팅

카메라로 영상을 촬영할 때 피사체에서 반사되어 렌즈로 유입되는 빛은 렌즈 표면과 내부에서 반사되며 약 10%가 손실되고 그 과정에 **플레어**flare, **고스트**ghost 현상이 나타나기도 한다. 두 가지 현상은 헐레이션halation이라는 용어로 통합해 부르기도 한다. 플레어는 렌즈의 광학 중심축에 경사지게 입사하는 빛이 렌즈 경통 안쪽 면에서 불규칙하게 반사되어, 화면이 흐리게 보이거나, 화면의 일부분에 둥근 흰색 반점이 생기며 콘트라스트가 변하거나, 어두운 부분에 특정의 색이 들어가는 현상이다. 고스트는 렌즈로 강한 광선이 유입될 때 렌즈 표면과 경통의 반사로 화면에 조리개 형태(8각형)의 이미지가 나타나 전체적으로 선명도가 떨어지면서 뿌옇게 보이는 현상이다.

그림 2-40 플레어 현상(1), 고스트 현상(2), 정상 이미지(3)

플레어·고스트 현상을 제거하는 방법은, 플루오르화마그네슘·황화아연 등의 소재로 렌즈 표면을 코팅한 다음 빛이 반사되는 양을 약 0.3% 이하로 떨어트리면서 투과되는 빛의 양이 많아지게 하는 것이다. 렌즈 경통 내부 표면을 무광으로 처리해 빛이 반사되는 양을 줄이기도 한다(대부분의 렌즈에서 이와 같은 방식을 사용한다). 참고로 다음 2번 사진에서 빨간 사각형으로 표시한 것과 같이 렌즈 앞에 **후드**hood를 장착하는 목적도 렌즈 내부로 불필요한 광선이 유입되면서 나타나는 플레어·고스트 현상을 방지하기 위함이다.

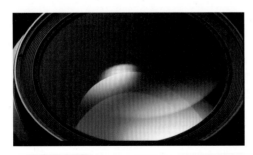

그림 2-41 코팅된 렌즈 표면(1), 렌즈 후드(2)

조리개, ND 필터, 셔터

사람의 눈은 빛의 밝고 어두움에 따라 동공 크기가 자동으로 변하면서 눈으로 들어오는 빛의 양을 적절하게 조절하므로 망막에서 정상적인 밝기의 이미지로 형성된다. 영상을 촬영하는 카메라에서 사람 눈의 동공과 같은 기능을 하면서 카메라로 유입되는 빛의 양을 1차적으로 조절하는 장치가 **조리개**다. 카메라도 조리개 작동 방식을 자동으로 사용하면 빛의 밝기에 따라 조리개 구경이 자동으로 변하면서 카메라로 들어오는 빛의 양을 적절하게 조절하므로 정상적인 밝기의 영상으로 촬영된다.

ND 필터^{neutral density filter}는 렌즈 뒤 카메라 내부에 위치하며 조리개를 통해 카메라로 들어오는 빛의 양을 2차적으로 조절한다. 대부분의 동영상 촬영용 카메라에는 ND 필터가 기본적으로 내장되어 있지만, DSLR 카메라와 같이 ND 필터가 내장되어 있지 않으면 필요 시 별도로 장착하고 사용한다. 참고로 ND 필터 외에도 화면에 특정의 컬러가 들어가게 하는 컬러 필터, 렌즈로 들어오는 자외선을 차단하거나 렌즈를 보호하는 목적으로 사용하는 UV 필터^{ultraviolet filter}, 유리·수면 등에서 난반사되는 빛을 제거해 피사체를 선명하게 보여주는 PL 필터^{polarizing filter} 등과 같이 매우 다양한 종류가 있다.

셔터는 기계식과 전자식 방식이 있다. 기계식 셔터는 1장의 영상을 촬영할 때 사용되는 빛을 카메라 내부로 통과시키는 시간을 조절하는 장치다. 전자식 셔터는 카메라 내부의 이미지 센서에서 표본화된 영상 신호를 출력하는 과정에 사용되는 시간을 조절하는 것이다.

조리개 수치

조리개 수치는 물체에서 반사된 빛이 렌즈로 유입되어 영상으로 만들어질 때, 조리개를 통과하는 빛의 양을 객관화시키기 위해 수학적으로 계산해 숫자로 표시한 것이며, f/1, f/1.4, f/2, f/2.8, f/4, f/5.6, f/8, f/11, f/22, f32 등이 있다. 이 수치들은 국제표준이다. 조리개 수치 산출방식은 렌즈의 초점 거리(F)/유효구경(D)이다. 예를 들어 f1.4는 렌즈의 유효구경을 1로 볼 때 초점 거리가 1.4라는 것이다. 참고로 전자식 셔터를 사용해 동영상을 촬영하는 카메라는 조리개 수치를 국제표준보다 더 섬세하게 나누어 사용한다(셔터의 종류, 셔터 스피드 항목 참고). F넘버[f-number], 노출 수치 등의 용어도 조리개 수치와 같은 의미이다.

조리개 수치에 따라 렌즈를 통과해 카메라로 유입되는 빛의 양에 차이가 있다. 다음 3번 그림에서 보듯이 조리개 수치가 낮을수록 빛을 통과시키는 구경이 커지므로 많은 양의 빛을 통과시키고, 조리개 수치가 높을수록 빛을 통과 시키는 구경이 작아지므로 적은 양의 빛을 통과시킨다.

1.4 2.8 4 5.6 8

그림 3-1 렌즈의 조리개 수치(1), 조리개 구조(2), 조리개 수치에 따른 구경의 변화(3)

다음 표와 같이 조리개 수치 변화 단계에 따라 카메라로 유입되는 빛의 양은 2배 증가하거나 1/2로 감소한다. 예를 들어 f2.8은 f4보다 카메라로 유입되는 빛의 양이 2배 증가한다. 반대로 f11은 f8보다 카메라로 유입되는 빛의 양이 1/2로 감소한다.

광량	1	1/2	1/4	1/8	1/16	1/32	1/64	1/128	1/256
조리개 수치	1	1.4	2	2.8	4	5.6	8	11	22

표 3-1 조리개 수치와 렌즈로 유입되는 빛의 양 변화의 상관관계

참고로 조리개 수치는 렌즈가 빛을 통과시키는 양을 수학적으로 계산해 수치화시킨 것이지만, 실제로 빛을 통과시키는 양과 차이가 있다. 이는 렌즈가 여러 렌즈들의 조합으로 구성되어 있고 각각 렌즈가 빛을 투과시키는 투명도에 차이가 있기 때문이다. 예를 들어 고배율 줌 렌즈는 줌 배율을 올려서 화각을 좁힐수록 조리개 수치보다 빛을 적게 통과시키기도 한다(f드롭 현상). 이때 렌즈가 실제로 통과시키는 빛의 양을 기술적으로 정확히 측정해 수치화시킨 것을 **t스톱**t-stop이라 한다.

1-1 조리개 조절 방식과 적정 노출

조리개는 자동·수동 조절 방식을 각각 선택하고 사용할 수 있다. 자동 조절 방식은 카메라가 상황에 따라 자동으로 밝기를 측정하고 적정 노출을 맞추는 것이다. 수동 조절 방식은 카메라를 사용하는 사람이 상황에 따라 손으로 조리개를 조여주거나 열어주면서 적정 노출을 맞추는 것이다.

적정 노출로 촬영된 화면은 시청자들에게 시각적으로 안정감을 주고 메시지 전달력이 높지만, 적정 노출보다 초과하거나 부족하게 촬영된 화면은 시각적으로 불안정하고 메시지 전달력이 떨어진다. 참고로 촬영할 때 노출이 1~2스텝 정도 잘못된 것은 촬영이 끝난 후 편집 과정에 보정할 수 있지만, 그 범위를 벗어나면 보정하기 어려우므로 촬영하면서 노출을 정확하게 맞추어야 한다.

다음 1번 사진은 노출이 부족하고 3번 사진은 노출이 과해 사람이 눈으로 보는 현실과 차이가 있어 자연스러워 보이지 않으므로 인물이 표현하는 메시지 전달력이 낮다.

다음 2번 사진은 노출이 잘 맞아 사람이 눈으로 보는 현실과 같이 자연스러워 보이므로 인물이 표현하는 메시지 전달력이 높다.

그림 3-2 노출 부족(1), 적정 노출(2), 노출 과다(3)

① 적정 노출과 조리개 자동·수동 조절 방식의 차이

조리개를 자동 조절 방식으로 설정하고 촬영해도 대부분 노출이 잘 맞는다. 하지만 밝은 흰색을 촬영할 때는 사람이 눈으로 보는 것과 같은 밝기로 촬영되지 않고 조금 더 어두운 회색으로 표현된다. 반대로 어두운 검은 색은 사람이 눈으로 보는 것보다 조금 더 밝게 촬영된다. 이와 같은 현상이 나타나는 이유는 무엇일까? 화면의 밝기가 100 IRE를 초과하면 디스플레이 장비에서 촬영된 영상을 재현할 때 화면이 하얗게 보이며 피사체의 형태와 색상이 정상적으로 표현되지 않는다. 또한 가장 어두운 검은색은 0 IRE보다 낮으면 색 번짐이나 노이즈가 발생하므로 가장 밝은 흰색은 100 IRE를 초과하지 않게 하고, 가장 어두운 검은색은 0 IRE보다 낮아지지 않도록 카메라가 자동으로 제어하기 때문이다(영상신호 조절 항목 참고).

흰색과 검은색 피사체를 촬영할 때 사람이 눈으로 보는 것과 같은 밝기로 보이기 위해서는 조리개를 수동 조절 방식으로 사용하면서 흰색은 자동으로 측정된 노출보다 조금 더 열어주고, 검은색은 자동으로 측정된 노출보다 조금 더 닫아주어야 한다. 이와 같은 이유에 의해 대부분의 촬영 전문가들은 조리개를 수동으로 조절하며 적정 노출을 맞춘다.

역광을 이용해 촬영할 때도 그와 비슷한 현상이 나타난다. 다음 2장의 사진은 동일 조건에서 흰색 계열의 옷을 입은 인물을 역광으로 촬영한 것이다(역광은 빛의 종류 항목 참고). 1번 사진은 조리개를 자동 조절 방식으로 사용해 인물이 입고 있는 옷과 밝은 배경에 노출을 맞추어 얼굴이 어둡게 보인다. 2번 사진은 조리개를 수동 조절 방식으로 사용하며 인물의 얼굴에 노출을 맞추어 정상적인 밝기로 촬영된 것이다.

그림 3-3 역광에서 자동 노출로 촬영한 이미지(1), 역광에서 수동 노출로 촬영한 이미지(2)

참고로 사진과 동영상을 선택해 촬영할 수 있는 DSLR 카메라는 위와 같은 단점을 보완하기 위해 특정 피사체를 기준으로 적정 노출을 측정하는 기능이 있지만, 동영상 촬영 전용 카메라의 대부분은 그와 같은 기능이 없다(카메라 기종에 따라 적정 노출 측정의 기준을 조절할 수도 있지만 사용 빈도가 매우 낮다).

1-2 지브라(제브라) 패턴

동영상 촬영용 카메라에는 촬영되는 화면의 적정 노출을 확인할 수 있는 **지브라 패턴**zebra pattern 기능이 있지만, 효과적으로 사용하려면 사전 테스트 과정을 통해 그 특성을 충분히 파악하는 것이 안전하다.

TV 방송용 ENG 카메라에서 뷰파인더에 컬러바가 보이게 하고 지브라 패턴 기능을 작동시키면, 다음 1번 이미지와 같이 밝은 부분에 흰색 사선이 표시된다. 이때 사선을 표시하는 기준은 카메라 기능을 제어하는 메뉴에서 사용자가 사전에 설정해준 수치이며 대부분 70~100의 범위를 사용한다. 이 수치는 화면의 밝기를 기술적으로 나타낼 때 사용하는 IRE 단위와 같다(영상신호 조절 항목 참고).

예를 들어 기준수치가 70으로 설정되어 있으면 다음 2번 이미지에서 70·80·90·100 부분에 사선이 표시되고, 80으로 설정되어 있으면 80·90·100 부분에 사선이 표시된다. 90으로 설정되어 있으면 90·100 부분에 사선이 표시되고, 100으로 설정되어 있으면 100 부분에만 사선이 표시된다. 따라서 카메라 메뉴에 사전에 설정해둔 지브라 패턴 표시 기준수치는 컬러바colour bar에서 사선이 표시되는 지역을 보고도 알 수 있다.

그림 3-4 뷰파인더 화면에 지브라 패턴이 표시된 이미지(1),
카메라 메뉴에 설정되어 있는 기준수치에 따라 컬러바에 제브라 패턴이 표시되는 지역(2)

다음은 인물을 촬영할 때 지브라 패턴 기능을 사용하는 방법을 설명한 것이다.

① 기준수치 70 IRE

화면 속에서 특정 지역의 밝기가 70 IRE가 되면 사선을 표시하고 그 이하에서는 표시하지 않는다. 이는 현재 사선이 표시된 지역의 밝기가 70 IRE이므로 100 IRE까지 30 IRE의 여유가 있지만, 조리개를 열면서 밝게 하면 100 IRE에 가장 먼저 도달해 적정 노출보다 초과되는 지역이라는 것을 사전에 표시하는 것이다.

② 기준수치 80·90 IRE

기본 개념은 위와 동일하며, 화면 속에서 특정 지역의 밝기가 80·90 IRE가 되면 사선을 표시한다. 그 이하에서는 표시하지 않는다. 일반적으로 인물 촬영은 얼굴의 밝기를 75~85 IRE로 촬영하는 것이 적정 노출이다. 예를 들어 지브라 패턴 표시 기준 수치를 80으로 설정하고 인물을 촬영할 때에는 얼굴 전체 면적에서 약 20%의 면적에 사선이 표시되도록 조리개를 조절한다. 이는 사선이 표시된 부분의 밝기가 80 IRE이거나 그보다 조금 초과했지만, 사선이 표시되지 않는 부분의 밝기가 80 IRE 이하이므로 적정 노출로 촬영된다는 것이다.

③ 기준수치 100 IRE

화면 속에서 밝기가 100 IRE인 부분에 사선이 표시되고 이미 노출이 적정보다 초과된다는 것이다. 100 IRE 이하에서는 사선을 표시하지 않는다. 따라서 75~85 IRE가 되도록 조리개를 닫아주면서 사선이 표시되지 않도록 해야 적정 노출이다.

조리개 수치에 영향을 주는 요소

카메라로 영상을 촬영할 때 화면의 밝기를 결정하는 조리개 수치에 영향을 주는 기계적 요소들은 ND 필터, 셔터 스피드, 이미지 센서 감도 등이다. 이들은 일정한 공식(법칙)에 의해 서로 유기적으로 작용하므로 각 기능에 대해 정확하게 이해하고 있어야 효과적으로 활용할 수 있다.

2-1 감도(Gain: db · ISO)

카메라가 영상을 생성하려면 이미지 센서 표면에 모자이크 형태로 분포하는 R·G·B 포토 센서들이 렌즈를 통해 들어온 빛을 집광해야 한다. 이때 포토 센서가 빛을 집광하는 효율이 높을수록 어두운 곳에서 촬영할 때 노출을 더 많이 확보할 수 있으므로 유리하게 작용한다.

다음 3장의 이미지는 이미지 센서 표면에 분포하는 포토 센서들의 구조와 빛을 집광하는 원리를 보여주는 것이다. 1번 이미지는 이미지 센서가 빛을 집광하는 효율을 올리기 위해 각 포토 센서 위에 볼록 렌즈의 일종인 초소형 **마이크로 렌즈**, **온 칩 렌즈**^{on chip lens}를 장착한 모습이다. 2번 그림은 포토 센서 1개의 구조와 마이크로 렌즈를 장착한 것을 보여 주는 것이다. 3번 그림은 포토 센서 위에 장착한 온 칩 렌즈에 의해 빛이 유입되는 각도가 넓어지면서 빛이 집광되는 양이 증가되는 원리를 설명한 것이다. 온 칩 렌즈를 사용하지 않으면 푸른색 점선으로 표시한 것과 같이 빛을 받아들이는 각도가 좁아지므로 빛이 집광되는 양도 줄어든다. 마이크로 렌즈의 기능도 이와 같다.

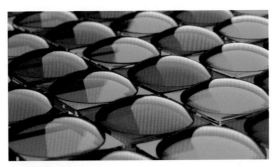

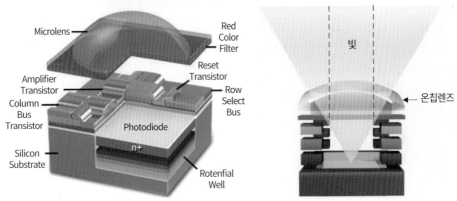

Microlens	Red Color Filter
Amplifier Transistor	Reset Transistor
Column Bus Transistor	Row Select Bus
	Photodiode
Silicon Substrate	n+
	Rotenfial Well

빛

온칩렌즈

그림 3-5 온 칩 렌즈가 장착된 포토 센서(1), 포토 센서 1개의 구조(2), 온 칩 렌즈의 기능(3)

위에서 설명한 방법을 통해 카메라 내부에서 이미지 센서의 포토 센서가 빛에 반응하는 척도를 카메라의 **감도**라 한다. 어떤 카메라(이미지 센서)의 최대 감도는 통상 2,000Lux의 밝기를 가진 3,200K의 라이트로 빛 반사율이 89.9%인 그레이 차트를 비추고 촬영할 때 밝기가 100 IRE(화이트)가 되는 순간의 조리개 수치를 확인하면 된다. 이때 조리개 수치가 높을수록 최대 감도가 높고 조리개 수치가 낮을수록 최대 감도가 낮다는 것이다. 예를 들어 어떤 카메라의 최대 감도가 F8.0 at 2,000Lux(3,200K, 89.9% reflectance)로 표시되어 있으면, 2,000Lux에서 노출이 8이고, 3,200K의 광원을 사용했으며, 빛 반사율이 89.9%인 그레이 카트로 최대 감도를 측정했다는 의미다. 카메라의 최대 감도가 높다는 것은 노출 허용 범위가 넓다는 것이므로 노출 차이가 큰 환경에서 촬영할 때 밝기 표현 범위가 넓다는 것이고, 반대로 최대 감도가 낮다는 것은 노출 허용 범위가 좁다는 것이므로 노출 차이가 큰 환경에서 촬영할 때 밝기 표현 범위가 좁다는 것이다. 참고로 카메라의 최대 감도는 화이트 클립 기능(DCC)과 매우 밀접한 관련성이 있다(DCC 기능 항목 참고).

감도의 단위는 db·ISO를 사용한다. 일반적으로 TV 방송용 ENG와 동영상 촬영 전용 카메라는 db를 사용하고, 다른 종류의 카메라들은 대부분 ISO를 사용한다. **db**의 단위는

-3·0·3·6·9·12·18·24·30·36·42 등 수치를 사용하지만 0db가 표준(기준) 감도다. 감도에 변화를 줄 때 6db가 노출(조리개 수치) 1스텝 증감과 같다. 예를 들어 0db에서 6db로 올리면 노출이 1스텝 증가(밝아짐)하고, 12db로 올리면 노출이 2스텝 증가한다. 반대로 -6db로 낮추면 노출이 1스텝, -12db는 2스텝 감소(어두워짐)한다.

ISO의 단위는 100·200·400·800 등의 배수를 사용하는 것이 기본이지만 더 세밀한 단계로 나누어 사용할 수도 있다. 참고로 DSLR 카메라는 100을 표준으로 사용하지만 수치가 배로 증가하거나 감소할 때 노출 1스텝이 증가하거나 감소된다. 예를 들어 ISO 100에서 200으로 올리면 노출이 1스텝 증가한다. 반대로 ISO 100에서 50으로 낮추면 노출이 1스텝 감소한다. 다음 표는 설명의 편의성을 위해 0 db와 ISO 100을 기준으로 감도와 노출 변화의 상관관계를 나타낸 것이다.

감도	db	-3	**0**	3	6	9	12	18	24	30	36	42
	ISO	50	**100**	150	200	300	400	600	800	1,200	1,600	2,400
노출 변화량(stop)		-0.5	**0**	0.5	1	1.5	2	3	4	5	6	7

표 3-2 감도 증감과 노출 변화의 상관관계

db·ISO 수치가 높다는 것은 렌즈를 통해 들어온 빛을 포토 센서가 집광할 때 기계적(전기적)으로 증폭시킨다는 것이다. 따라서 감도가 높아질수록 노출(밝기)이 밝아지므로, 빛이 부족한 어두운 환경에서도 촬영할 수 있다는 것이 장점으로 작용하지만 화면을 구성하는 각 화소들이 커지면서 전체적으로 거칠게 보이는 단점도 동시에 나타난다. 반대로 감도를 낮게 사용할수록 빛이 부족한 어두운 환경에서는 촬영할 수 없지만, 화면을 구성하는 각 화소들이 작아지며 전체적으로 부드럽게 표현된다. 이것이 감도에 대한 기본적인 개념이다.

다음 2장의 이미지는 TV 방송용 ENG 카메라의 감도를 각각 다르게 설정하고 촬영한 것이다. 1번 이미지는 0db로 촬영해 전체적으로 부드럽게 보인다. 2번 이미지는 48db로 올리고 촬영해 전체적으로 거칠게 보인다. 참고로 카메라 제조사와 기종별로 감도를 올리고 촬영할 때 화면이 거칠어지는 감도의 한계치는 각각 다르다. 화면이 거칠게 보이는 것을 보정하는 노이즈 제거 기능이 카메라에 내장되어 있어도 감도를 과하게 올려서 사용할 때에는 효과가 떨어진다. 이와 같이 감도를 올리고 사용할 수 있는 한계범위는 카메라 기종에 따라 다르므로 사전 테스트 과정을 통해 그 특성을 확인하고 사용하는 것이 안전한 방법이다.

그림 3-6 0db로 촬영(1), 48db로 촬영(2)

2-2 셔터, 셔터 스피드

셔터shutter는 기계적 장치를 사용하는 기계식 셔터와 전기적 주파수를 사용하는 전자식 셔터가 있다. 동영상 촬영용 카메라는 대부분 전자식 셔터를 사용한다. DSLR 카메라는 사진을 촬영할 때는 기계식 셔터를 사용하고 동영상을 촬영할 때는 전자식 셔터를 사용한다.

① 기계식 셔터

기계식 셔터는 DSLR 카메라에서 주로 사용하며 렌즈 후면과 이미지 센서 사이에 위치한다. 촬영하지 않을 때는 셔터가 닫혀 있다가 촬영하는 순간만 셔터가 위로 열리면서 렌즈를 통과한 빛(영상)이 이미지 센서로 들어가게 한다. 따라서 셔터가 열려 있는 시간이 길수록 이미지 센서가 빛을 집광하는 시간이 길어지고, 셔터가 열려 있는 시간이 짧을수록 이미지 센서가 빛을 집광하는 시간이 짧아진다. 이때 셔터가 1회 열렸다가 닫히는 데 소요되는 시간을 **셔터 스피드**shutter speed라 한다. 예를 들어 셔터 스피드 1/60초는, 빛이 렌즈를 통과한 다음 셔터가 1/60초 동안 열리면서 이미지 센서로 들어가고 그 시간 동안만 빛을 집광해 1장의 사진을 생성한다는 것이다.

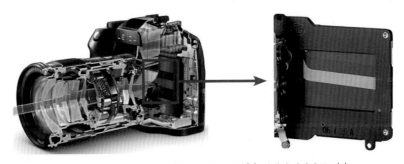

그림 3-7 DSLR 카메라에서 기계식 셔터의 위치(1), 기계식 셔터의 구조(2)

참고로 동영상 촬영전용 카메라 SONY F-65 기종은 기계식 회전 셔터와 전자식 셔터 중에서 하나를 선택해 사용할 수 있다. 기계식 회전 셔터는 과거에 영화용 필름 카메라에서 사용하던 방식이며 2장의 판으로 구성되어 있다. 이 셔터는 렌즈 후면과 이미지 센서 사이에서 360°로 회전하면서 이미지 센서로 빛(영상)을 들여보내는 기능을 하며, **표준 180° 가변셔터, 더블 블레이드**double blade**180° 셔터** 등이 있지만, 카메라가 디지털 방식으로 변환된 이후 잘 사용하지 않는다(영화용 카메라 항목 참고).

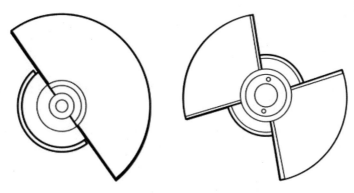

그림 3-8 표준 180°가변셔터(1), 더블 블레이드 180°셔터(2)

기계식 회전 셔터에서 셔터가 열려 있는 면적이나 각도를 의미하는 **셔터 개각도**는 0~180°까지 조절할 수 있다. 셔터 개각도가 180°보다 작을수록 이미지 센서로 들어가는 빛의 양이 감소하고, 180°보다 클수록 이미지 센서로 들어가는 빛의 양이 증가한다. 다음 그림에서 흰색 부분은 이미지 센서로 빛을 통과시키는 범위(각도)이고 옅은 초록색 부분은 셔터가 빛을 차단시키는 범위다.

빛이 셔터를 통과한 다음 이미지 센서에 도달해 영상으로 촬영되는 시간을 의미하는 셔터 스피드 산출 공식은 '1/초당 촬영하는 프레임 수' × '셔터 개각도/360'이다. 예를 들어 1초당 24프레임으로 촬영하고 셔터 개각도가 180°일 때 셔터 스피드는 1/24×180/360 = 1/48초다.

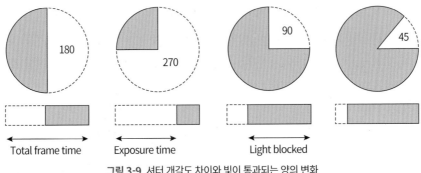

그림 3-9 셔터 개각도 차이와 빛이 통과되는 양의 변화

② 전자식 셔터

전자식 셔터는 동영상 촬영용 카메라에서 주로 사용한다. 이 방식은 렌즈를 통해 카메라로 들어온 빛이 이미지 센서에서 집광된 후 전자(전하)로 변형되어 축적되면, 전기적인 주파수(표본화 주파수)를 사용해 표본화(샘플링·캡처·스캔)[1]하고 출력해 1장의 영상을 생성한다. 이때 전자(영상 데이터)를 출력하는 과정에 사용되는 시간이 셔터 스피드다. 셔터 스피드가 빠를수록 전자를 출력하는 시간이 짧아지고, 셔터 스피드가 느릴수록 전자를 출력하는 시간이 길어진다. 출력되고 남은 전자는 버려진다. 다음 그림은 셔터 스피드 1/60초를 예로 설명하는 것이다(표본화 항목 참고).

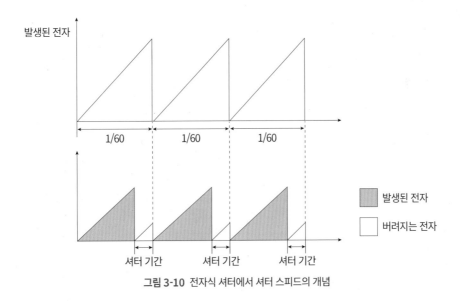

그림 3-10 전자식 셔터에서 셔터 스피드의 개념

---

1 이미지 센서의 포토 센서(화소)에서 각각 생성된 전기신호를 특정의 주파수를 사용해 매우 짧은 시간에 정보를 읽는 것이다.

③ 셔터 스피드에 따라 촬영되는 영상의 차이

위에서 설명한 바와 같이 셔터 스피드는 1장의 영상을 생성할 때 셔터가 이미지 센서로 빛을 통과시키기 위해 열려 있는 시간이나(기계식 셔터), 이미지 센서에서 1장의 영상을 표본화 후 전자로 출력하는 데 사용되는 시간이다(전자식 셔터). 2가지 방식 모두 셔터 스피드 차이에 따라 촬영된 영상의 특성은 달라진다.

다음 4장의 사진은 움직이는 피사체를 촬영할 때 셔터 스피드를 각각 다르게 사용한 것이다. 1·2번 사진은 셔터 스피드를 낮게(1/15초, 1/30초) 사용해 피사체가 선명하지 못하고 흐리게 보이는 현상이 나타난다. 셔터 스피드가 낮아질수록 더욱 흐리게 보인다. 이는 1장의 이미지를 촬영하는 시간이 길어지는 만큼 피사체의 움직임도 길게 기록되기 때문이다. 참고로 고정된 피사체를 카메라가 고정된 상태로 촬영할 때는 셔터 스피드를 낮추고 촬영하더라도 이와 같은 현상이 나타나지 않는다. 이 방식은 노출이 매우 부족할 때 사용하기도 한다. 3번 사진은 1·2번 사진보다 셔터 스피드를 높게(1/60초) 사용해 피사체가 선명하게 보인다. 셔터 스피드가 높아질수록 더욱 선명하게 보인다. 이는 1장의 이미지를 촬영하는 시간이 짧아지는 만큼 피사체의 움직임도 짧게 기록되기 때문이다. 4번 사진은 셔터 스피드를 매우 높게 올려서 촬영해 총알이 발사되는 것이 선명하게 보인다.

그림 3-11 셔터 스피드 1/15초(1), 셔터 스피드 1/30초(2), 셔터 스피드 1/60초(3), 총알 발사 장면(4)

④ 셔터 스피드와 조리개 수치의 상관관계

셔터 스피드는 조리개 수치에도 영향을 준다. 셔터 스피드를 올릴수록 촬영 시간이 짧아지며 빛이 사용되는 양이 줄어들어 어두워지므로, 조리개를 열면서 빛이 통과되는 양을 증가시켜야 정상적인 밝기로 촬영된다. 반대로 셔터 스피드를 내릴수록 촬영 시간이 길어지며 빛이 사용되는 양이 늘어나 밝아지므로, 조리개를 닫아주면서 빛이 통과되는 양을 감소시켜야 정상적인 밝기로 촬영된다.

다음 표는 동일 조건에서 셔터 스피드와 조리개 수치에 변화를 줄 때 상관관계를 나타낸 것이다. 셔터 스피드 1/60초와 조리개 수치 8을 기준으로 사용한 것은 설명의 편의성을 위함이다. 표에서 보듯이 셔터 스피드가 1단계 증가하면 조리개 수치는 1스톱 감소한다. 반대로 조리개 수치가 1스톱 증가하면 셔터 스피드는 1단계 감소한다.

하지만 다음 표와 같이 촬영하면 화면의 밝기는 모두 같지만, 피사계 심도에 차이가 있으므로 서로 다른 느낌을 표현한다. 피사계 심도는 조리개 수치가 낮을수록 셔터 스피드가 빠를수록 얕아지고, 조리개 수치가 높을수록 셔터 스피드가 느릴수록 깊어진다(피사계 심도 항목 참고).

셔터 스피드(초)	1/15	1/30	1/60(기준)	1/120	1/250	1/500
조리개 수치	22	11	8	5.6	4	2(1.8)

표 3-3 셔터 스피드와 조리개 수치 변화의 상관관계

⑤ 셔터 스피드의 기준

동영상 촬영용 카메라에서 셔터 스피드의 기준은 국가별로 사용하는 전기의 헤르츠[Hz]에 영향을 받는다. 한국은 60Hz의 전기를 사용하므로 1/60초가 기준이다. 유럽은 50Hz의 전기를 사용하므로 1/50초가 기준이다.

전기의 헤르츠와 카메라가 사용하는 셔터 스피드가 같으면 인공조명 기구들이 비추는 환경 속에서 촬영해도 시간이 서로 동기화되므로 화면이 깜박거리는 플리커 현상이 나타나지 않지만, 셔터 스피드와 전기의 헤르츠가 다르면 시간이 서로 동기화되지 못해 플리커 현상이 나타난다. 태양광이 비추는 야외에서 촬영할 때는 헤르츠가 매우 높아서 1/50, 1/60초로 촬영해도 플리커 현상이 나타나지 않는다.

다음 표는 전자식 셔터를 사용하는 TV 방송용 ENG 카메라에서 셔터 스피드가 증감되는 단계를 보여주는 것이다. 셔터 스피드는 배로 증가하거나 절반으로 감소하는 것이 기본 개념이지만, 카메라

기종에 따라 더 섬세한 단계로 나누어 사용할 수도 있다.

1/4	1/8	1/15	1/30	1/60(기준)	1/125	1/250	1/500	1/1,000	1/2,000
1/3	1/6	1/12	1/25	1/50(기준)	1/100	1/200	1/400	1/800	1/1,600

표 3-4 셔터 스피드 기준과 변화 단계

⑥ TV 방송용 ENG 카메라의 ECS 기능

한국에서 사용하는 TV 방송용 ENG 카메라로 유럽 국가들의 인공조명 기구들이 비추는 환경에서 촬영하면 플리커 현상이 나타난다. 이는 각 나라별로 사용하는 카메라의 셔터 스피드 기준과 일상에서 사용하는 전기의 Hz에 차이가 있기 때문이다. 카메라의 셔터 스피드를 1/100초로 올리면 유럽의 50Hz 전기와 동기화되어 플리커 현상이 제거되지만 노출이 떨어진다. 이때 **ECS**extended clear scan 기능을 사용해 셔터 스피드를 1/50초로 낮추어 플리커 현상을 제거하고 노출을 더 확보한다. ECS 기능은 셔터 스피드를 1Hz 단위로 섬세하게 조절할 때 사용하고, 셔터 스피드 조절은 기준(1/60초)보다 배로 증가시키거나 절반으로 감소시킬 때 사용한다.

컴퓨터 모니터를 촬영할 때도 카메라의 셔터 스피드(1/60초)와 모니터가 이미지를 디스플레이하는 Hz가 서로 다르면, 촬영되는 화면에 위로부터 아래로 움직이는 검은색·흰색 띠가 나타난다. 모니터가 이미지를 디스플레이하는 시간이 60Hz보다 느리면 이미지가 모두 디스플레이되기 전에 카메라가 1/60초로 촬영하므로 미처 디스플레이되지 못한 지역은 어두워서 검은 띠로 보인다. 반대로 모니터가 이미지를 디스플레이하는 Hz가 카메라의 셔터 스피드보다 빠르면 모니터의 특정부분이 2번 디스플레이되는 것을 촬영하므로 화면의 특정 부분이 2배 밝아지면서 흰색 띠로 나타난다. 이때 ECS 기능을 사용해 카메라의 셔터 스피드를 컴퓨터 모니터가 이미지를 디스플레이하는 Hz에 맞추면 검은색·흰색 띠가 제거된다.

그림 3-12 검은색 띠가 나타나는 현상(1·2), ECS 기능을 사용해 검은 색 띠가 제거된 이미지(3)

2-3 ND 필터

ND 필터 Neutral Density Filter는 렌즈를 통해 카메라로 유입되는 빛의 양을 조절할 때 사용한다. 필터를 만든 소재는 유리·플라스틱 등이며 필터 표면에 검은색이 코팅된 농도가 진할수록 빛을 작게 투과시키고, 검은색의 농도가 연할수록 빛을 많이 투과시킨다. 카메라 기종과 ND 필터의 형태에 따라 사용 방법이 다르다. 원 모양은 렌즈에 직접 장착하고 사용하므로 렌즈와 구경이 일치해야 한다. 사각형은 렌즈 액세서리의 일종인 **필터 후드**filter hood, **매트 박스**matte box 등에 별도로 장착하고 사용한다.

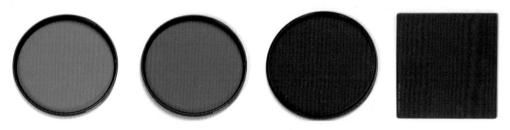

그림 3-13 원 모양 ND 필터(1·2·3), 사각형 ND 필터(4)

TV 방송용 ENG 카메라는 일반적으로 빛을 투과시키는 양 차이에 따라 4단계의 농도로 나누어진 ND 필터가 카메라 내부에 기본적으로 장착되어 있다. 1번은 투명(노출 변화 없음), 2번은 1/4(노출 2스톱stop 감소), 3번은 1/16(노출 4스톱 감소), 4번은 1/64(노출 6스톱 감소)이다. 예를 들어 1/4은 카메라로 들어가는 빛의 양을 2스톱만 줄이고 나머지 빛은 모두 들어가게 한다는 것이다. 6mm 카메라(소형 캠코더)는 대부분 2단계의 농도로 나누어진 ND 필터가 내장되어 있다.

그림 3-14 TV 방송용 ENG 카메라의 ND 필터 위치와 구조(1·2), 소형 캠코더의 ND 필터 구조(3)

TV 방송용 ENG, 6mm 카메라는 카메라로 유입되는 빛의 양을 조절할 때 1차적으로는 조리개,

2차적으로는 ND 필터를 사용하는 구조로 되어 있다. 하지만 조리개 수치는 ND 필터의 농도에 따라 변수가 커지므로, 반드시 ND 필터를 1차적으로 선택하고 2차적으로 조리개 수치를 조절하는 방식을 사용해야 한다. 이때 ND 필터의 농도가 진할수록 카메라로 들어오는 빛의 양이 감소해 조리개 수치가 낮은 쪽으로 떨어지고, ND 필터의 농도가 연할수록 카메라로 들어오는 빛의 양이 증가해 조리개 수치가 높은 쪽으로 올라간다.

따라서 현장을 비추는 빛의 양을 고려해 조리개 수치가 양질의 영상을 촬영할 수 있는 조건으로 만들어주는 농도를 가진 ND 필터를 선택해 사용한다. ND 필터를 잘못 선택하고 사용하면, 카메라로 들어오는 빛의 양이 매우 부족하거나 과도해 촬영되는 영상의 노출에 문제가 생기거나 선명도가 흐려지는 현상이(구면수차) 나타나므로 각별히 주의해야 한다.

실내·실외·야간 등과 상관없이 촬영할 현장을 비추는 빛의 양이 충분하면, 진한 농도의 ND 필터를 사용해 카메라로 들어가는 빛의 양을 적절하게 줄인다. 반대로 현장을 비추는 빛의 양이 부족하면 모두 사용해도 부족하므로 ND 필터를 사용하지 않는다. 다음은 설명의 편의성을 위해 실내·실외·야간 촬영 등으로 나누었다.

① 실내 촬영
대부분의 실내 촬영은 주간·야간과 상관없이 빛이 부족해 ND 필터를 사용하지 않는다. TV 방송용 ENG 카메라는 투명한 1번, 6mm 카메라는 OFF에 두고 사용한다. 창문을 통해 매우 강한 자연광이 들어오는 환경은 예외다.

② 실외 촬영
주간의 실외 촬영은 빛이 충분하므로 조리개 작동 방식을 자동으로 설정하고 ND 필터를 교환하면서 조리개 수치가 5.6~8의 범위가 되는 것을 선택해 사용한다. 예를 들어 TV 방송용 ENG 카메라에서 ND 필터 2번을 사용할 때 조리개 수치가 11이라고 가정하면, 그보다 적은 양의 빛을 투과시키는 3번으로 교체할 경우 조리개 수치가 4~5, 6 정도로 떨어진다. 주간의 실외이지만 빛이 부족한 그늘이나 흐린 날은 농도가 연한 ND 필터를 선택해 사용한다.

③ 야간 촬영
야간 촬영은 실내·실외와 상관없이 빛이 부족해 ND 필터를 사용하지 않는다. TV 방송용 ENG 카메라는 투명한 1번, 6mm 카메라는 OFF에 두고 사용한다. 인공조명을 강하게 비추어 매우 밝을 때에는 ND 필터를 사용할 수도 있지만 이와 같은 환경은 흔하지 않다.

④ 6mm 카메라의 ND 필터와 조리개 자동 조절 방식 촬영의 상관관계

ND 필터가 장착된 6mm 카메라는 작동 방식을 자동으로 사용하면 ND 필터를 잘못 선택해 노출이 부족하더라도 감도, 셔터 스피드 등이 자동으로 변하면서 부족한 노출을 확보하는 방식으로 설계되어 있다. 이 경우 촬영은 되지만 감도가 높은 쪽으로 변화하면 화면이 거칠어지고, 셔터 스피드가 낮아지면 움직이는 피사체를 촬영할 때 잔상이 나타나며 흐리게 보일 수 있다(감도·셔터 스피드 항목 각각 참고).

6mm 카메라에 자동 촬영 기능을 적용한 것은 촬영의 전문가가 아닌 사람들이 사용할 때 카메라 기능에 대한 이해 부족으로 나타나는 실수를 방지하기 위함이지만, 자동 촬영 방식을 사용하더라도 ND 필터는 반드시 수동으로 선택해야 한다. ND 필터를 잘못 선택하고 사용할 경우 뷰파인더에 ND 필터를 교환하라는 내용이 표시된다. 참고로 가정에서 사용하는 소형 캠코더는 대부분 ND 필터가 장착되어 있지 않다.

2-4 PL·UV 필터

PLpolarized light, polarization 필터는 유리면이나 물 표면에서 반사되는 빛을 제거하는 목적으로 사용하는 **편광 필터**이다. 방송용 ENG 카메라는 렌즈에 필터를 별도로 장착하고 360° 방향으로 회전시키다 보면, 반사되는 빛이 차단되는 순간이 나타난다. 이와 같은 현상이 나타나는 것은 편광 필터가 어느 한쪽 방향에서 들어오는 빛만 투과시키기 때문이다. 다음 2·3번 사진은 실외에서 유리 창문을 통해 실내에 있는 버스를 촬영한 것이다. 편광 필터를 사용하지 않은 2번 사진은 유리에 실외의 자동차들이 반사되어 실내의 버스와 겹쳐 보여 버스가 선명하게 보이지 않는다. 편광 필터를 사용한 3번 사진은 유리에 반사되는 자동차들이 모두 제거되어 버스가 선명하게 보인다.

그림 3-15 회전형 편광 필터(1), 편광 필터를 사용하지 않고 촬영한 이미지(2), 편광 필터를 사용해 촬영한 이미지(3)

카메라로 영상을 촬영할 때 가시광선의 범위에 속하지 않아 사람의 눈에 보이지 않는 자외선도 가시광선과 같이 피사체에서 반사된다. 자외선이 렌즈를 통해 카메라로 유입되면 촬영되는 이미지의 선명도가 떨어진다. 이때 자외선을 차단하는 목적으로 사용하는 것이 **UV 필터**^{Ultra Violet filter}이며, 색이 없는 투명한 유리이므로 촬영되는 영상의 색과 노출에는 영향을 주지 않는다. 렌즈를 보호하는 목적으로도 사용한다.

그림 3-16 UV 필터

뷰파인더viewfinder는 카메라로 촬영되는 영상의 구도·노출·포커스 등을 확인하는 용도로 사용하므로 기준에 맞게 조절되어 있어야 한다. 특히 밝기가 잘못 조절되어 있는 상태로 사용하면, 잘못된 오차만큼 적정 노출보다 어둡거나 밝게 촬영하는 실수를 할 수 있으므로 촬영하기 전에 반드시 뷰파인더의 상태를 확인해야 한다.

카메라로 촬영되는 영상이나 촬영이 끝난 영상의 밝기·색상·구도 등을 평가하기 위한 용도로 사용하는 **모니터** 역시, 밝기·콘트라스트·색상·채도 등이 기준에 맞게 조절되어 있어야 한다. 모니터가 잘못 조절된 상태로 카메라로 촬영되는 영상이나 촬영이 끝난 영상의 상태를 평가하면, 기준이 틀어진 만큼 오차가 발생하며 제작진들 사이에 혼란이 생기므로 매우 주의해야 한다(제작 현장에서 흔하게 발생하고 있음).

그림 3-17 방송용 ENG 카메라 뷰파인더(1), 용화용 카메라 뷰파인더(2)

3-1 뷰파인더 조정 방법과 안전영역

사람의 눈으로 보면서 뷰파인더를 기준에 맞게 정확하게 조절하려면 경험에 의한 노하우가 필요하다. 뷰파인더의 상태를 확인하거나 조절할 때는 컬러바를 사용한다. 동영상 촬영용 카메라에는 뷰파인더에 컬러바를 디스플레이하는 기능이 기본적으로 있다.

① TV 방송용 ENG 카메라

TV 방송용 ENG 카메라의 뷰파인더는 흑백·컬러 방식이 있지만 대부분 흑백 방식을 사용한다. 뷰파인더 화면에는 녹화시간, 오디오 레벨, 화이트 밸런스 수치, ND 필터, 셔터 스피드, 게인(감도), 지브라 패턴, 안전영역, 화면중앙 표시, 녹화 표시 등과 같은 카메라의 전반적인 설정 상태가 표시된다. 빛을 잘 차단해 빛이 반사되는 현상이 없어 항상 일정하게 보이는 구조이므로 촬영하는 장소와 환경이 달라져도 노출·포커스 등을 정확하게 맞출 수 있다.

TV 방송용 ENG 카메라의 뷰파인더를 기준에 맞게 조절할 때는 컬러바를 디스플레이하고 밝기brightness, **콘트라스트**contrast, 선명도peaking, sharpness 등을 조절한다. **밝기**는 다음 2·3번 이미지에서 빨간 사각형으로 표시한 1번의 3개 수직 바bar 중에서, 오른쪽 끝에 있는 바가 아주 조금만 식별되도록 조정한다. **콘트라스트**는 빨간 사각형으로 표시한 2번 화이트의 밝기를 95~100 IRE가 되도록 조절한다. 콘트라스트와 밝기는 어느 하나를 조절하더라도 서로 영향을 주므로 순서를 바꾸어가며 양쪽 모두가 기준에 맞게 조절한다. **선명도**는 높을수록 피사체의 윤곽이 선명하게 보여 포커스를 맞추기가 편리하지만 노이즈가 많이 발생해 눈이 피로해진다. 반대로 선명도가 낮을수록 노이즈가 줄어들지만 화면이 전체적으로 흐릿하게 보여 포커스를 맞추기가 어려워진다. 따라서 노이즈가 나타나지 않으면서도 선명도가 적절하게 살아나도록 조절한다.

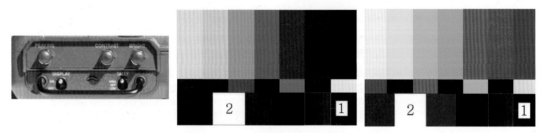

그림 3-18 TV 방송용 ENG 카메라의 뷰파인더 조절장치(1), TV 방송용 ENG 카메라의 흑백 뷰파인더(2),
TV 방송용 ENG 카메라의 컬러 뷰파인더(3)

② 6mm 카메라

6mm 카메라는 뷰파인더가 있어도 LCD 모니터를 뷰파인더 대용으로 사용하는 것이 일반적이다. LCD 모니터의 기준이 잘못되었을 때 정확하게 맞추는 방법은 TV 방송용 ENG 카메라의 뷰파인더 조절 방식과 같다. LCD 모니터는 야외에서 촬영할 때 햇빛이 모니터 표면에서 반사되어 화면

이 잘 보이지 않거나, 보는 각도에 따라 밝기가 달라지므로 노출과 포커스를 잘못 맞추는 실수를 할 가능성이 매우 높다. 이때 LCD 모니터에 사각모양의 가림 막을 부착하면 모니터 표면을 비추는 햇빛이 차단되므로 도움이 된다(일반적으로 사용자가 수공으로 만들어서 사용함).

③ 안전영역

시청자들이 가정에서 TV수상기로 방송 프로그램을 시청할 때는 카메라로 영상을 촬영하면서 뷰파인더로 보이는 전체 이미지에서 가장자리 부분의 10%가 잘려나가고 90%(정확하게는 92%)만 보이므로 촬영하면서 구도를 잡을 때 가장자리 부분에 여유를 주어야 한다. 뷰파인더 화면에 잘려나가는 가장자리 부분이 흰색 사각형으로 표시되어 있는 것을 세이프티 존(안전영역^{safety zone})이라 한다. 참고로 카메라로 영상을 촬영할 때나 촬영이 끝난 영상의 상태를 확인하기 위해 사용하는 모니터에도 세이프티 존이 표시된다. 카메라 뷰파인더나 모니터에 표시되는 세이프티 존은 사용자의 필요에 따라 규격을 조절할 수 있다.

그림 3-19 카메라 뷰파인더에 보이는 이미지와 세이프티 존(1),
TV수상기에서 가장자리가 잘려나간 이미지(2), 촬영용 모니터에 표시되는 세이프티 존(3)

3-2 모니터 조정 방법

사람의 눈으로 보면서 모니터를 기준에 맞게 조정할 때는 다음과 같은 순서와 방법을 사용하지만 많은 경험이 필요하다.

1 카메라의 HD-SDI[2] 영상 출력단자[3]와 모니터를 비디오 라인(동축케이블)으로 연결하고, 카메라에서 컬러바를 출력하면 모니터에 컬러바가 디스플레이된다.

---

2 High Definition Serial Digital Interface. 해상도 1280×720 이상의 디지털 방식 영상을 라인(동축케이블)을 이용해 전송하는 규격이다.

3 영상 정보를 다른 기기로 보낼 수 있도록 카메라 외부에 마련된 단자이며, 일반적으로 BNC·RCA 커넥터(connector) 등을 사용한다.

2 모니터를 다음 2번 이미지와 같이 블루 온리blue only 상태로 전환하고 1·2·3으로 표시한 수직 바의 밝기와 농도가 서로 같아지도록 크로마(채도chroma) 버튼을 사용해 조절한다.

3 다음 2번 이미지에서 연두색 사각형으로 표시한 4번 가로줄 7칸을 위의 세로줄 7개 바와 밝기가 같아지도록 휴(색상hue), 크로마 버튼을 교대로 사용하면서 조절한다.

4 다음 2번 이미지에서 푸른색 화살표로 표시한 5번의 3개 수직 바에서 제일 우측 바가 아주 조금만 식별되도록 브라이트(밝기bright) 버튼을 사용해 조절한다.

5 다음 2번 이미지에서 6번으로 표시한 화이트의 밝기가 95~100 IRE가 되도록 콘트라스트(명도대비contrast) 버튼을 사용해 조절한다.

6 다음 3번 이미지와 같이 기준에 잘 맞을 경우 블루 온리 상태에서 컬러 화면으로 전환해주면 조정이 끝난 것이다. 기준에 맞지 않으면 처음부터 반복하며 수정해 기준에 맞게 조절한다.

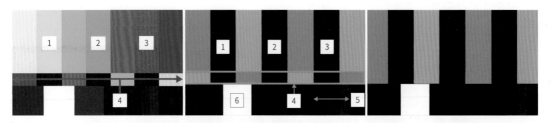

그림 3-20 모니터로 보이는 컬러바(1), 블루 온리 상태로 전환된 상태(2), 모니터가 정확하게 조절된 상태(3)

다음 1번 이미지는 촬영용 모니터의 밝기·색상·콘트라스트 등을 조절하는 버튼들이다. 참고로 다음 2번 이미지는 카메라와 모니터를 무선으로 연결하는 장비다.

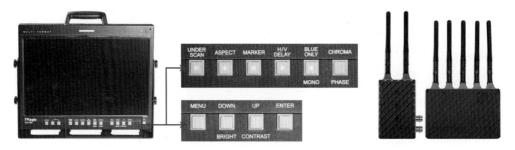

그림 3-21 촬영용 모니터의 화면조절 버튼(1), Teradek Bolt 4K LT1500 TX/RX(2)

3-3 뷰파인더와 모니터의 상태가 기준에 맞는지 확인하는 방법

카메라 뷰파인더와 모니터가 기준에 맞게 정확하게 조정되면 카메라와 모니터를 서로 연결해 뷰파인더로 보이는 화면이 모니터에서도 보이게 한다. 그 후 카메라의 화이트 밸런스를 맞추고 조리개 작동 방식을 수동으로 선택한 다음 컬러 차트를 촬영하면서, 뷰파인더에 보이는 화면을 기준으로 적정 노출을 맞추고 모니터로 보이는 영상의 밝기(노출)와 색상을 확인한다.

이때 컬러 차트의 밝기와 색상이 사람이 눈으로 보는 것과 같으면 뷰파인더와 모니터가 기준에 맞게 조절된 것이며, 이는 카메라 뷰파인더와 모니터의 기준이 서로 통일(일치)된다는 것이다. 이때 모니터로 보이는 컬러 차트의 색상이 사람이 눈으로 보는 것과 다르면 카메라의 화이트 밸런스가 잘못 맞추어졌거나 모니터의 색상이 맞지 않다는 것이다. 모니터로 보이는 컬러 차트의 밝기가 사람이 눈으로 보는 것과 다르면 뷰파인더나 모니터의 밝기가 잘못 조절된다는 것이다. 이와 같은 현상들이 발생하면 뷰파인더나 모니터의 조절 상태를 다시 확인하고 잘못되었을 경우 수정한다.

참고로 영상을 촬영할 때 RAW[4] 파일로 기록하면 화이트 밸런스를 맞추지 않으므로 색상은 확인하지 않아도 된다. 하지만 노출을 잘못 맞춰 화면의 밝기가 영상신호로 표현할 수 있는 최대 범위인 100 IRE를 초과하면 디스플레이 장치에서 영상을 재현할 때 하얗게 보이며 피사체의 형태와 색이 표현되지 않는다. 따라서 촬영용 모니터를 보조로 사용하면서 촬영되는 영상의 밝기(노출)를 지속적으로 확인하는 것이 안정적인 방법이다(제작 현장에서는 대부분 컬러 화면으로 확인한다).

그림 3-22 TV 방송용 SONY ENG 카메라의 영상 출력단자(1·2), 모니터의 밝기와 색상 확인용 컬러 차트(3)

---

4   카메라의 이미지 센서에서 만들어지는 영상신호를 가공이나 압축 없이 데이터를 모두 저장하는 무손실 압축 방식의 파일 형식이므로 원본 그대로의 화질을 유지한다.

화이트, 블랙 밸런스

다음 1번 사진은 카메라 내부에서 렌즈를 통해 들어오는 빛(가시광선)을 집광해 영상을 생성하는 이미지 센서이다. 검은색 원으로 표시한 것은 센서 표면의 일부분을 확대한 것이다. 다음 2번 이미지는 1번 사진에서 확대한 부분을 더 확대한 것이다. 이미지 센서 표면에는 렌즈를 통해 들어온 빛(영상)을 R·G·B로 각각 나누어 집광하는 포토 센서 들이 화면을 구성하는 전체 화소 수(UHDTV 4K : 3,840 × 2,160 = 8,294,400화소, UHDTV 8K : 7,680 × 4,320 = 33,177,600화소)만큼 모자이크 형태로 배열되어 있다. 다음 3번 그림은 각 포토 센서 위에 장착된 R·G·B 필터들에 의해, 빛이 R·G·B로 각각 분리되어 집광되는 원리를 보여준다.

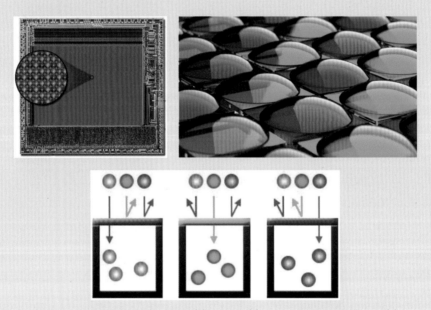

그림 4-1 이미지 센서와 표면 확대 이미지(1), 포토 센서(2), R·G·B 빛을 각각 집광하는 원리(3)

이미지 센서에서 R·G·B로 나누어 집광된 빛이 서로 같은 비율로 혼합되면 다음 1번 그림과 같이 크게 7가지 종류의 색(빛)을 만든다. 그 색들로 컬러 텔레비전 방송에서 사용하는 형태로 재구성한 것이 다음 2번 이미지와 같은 컬러바color bar이며, TV수상기나 카메라에서 표준 신호로 사용된다.

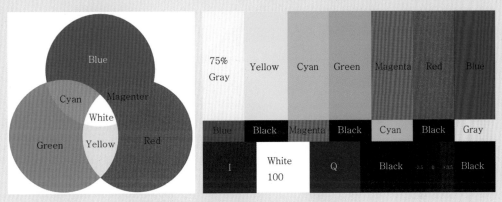

그림 4-2 카메라의 컬러 생성 방식(1), 컬러바(2)

다음 그림은 사람의 눈으로 볼 수 있는 모든 색을 나타내는 CIE 표색계다. 회색 삼각형으로 표시한 ITU-R BT.709는 2K 규격의 HDTV 카메라가 사용하던 색공간이고, 검은색 삼각형으로 표시한 ST2036-1/ITU-R BT.2020은 4K·8K 규격의 UHDTV 카메라가 사용하는 색공간이다. HDTV가 차지하는 면적보다 UHDTV가 차지하는 면적이 훨씬 더 넓고 전체 면적의 대부분을 차지한다. 이는 UHDTV가 HDTV보다 색을 더 섬세한 단계로 나누어 사용하고, 사람의 눈이 인식하는 대부분의 색을 표현할 수 있다는 것을 의미한다.

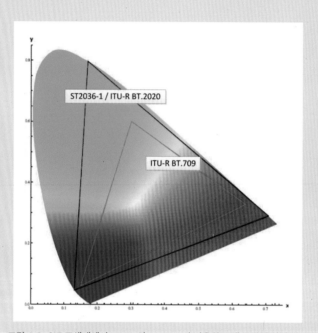

그림 4-3 CIE 표색계에서 HDTV와 UHDTV가 사용하는 색 공간의 차이 비교

카메라로 촬영된 영상을 재현하는 각종 디스플레이 장비들이 색을 재현할 때도, 이 표색계에서 차지하는 범위가 넓을수록 색을 더 섬세한 단계로 나누어 표현하므로 현실감 있게 보인다(가산혼합 항목 참고).

카메라가 받아들이는 빛(색)의 종류

앞서 색 항목에서 설명한 바와 같이 카메라는 R·G·B 빛이 서로 같은 비율로 혼합되면 백색광(화이트)이 만들어지는 가산혼합 방식을 사용해 모든 컬러를 표현한다. 따라서 어떤 공간을 비추는 빛의 R·G·B 혼합비율이 서로 같은 환경에서 촬영하면 정상적인 컬러로 표현된다. 하지만 우리가 살아가는 생활공간을 비추는 빛은 자연광·인공광 등과 같이 종류가 매우 다양하고 각각 R·G·B 혼합비율이 달라서 카메라로 촬영하면 정상적인 컬러로 표현되지 않는다.

다음 1번 그림은 R·G·B 빛의 혼합비율이 서로 같은 카메라 기준을 스펙트럼으로 나타낸 것이다. 다음 2번 그림은 사람의 눈에 무색으로 보이는 태양광의 스펙트럼이다. 태양광은 R에 비해 B·G가 더 많아서 R·G·B 빛의 혼합비율이 서로 같은 카메라 기준으로 촬영하면 푸른색이 나타난다. 다음 3번 그림은 일상에서 흔하게 사용하며 사람의 눈에 노란색으로 보이는 백열등의 스펙트럼이다. 백열등은 G·B에 비해 R이 매우 많아서 R·G·B 빛의 혼합비율이 서로 같은 카메라 기준으로 촬영하면 붉은색이 나타난다. 다음 4번 그림은 일상에서 흔하게 사용하며 사람의 눈에 무색으로 보이는 형광등의 스펙트럼이다. 형광등은 R·G에 비해 B가 많아서 R·G·B 빛의 혼합비율이 서로 같은 카메라 기준으로 촬영하면 푸른색이 나타난다.

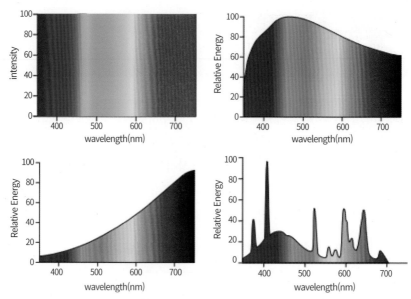

그림 4-4 카메라의 R·G·B 혼합비율(1), 태양광의 스펙트럼(2), 백열등의 스펙트럼(3), 형광등의 스펙트럼(4)

위에서 설명한 바와 같이 카메라는 촬영할 현장을 비추는 빛의 R·G·B 혼합비율에 따라 색상을 모두 다르게 표현하는데, 크게 푸른색·붉은색 계열로 나누어진다. 사람의 눈에 무색으로 보이고 카메라가 푸른색으로 표현하는 빛은 자연광·인공광 등이 있다. 자연광은 한낮에 비추는 태양광이 대표적이다. 인공광은 인공조명 기구가 발광하는 태양광과 비슷한 종류의 빛이다. 사람의 눈에는 무색으로 보이지만 카메라가 푸른색 계열로 표현하는 빛을 **데이 라이트**day light라 한다.

카메라가 붉은색으로 표현하는 빛은 자연광·인공광 등이 있다. 자연광은 일출·일몰 시간에만 볼 수 있다. 인공광은 촛불, 백열등, 촬영용 라이트가 발광하는 백열등과 비슷한 색상의 빛이다. 사람의 눈에 노란색·붉은색 계열로 보이고 카메라도 노란색·붉은색 계열로 표현하는 빛을 **텅스텐 라이트**tungsten light라 한다(라이트의 종류 참고).

1-1 색온도(켈빈도)

카메라로 영상을 촬영할 때 현장을 비추는 다양한 종류의 빛들이 가지고 있는 고유의 색상을 표준화시켜서 수치로 나타낸 것을 **색온도** 또는 영국의 물리학자 켈빈의 이름을 따서 **켈빈도**[1]라 하며 단위는 K(K°)를 사용한다.

다음 1번 그림의 CIE 표색계에서 보듯이 색온도 수치는 푸른색이 강할수록 높아지고 붉은색이 강할수록 낮아진다. 표색계에서 사람의 눈이 노란색으로 인식하는 3,200K은 텅스텐 라이트의 기준 색온도이다. 사람의 눈이 흰색(무색)으로 인식하는 5,600K은 데이 라이트의 기준 색온도이다. 다음 2번 이미지는 다양한 빛의 색상을 색온도로 나타낸 것이다.

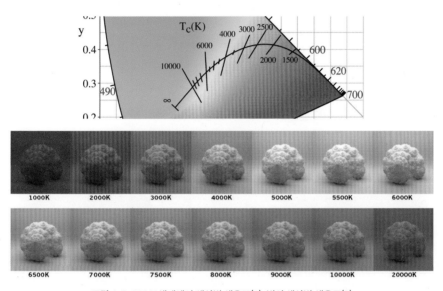

그림 4-5 CIE 표색계에서 색상별 색온도(1), 빛의 색상별 색온도(2)

---

1 kelvin temperature. 캘빈은 어떤 빛도 반사시키지 않아서 색이 없는 흑체(흑연)를 가열하면, 처음에는 어두운 붉은색으로 보이다가 온도가 상승함에 따라 점차 밝아지며 오렌지색, 노란색, 흰색, 푸른색 순으로 변한다는 사실을 알아냈다. 이때 흑체를 가열하는 섭씨온도에 273을 더한 절대온도를 켈빈도(K)라 하였다. 예를 들어 백열등은 흑체를 약 3200도로 가열했을 때의 컬러와 동일하므로 색온도가 3200K이다.

인간의 시각은 다양한 사물들이 반사하는 고유한 빛의 색상을 자동으로 인식한다. 빛이 바뀌는 환경에서 물체를 바라볼 때도 경험과 학습에 의해 본래의 색상을 알 수 있다(색순응). 카메라로 어떤 피사체를 촬영하고 디스플레이 장치에서 영상으로 재현할 때도 사람이 눈으로 보는 색과 같아야 한다. 소형 캠코더 카메라는 작동 방식을 자동으로 선택하고 촬영하면 색이 정상적으로 표현되지만, 그 외에 대부분의 동영상 촬영용 카메라는 촬영을 시작하기 전 색이 정상적으로 표현되도록 사용자가 수동 방식으로 조절해야 한다.

예를 들어 다음 1번 사진과 같이 태양광이 비추는 야외에서 촬영은 R·G·B 빛의 혼합비율이 같은 카메라 기준에 비해 B·G가 강하므로 푸르게 표현된다. 이때 카메라로 촬영되는 영상의 색이 사람이 눈으로 보는 것과 같이 표현되도록 기계적으로 태양광의 R·G·B 혼합비율이 카메라 기준과 같아지도록 맞춰 주는 것을 **화이트 밸런스**white balance **조절**이라 한다.

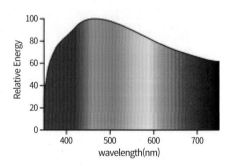

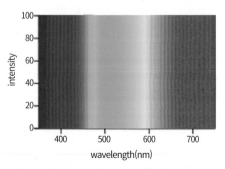

그림 4-6 카메라가 받아들이는 태양광의 스펙트럼(1·2), 화이트 밸런스를 조절한 영상의 색(3·4)

카메라는 화이트 밸런스 조절 과정에서 촬영할 현장을 비추는 빛의 R·G·B 혼합비율을 자동으로
분석하고 차이가 있을 경우 같은 비율로 조절하며 흰색의 기준을 찾은 다음 모든 색상을 표현한다.
이때 다음 3번 그림과 같이 R·B 빛이 G와 같아지도록 수정하는 방법을 사용한다. 이는 가시광선
을 구성하는 7가지 단색광 중에서 G의 파장이 가장 강하고, 사람의 눈이 G에 가장 민감하게 반응
하는 특성을 카메라에서 응용한 것이다. 참고로 G는 카메라로 촬영하는 영상이나, 촬영이 끝난 영
상에서 사용되는 색의 양을 결정하거나, 색상을 조절할 때 기준신호로 사용된다(표본화, 압축 방
식, 컬러 조절 항목에서 별도로 설명한다).

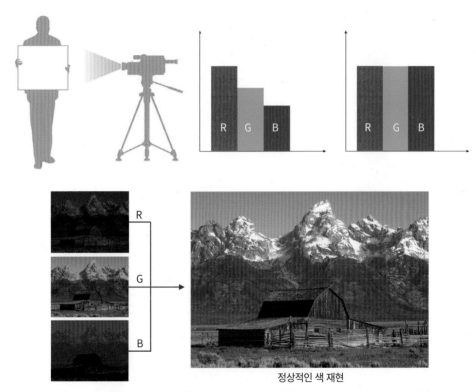

정상적인 색 재현

그림 4-7 화이트 밸런스 조절 방법(1), R·G·B 빛의 양이 다름(2), R·G·B 빛이 같은 비율로 조절됨(3),
R·G·B 빛이 같은 비율로 혼합되어 정상적인 컬러로 촬영되는 영상(4)

2-1 화이트 밸런스 조절과 그레이 스케일 카드

화이트 밸런스를 정확하게 조절하려면 빛 반사율이 18%인 그레이 스케일 카드gray scale card를 사용한다. 이는 카메라가 가산혼합으로 백색광을 만들 때 사용하는 R·G·B 색상들의 빛 반사율이 18%이고, 일상에서 다양한 컬러를 가진 피사체들의 빛 반사율이 평균 18%이기 때문이다. 따라서 화이트 밸런스 조절은 그레이 스케일 카드에서 반사되는 빛의 R·G·B 비율을 분석하고 차이가 있을 경우 같은 비율로 조절하는 것이라 할 수 있다.

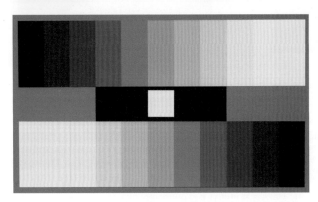

그림 4-8 R·G·B 컬러가 반사하는 빛 반사율(1), 그레이 스케일 카드(2)

그레이 스케일 카드가 없을 때 흔하게 사용하는 A4 용지는 제조사에서 흰색을 강조하기 위해 푸른색 계열의 형광물질을 첨가하므로 빛이 반사될 때 푸른색(B)이 본질보다 강하다. 그 결과 화이트 밸런스를 맞출 때 R·G·B 빛의 혼합비율을 동일하게 조절하는 과정에 푸른색이 첨가된 양만큼 B를 적게 사용하고 R을 더 많이 사용한다. 이와 같이 화이트 밸런스를 맞추고 촬영하면 영상의 색이 본질보다 붉게 보인다.

이때 현장을 비추는 빛의 색온도가 5,600K 부근이면 500K 정도 오차가 있어도 화면이 붉은색으로 보이는 현상이 잘 나타나지 않는다. 하지만 현장을 비추는 빛의 색온도가 3,200K 부근이면 화이트 밸런스 수치가 100K 정도 오차가 나더라도 다음 1·2번 이미지와 같이 색이 달라진다. 이는 색온도 수치가 높을 때(5,600K 부근)는 색상 변화에 민감하지 않고, 색온도 수치가 낮을 때(3,200K 부근)는 색상 변화에 매우 민감하다는 것이다. 따라서 색온도가 낮은 환경에서 A4 용지로 화이트 밸런스를 조절하고 촬영할 때는 붉은색이 나타날 수 있으므로 주의해야 한다.

그림 4-9 색온도 3,200K 촬영(1), 색온도 2,900K 촬영(2)

참고로 영화나 드라마 촬영에서 영상 데이터를 RAW 파일로 기록하고 후반 작업에서 시간적인 여유를 가지고 색을 조절할 때에는 촬영할 때 화이트 밸런스를 맞추지 않아도 된다. 하지만 짧은 시간에 제작되는 대부분의 TV 방송 프로그램과 실시간으로 방송하는 생방송은 반드시 화이트 밸런스를 맞추어야 한다.

2-2 TV 방송용 ENG, 6mm 카메라의 화이트 밸런스 조절 방법

화이트 밸런스는 반드시 촬영을 시작하기 전에 조절한다. TV 방송용 ENG 카메라는 화이트 밸런스를 수동으로 조절한다. 6mm 카메라의 화이트 밸런스는 자동·수동 조절 방식 중에서 하나를 선택해 사용한다. 다음은 TV 방송용 ENG, 6mm 카메라의 화이트 밸런스를 수동으로 조절하는 과정을 순서대로 설명한 것이다.

1 촬영할 현장을 비추는 주광(자연광·인공광)을 확인하고, 조리개 작동 방식을 자동으로 선택한 다음 노출이 충분하도록(f5.6~8) 상황에 맞는 ND 필터를 선택한다. 대부분의 경우 실내는

야외보다 노출 수치가 떨어진다.

2 그레이 스케일 카드에 주광이 반드시 순광으로 비추도록 한다. 역광에 화이트 밸런스를 조절하면 정상적인 컬러로 표현되지 않는다(주광·순광·역광 등은 조명 항목 참고).

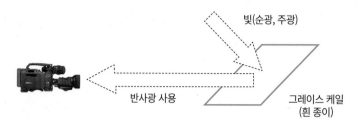

그림 4-10 순광을 이용해 화이트 밸런스를 조절하는 방법

3 뷰파인더를 보면서 그레이 스케일 카드가 화면 가득히 보이거나 최소 70% 이상의 면적을 차지하도록 렌즈의 화각을 조절한다. 이때 포커스는 맞추지 않아도 되지만 노출은 맞춰야 한다.

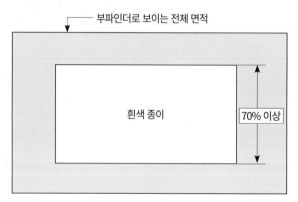

그림 4-11 화이트 밸런스 조정 시 뷰파인더 화면에서 흰색 종이와 그레이 스케일 카드가 차지해야 하는 최소 면적

4 카메라 제조사와 기종별로 화이트 밸런스 조절용 스위치의 위치나 조작 방식이 조금 다르지만 TV 방송용 ENG 카메라는 대부분 카메라 전면 하단에 위치하는 화이트 밸런스 조절 스위치를 위로 당겨주는 방식을 사용한다. 6mm 카메라는 카메라 전면부나 측면에 위치하는 버튼을 눌러주는 방식을 사용하는 것이 일반적이다. 참고로 화이트 밸런스 조절용 스위치를 작동시킬 때 화면이 매우 밝아서 화이트 밸런스 조절 기능이 정상적으로 작동하지 않으면 농도가 더 진한 ND 필터로 교체하면서 조리개 수치가 떨어지게 한다. 반대로 조리개가 최대로 열려 있지만 빛의 양이 부족해 화이트 밸런스가 조절되지 않으면 농도가 더 연한 ND 필터로 교체하면서 조리개 수치를 올려준다.

그림 4-12 TV 방송용 SONY ENG 카메라의 화이트 밸런스 조절 스위치

5 화이트 밸런스 조절이 완료되면 뷰파인더에 색온도 수치나 OK가 표시된다. 대부분의 동영상 촬영 전용 카메라는 각각 다른 환경에서 조절한 화이트 밸런스 수치를 다음 2번 사진에서 빨간 사각형으로 표시한 것과 같이 A·B로 나누어 저장할 수 있다. 예를 들어 야외 태양광에서 화이트 밸런스를 조절해 A에 저장하고, 실내 형광등에서 화이트 밸런스를 조절해 B에 저장할 경우 실외·실내를 이동하며 촬영할 때 화이트 밸런스를 다시 조절하지 않고 스위치의 위치만 옮겨주면 된다.

그림 4-13 TV 방송용 ENG 카메라의 화이트 밸런스 수치 저장용 스위치의 위치(1),
화이트 밸런스 수치 저장용 스위치와 프리세트 수치 설정용 스위치(2)

2-3 6mm 카메라의 오토 화이트 밸런스 기능

6mm 카메라나 가정에서 사용하는 소형 캠코더는 작동 방식을 자동으로 사용하면 화이트 밸런스도 자동으로 조절되며 정상적인 색으로 촬영된다. 이와 같은 기능을 **오토 화이트 밸런스**auto white balance라 한다. 이 방식은 카메라에 백열등·형광등·태양·구름 등의 그림이 설정되어 있고, 카메라가 촬영할 현장을 비추는 빛과 가장 비슷한 색온도를 가진 그림을 자동으로 선택해 사용하는 것이다.

이와 같이 오토 화이트 밸런스 기능은 촬영할 현장을 비추는 빛이 바뀔 때마다 화이트 밸런스를 조절하지 않고 촬영해도 되는 편리함이 있지만, 현장을 비추는 빛의 색온도가 그림으로 설정되어 있는 것과 차이가 있으면 촬영되는 영상의 색이 정확하게 표현되지 않는다. 이와 같은 현상이 나타나면 화이트 밸런스를 수동 방식으로 조절한다.

2-4 화이트 프리세트 기능

화이트 프리세트^{white preset} 기능은, 화이트 프리세트 메모리 스위치에 사전에 특정 색온도를 설정해두고 촬영 현장에서 화이트 밸런스를 맞추기 위한 시간적인 여유가 없을 때, 화이트 밸런스 메모리 스위치를 프리세트 위치로 이동시키고 사용하는 수동 방식이다.

일반적으로 TV 방송용 ENG 카메라는 3,200K, 4,300K, 6,300K(수치 변경 가능) 등 수치를, 6mm 카메라와 소형 캠코더는 백열등·형광등·태양·구름 등의 그림이나 색온도 수치를 설정한다. 예를 들어 3,200K, 백열등 그림을 화이트 프리세트 스위치에 설정해두면, 텅스텐 라이트를 주광으로 사용하는 패션 쇼·콘서트·연극무대·방송국 스튜디오 등에서 촬영할 때 화이트 밸런스를 보지 않고 스위치를 프리세트 위치로 이동시키고 촬영할 수 있다. 형광등을 사용하는 일상적인 실내 생활공간은 4,300~5,600K이나 형광등 그림, 야외 태양광과 일출·일몰 촬영은 5,600~6,300K이나 태양 그림으로 설정해두고 사용하는 것이 일반적이다. 이 기능을 사용해 촬영하면 정상적인 색과 비슷하게 표현되지만, 사용자가 육안으로 현장을 비추는 빛의 색온도를 구별하고 상황에 맞는 색온도를 선택해서 사용할 수 있는 능력이 필요하다.

2-5 DSLR 카메라의 화이트 밸런스 조절

DSLR 카메라의 화이트 밸런스 조절도 근본적인 원리는 동영상 촬영 전용 카메라와 같다. 자동·수동 조절 방식을 사용하지만 카메라 제조사와 기종별로 조작 방식에 조금씩 차이가 있다. 캐논·니콘 카메라를 중심으로 설명한다.

① 캐논

화이트 밸런스 조절 기능을 자동으로 사용하면 카메라에 설정되어 있는 맑은 날 태양광(5,200K), 그늘진 곳(7,200K), 흐린 날(6,000K, 백열등(3,200K), 백색 형광등(4,000K), 플래시^{flash} 등을 카메라가 촬영할 현장의 상황에 맞게 자동으로 선택한다. 다음 1번 사진에서와 같이 카메라 메뉴에서 화이트 밸런스 설정 항목을 선택하면, 2번 사진과 같이 오토 화이트 밸런스 기준 항목들이 표시된다.

그림 4-14 카메라 메뉴에서 화이트 밸런스 설정 항목(1), 오토 화이트 밸런스 항목의 종류(2)

수동 조절 방법은 다음 1번 사진과 같이 현장을 비추는 주광에 흰색 종이, 그레이 카드를 촬영하고, 2번 사진과 같이 카메라의 메뉴 항목에서 커스텀 화이트 밸런스 항목을 선택한 다음, 1번 사진과 같이 먼저 촬영한 흰색 종이, 그레이 카드를 선택하고 우측의 [SET] 버튼을 눌러준다.

그림 4-15 흰색 종이 촬영 후 선택(1), 화이트 밸런스 수동 조절 항목(2)

수동 조절의 또 다른 방법은 카메라에 기본적으로 설정되어 있는 기준(맑은 날 태양광, 그늘진 곳, 흐린 날, 백열등, 백색 형광등, 플래시) 항목 중에서 하나를 선택하거나, 다음 1번 사진과 같이 메뉴에서 화이트 밸런스 항목을 선택하고, 2번 사진에서 빨간 사각형으로 표시한 지역(K)으로 이동한 다음 색온도 수치를 높거나 낮게 조절하는 것이다. 이 방식은 사용자가 촬영할 현장을 비추는 빛을 보고 색온도를 추정할 수 있는 능력이 필요하므로 주의해서 사용한다.

참고로 화이트 밸런스 조절 후 특정의 색상을 강조하고자 할 때 다음 3번 사진에서 빨간 사각형으로 표시한 기준점을 좌우상하 방향 등으로 이동시키면, 점이 이동한 방향의 색이 더 진하게 촬영된다. 이 방법은 실수할 가능성이 매우 높으므로 주의하며 사용한다(촬영 후 편집 과정에서 색상이나 채도에 변화를 주는 것이 안정적이다).

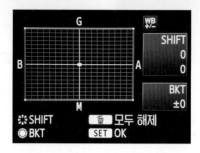

그림 4-16 화이트 밸런스 수동 조절 항목(1), 화이트 밸런스 수치 수동 조절 항목(2), 기준색상 조절 항목(3)

② 니콘

화이트 밸런스를 자동 조절 방식으로 사용할 때 색온도 기준은 백열등, 형광등, 맑은 날, 플래시, 흐린 날, 맑은 날 그늘 등이 있다.

다음 1번 사진에서와 같이 카메라 메뉴에서 화이트 밸런스 항목을 선택하면 2번 사진과 같은 항목들이 표시된다. 최상단에 노란색으로 표시된 AUTO 자동 항목을 선택하면 화이트 밸런스를 자동 조절 방식으로 사용한다는 것이다.

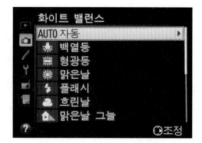

그림 4-17 화이트 밸런스 자동 조절 항목(1), 화이트 밸런스 자동 조절 항목의 종류(2)

화이트 밸런스 조절 기능을 자동으로 사용할 때도 백열등, 형광등, 맑은 날, 플래시, 흐린 날, 맑은 날 그늘 등의 기준색상을 각각 조절할 수 있다.

다음 1번 사진에서와 같이 카메라 메뉴의 화이트 밸런스 조절 항목에서 AUTO 1 표준을 선택하면 2번 사진과 같은 이미지가 표시된다. 중앙의 흰색 원으로 표시한 검은색 점을 좌우상하 방향 등으로 이동시켜주면 점이 위치한 지역의 색상이 더 진하게 촬영된다.

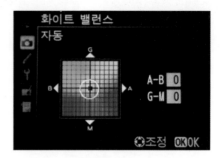

그림 4-18 화이트 밸런스 자동 조절 항목(1), 자동 조절 항목의 기준점(2)

다음은 위와 같은 방법으로 백열등의 기준색상을 조절하는 예이다. 다음 1번 사진에서와 같이 화이트 밸런스 AUTO 자동 항목에서 백열등을 선택하면 2번 사진과 같은 항목이 표시된다. 2번 사진에서와 같이 흰색 동그라미로 표시한 검은색 점의 위치를 사용자가 원하는 색상으로 이동시키면 점이 이동한 지역의 색상이 더 진하게 촬영된다.

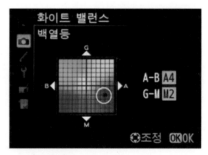

그림 4-19 백열등 조절 선택 항목(1), 백열등의 기준색상을 조절하는 방법의 예(2)

화이트 밸런스를 수동으로 조절하는 방법은 두 가지가 있다. 다음 1번 사진에서와 같이 카메라 메뉴에서 화이트 밸런스 항목을 선택하고 색온도 선택 항목으로 들어간다. 2번 사진에서와 같이 중앙에 색온도 수치 조절 항목이 표시되면 사용자가 원하는 수치로 조절한다. 다음 3번 사진은 흰색 종이·그레이 스케일 카드를 촬영하고 선택하면 카메라가 자동으로 화이트 밸런스를 조절하는 방식이다.

 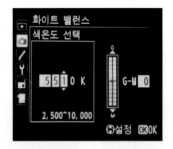 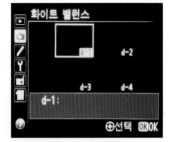

그림 4-20 화이트 밸런스 조절 항목(1), 화이트 밸런스 수치 수동 조절(2), 흰색 종이를 촬영하고 선택하는 방식(3)

2-6 태양광의 색온도 변화 특성

시청자들은 태양광이 새벽의 일출, 대낮의 정오, 오후의 일몰 등과 같이 시간의 흐름에 따라 색(색온도)이 변하는 환경에 익숙해져 있어, 태양광을 이용해 촬영한 영상을 시청할 때도 색에 의해 시간을 추정할 수 있다.

다음 사진들을 일출·정오·일몰 시간에 나타나는 태양광의 색상과 스펙트럼을 보여주는 것이다. 태양광은 정오를 기준으로 새벽의 일출 시간에는 노란색·푸른색이 진하고, 해가 떠오르고 시간이 지남에 따라 푸른색이 더욱 진해지며 장시간 유지되다가(사람의 눈에는 무색으로 보임), 오후가 될수록 푸른색이 감소하며 해질 무렵에는 노란색·붉은색 계열이 강해진다.

그림 4-21 일출(1), 정오(2), 일몰(3)

카메라로 촬영된 영상도 사람이 눈으로 보는 현실의 색과 같이 표현되는 것이 이상적이지만, 일출·일몰 시간에 촬영할 때 화이트 밸런스를 수치를 잘못 사용하면 현실의 색과 차이가 있어 시청자들이 어색하게 받아들인다. 이때 정오의 색온도 5,600K으로 촬영하면 일출·정오·일몰 등과 같이 시간의 흐름에 따라 색상이 변화되는 것이 화면에 나타나므로 사람이 눈으로 보는 현실과 동일하게 표현된다. 그 이유는 다음과 같다.

① 일출 촬영

일출 시간에는 노란색·푸른색이 동시에 나타난다. 햇빛이 비추는 지역은 색온도가 약 2,700~4,000K 범위에 포함되므로 노란색·붉은색 계열로 표현되고, 햇빛이 비추지 않는 지역은 색온도가 약 6,000~8,000K 범위에 포함되므로 푸른색·검은색 계열로 표현된다.

② 일출·일몰을 제외한 촬영

아침에 해가 떠오르고 오후 해질 무렵 전까지는 붉은색이 사라져 색온도가 약 5,600~6,300K 범위에 포함되므로 정상적인 색으로 표현된다.

③ 일몰 촬영

정오에 비해 푸른색은 빠지고 노란색·붉은색은 진해진다. 햇빛이 비추는 지역의 색온도는 약 2,700~4,000K 범위에 포함되므로 노란색·붉은색 계열로 표현되고, 햇빛이 비추지 않는 지역의 색온도는 약 6,000~8,000K 범위에 포함되므로 푸른색·검은색으로 표현된다.

2-7 색온도 수치 응용 방법

카메라로 영상을 촬영할 때 화이트 밸런스를 맞추고 사람이 눈으로 보는 현실과 같은 색으로 표현되게 하는 것이 기본이지만, 전문가들은 필요에 따라 색온도 수치를 조절하며 촬영되는 화면의 색을 본질과 다르게 표현하는 경우도 있다. 이때 실제보다 붉게 표현할 때는 푸른색 계열에 화이트 밸런스를 맞추며 색온도 수치를 실제보다 높게 사용하고, 실제보다 푸르게 표현할 때는 붉은색 계열에 화이트 밸런스를 맞추며 색온도 수치를 실제보다 낮게 사용한다. 수동 방식으로 카메라의 색온도 수치를 조절하는 방법도 사용한다.

다음 2장의 사진은 동일 조건에서 색온도 수치에 변화를 주며 석양을 촬영한 것이다. 1번 사진은 5,600K을 사용해 사람이 눈으로 보는 현실의 색과 같다. 2번 사진은 5,600K보다 높은 8,000K

을 사용해 석양의 붉은색이 실제보다 진해진 것이다. 색온도 수치를 올릴수록 붉은색이 더욱 진하게 표현된다.

그림 4-22 5,600K으로 석양 촬영(1), 8,000K으로 석양 촬영(2)

다음 2장의 사진도 오후 해질 무렵 같은 조건에서 색온도 수치에 변화를 주며 촬영한 것이다. 1번 사진은 색온도 5,600K을 사용해 정상적인 오후의 느낌을 준다. 2번 사진은 색온도 3,200K을 사용해 푸른색이 강하게 나타나므로 새벽과 비슷한 느낌을 준다.

그림 4-23 5,600K으로 촬영(1), 3,200K으로 촬영(2)

① 자연광과 텅스텐 라이트가 혼합된 환경에서 색온도 수치 수동 조절의 예

다음 2장의 사진은 자연광(5,600K), 인공광(2,800~3,200K)이 서로 혼합되어 있는 조건에서 색온도 수치를 서로 다르게 설정하고 촬영한 것이다.

1번 사진은 창문을 통해 자연광이 들어오므로 5,600K으로 촬영하는 것이 원칙이지만, 4,300K으로 낮추고 촬영해 화면에 푸른색이 나타나며 아침이라는 느낌을 준다. 2번 사진은 동일 조건에서 5,600K으로 촬영해 푸른색이 사라지며 낮이라는 느낌을 준다. 이와 같은 현상들이 나타나는 것은 사람의 눈이 오랜 시간 동안 태양광이 시간에 따라 색이 변화하는 현상에 적응되어 있기 때문이다. 다음 사진들은 실제로 이른 아침에 촬영한 것이다(상황에 따라 주관적으로 판단하고 결정하므로 경험에 의한 노하우가 필요함).

그림 4-24 4,300K으로 촬영(1), 5,600K으로 촬영(2)

다음 사진들을 촬영한 장소도 창문을 통해 들어오는 태양광(5,600K)과 실내를 비추는 인공광(2,800~3,200K)이 혼합되어 있다. 이와 같은 환경에서는 자연광에 화이트 밸런스(5,600~6,300K)를 맞추고 촬영하는 것이 기본이고, 그 결과도 사람이 눈으로 보는 것과 같은 색으로 표현된다. 하지만 텅스텐 라이트(2,800~3,200K)가 비추는 인물의 얼굴이 과도한 노란색으로 표현된다. 그와 같은 문제를 해결하기 위해 텅스텐 라이트에 화이트 밸런스를 맞추고 촬영하면, 노란색으로 보이는 실내 공간은 노란색이 사라지며 눈으로 보는 것과 다르게 표현되고 인물의 얼굴은 정상적인 색으로 표현되지만, 창문으로 들어오는 태양광이 비추는 지역이 푸르게 표현되며 사람의 눈으로 보는 현실과 차이가 생긴다.

그와 같은 단점을 해결하기 위해 전문가들은 다음과 같이 색온도에 변화를 주며 촬영하는 경우도 있다. 색온도를 5,600~3,200K의 중간 수치인 4,300~4,800K을 사용하면, 인물의 얼굴은 사람의 눈으로 보는 것보다 노란색이 연해지지만 실제 얼굴색보다는 노란색이 진해지고, 태양광이 비추는 지역은 사람의 눈으로 보는 현실보다 조금 더 푸르게 표현된다. 또 다른 방법은 창문과 실내 전체가 보이는 장면은 5,600K으로 촬영하고, 창문이 보이지 않는 장면들은 3,800~4,800K로 촬영하는 것이다. 이와 같은 방법들을 사용하려면 많은 경험을 기초로 상황에 따라 색온도 수치를 적절히 조절할 수 있는 능력이 필요하다.

그림 4-25 4,800K으로 촬영(좌측 3장), 5,600K으로 촬영(우측 3장)

② 텅스텐 라이트가 실내를 비추는 환경에서 색온도 수치 수동 조절의 예

카메라로 영상을 촬영할 때 화이트 밸런스를 맞춰도 화면의 색상이 사람이 눈으로 보는 것과 다르게 표현되기도 한다. 이와 같은 때에는 색온도 수치를 조절하면서 현장에서 눈으로 보는 색이 화면에 그대로 표현되도록 한다.

다음 2장의 사진은 2,800~3,200K의 빛을 발광하는 백열등으로 조명한 실내를 화이트 밸런스 수동·자동 조절 방식으로 촬영한 것이다. 백열등은 사람의 눈에 노란색으로 보인다. 1번 사진은 화이트 밸런스 조절 기능을 수동으로 설정하고 4,500K으로 촬영해, 백열등이 발광하는 노란색 빛이 잘 살아나므로 사람이 눈으로 보는 것과 비슷하게 표현된다. 이때, 색온도 수치를 낮게 사용할수록 노란색이 연해지고 색온도 수치를 높게 사용할수록 노란색이 진해진다. 2번 사진은 화이트 밸런스 조절 기능을 자동으로 설정하고 촬영한 것이다. 카메라가 자동으로 백열등의 색온도와 같은 2,800~3,200K으로 촬영해 전체적으로 노란색이 사라지며 사람이 눈으로 보는 현실과 다르게 표현된다.

그림 4-26 4,500K으로 촬영(1), 3,200K으로 촬영(2)

앞서 설명한 바와 같이 화이트 밸런스 조절 기능은 카메라가 렌즈를 통해 들어오는 빛의 스펙트럼을 분석해 R·G·B 빛으로 분류한 결과가 카메라가 사용하는 R·G·B 혼합비율과 다를 경우, 카메라의 혼합비율과 동일하게 조절해 화이트(흰색)의 기준을 정확하게 잡고, 촬영되는 화면의 색상이 사람이 눈으로 보는 것과 동일하게 표현되도록 하는 것이다. **블랙 밸런스**black balance 조절 기능은 카메라에 기본적으로 설정되어 있는 R·G·B 각각 색상들의 블랙을 기술적인 기준에 맞게 정확히 조절하는 것이다. 블랙의 기준이 틀어지면 촬영되는 화면 속에서 가장 어두운 검은색 부분에 특정의 색(색 그늘)이 나타나면서 정확한 블랙으로 표현되지 않는다. 이 기능은 TV 방송용 ENG와 영화용 카메라 등에서 주로 사용하고, 6mm와 소형 캠코더 카메라 등은 대부분 사용하지 않는다. 예를 들어 소니의 TV 방송용 ENG 카메라에서 블랙 밸런스를 조절할 때 카메라로 빛이 들어가지 않도록 렌즈 캡을 닫고 화이트 밸런스 조절용 스위치를 수직 방향 아래로 당겨주면(화이트 밸런스 조절 반대 방향), 자동으로 조리개가 완전하게 닫히면서 R·G·B 블랙이 각각 순서대로 기술적 기준에 맞게 조절된다.

카메라를 처음 사용할 때는 반드시 블랙 밸런스를 조절한다. 그 후 카메라를 장시간 사용하지 않거나, 주변 온도가 크게 변화하거나, 계절이 바뀌었을 때는 블랙 밸런스가 틀어질 수 있으므로 다시 조절한다. 다음 3번 이미지는 카메라의 R·G·B 블랙이 정확히 맞는 상태가 벡터스코프vectorscope2에 나타난 것이다. 화면의 정 중앙에 점이 위치하면 촬영되는 화면 속에서 블랙이 정상적으로 표현된다. R·G·B 색상 중 하나라도 블랙의 기준이 틀어져 있으면 중앙의 점이 틀어진 방향으로 이동한다. 이와 같은 때에는 점이 중앙에 위치하도록 조절해야 한다(영상 신호 조절 항목 참고).

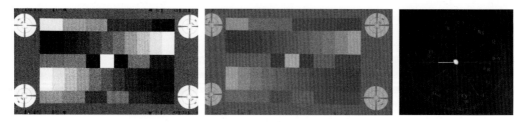

그림 4-27 블랙 밸런스가 잘 맞는 이미지(1), 블랙 밸런스가 틀어져 푸른색이 들어간 이미지(2),
블랙 밸런스가 정확하게 맞은 상태가 벡터스코프에 나타난 이미지(3)

---

2 컬러텔레비전의 색신호를 조정할 때 사용하는 계측기이다. 원둘레 방향은 컬러 위상을 표시하고 반지름 방향은 포화도를 표시한다.

디지털 이미지 생성과 프레임 구성 방식

피사체에서 반사된 빛이 렌즈를 투과하면서 선명한 영상으로 만든 다음 이미지 센서 표면에 도달하면, 포토 센서가 빛을 집광해 1차적으로 아날로그 신호를 생성하고 디지털 신호로 변환해 출력한다. 디지털 방식의 신호를 사용하는 이유는 아날로그 신호는 읽고 기록하는 과정에 노이즈가 발생하기 쉬우며 데이터를 전송·복사할 때 손실이 발생하고, 장시간 동안 저장하면 본질과 다르게 변형되는 현상 등의 단점들이 나타나기 때문이다. 아날로그 신호의 단점을 보완한 것이 디지털 신호이지만 1차적으로 생성된 아날로그 신호를 디지털 방식으로 변환하는 것이므로 근본적으로 아날로그 신호가 없으면 디지털 신호는 생성될 수 없다.

디지털 신호는 0과 1의 2진수를 사용해 전압이 없는 상태는 0, 전압이 있는 상태는 1로 기록한다. 0과 1의 중간 영역은 정보로서 의미가 없다. 디지털 신호는 노이즈가 적고, 촬영된 영상을 프로그램으로 제작하기 위해 편집하는 과정이 상대적으로 쉬우며, 저장·전송·복사 등을 하더라도 데이터가 손실·변형되지 않는다. 완성된 프로그램을 전파를 통해 각 가정으로 전송할 때도 압축을 통해 데이터 용량을 줄이기 쉽다는 것 등의 장점이 있다.

이미지 센서에서 아날로그 신호를 디지털 신호로 변환해 출력하는 과정에 노이즈[1] 신호가 발생한다. 이때 정상적인 영상 신호와 노이즈 신호가 발생하는 비율을 SN비^{signal to-noise ratio}라 한다. 노이즈 신호는 화질을 열화시킨다. 따라서 카메라로 촬영되는 영상의 품질을 결정하는 이미지 센서의 성능은 센서를 구성하는 전체 화소 수(해상도), 빛의 집광 능력(감도), 정상 신호와 노이즈 신호의 생성 비율(SN비) 등을 평가 기준으로 사용한다. 카메라 기종에 따라 노이즈 신호를 제거하는 회로를 사용해 영상의 품질을 올려주는 방식을 사용하기도 한다.

---

1 noise. 전기적, 기계적 시스템에서 발생하는 불필요한 신호이다.

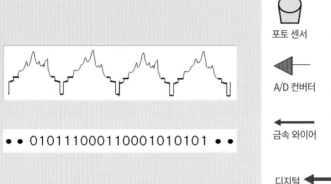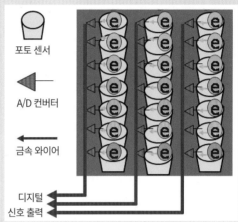

그림 5-1 아날로그 신호(1), 디지털 신호(2), 이미지 센서에서 디지털 영상신호 출력 방식(3)

디지털 영상 데이터 생성 과정

카메라로 영상을 촬영할 때 이미지 센서에서 생성되는 아날로그 신호를 모두 디지털 신호로 변환하면 데이터양이 매우 많다. 따라서 불필요한 부분은 버리고 필요한 양만큼만 디지털 신호로 변환한다. 그 과정에 표본화(샘플링sampling), 양자화quantization, 부호화encoding 등의 3단계를 거친다.

1-1 표본화(샘플링)

이미지 센서에서 R·G·B 색상의 포토 센서(픽셀·화소)들이 빛을 집광해 1차적으로 생성된 아날로그 방식의 영상 데이터를 전기적인 주파수를 사용해 일정한 시간 간격을 두고 규칙적으로 읽고 추출하는 것을 **표본화**(샘플링)라 한다. 이때 1초 동안 표본화하는 횟수를 나타낸 것을 표본화 주파수[2](샘플링 주파수sampling frequency)라 하며 단위는 Hz를 사용한다. 예를 들어 1초에 1번 표본화하면 표본화 주파수는 1Hz이다. 1초에 60번 표본화하면 표본화 주파수는 60Hz이다. HD 4:2:2 영상의 표본화 주파수는 밝기신호(G) 74.25MHz, 색신호(R,B) 37.125MHz이다. 동영상 촬영용 카메라는 영상과 동시에 사용되는 소리의 주파수가 24KHz이므로 나이퀘스트 이론[3]을 적용해 최고 주파수의 2배인 48KHz를 표본화 주파수로 사용한다. 영상 1프레임을 표본화할 때 영상 데이터양(화소 수)은 2·4·6·8K 등과 같이 영상의 규격에 따라 다르다. 예를 들어 UHD 4K 규격의 영상은 3,840(수평 해상도) × 2,160(수직 해상도) = 8,294,400화소다.

표본화 과정에 사용되는 방법은 다음 1·2번 그림과 같다. 1번 그림에서 수직축(Y)은 이미지 센서에서 생성되는 영상 정보(데이터)의 양을 나타내고, 수평축(X)은 표본화 주파수를 사용해 표본화하는 시간을 나타낸다. 푸른색 반원으로 표시한 선은 아날로그 신호이다. 붉은색으로 표시한 수직 바bar들은 표본화 주파수를 사용해 아날로그 신호를 표본화한 것이다. 2번 그림은 1번 그림에서 아날로그 신호가 표본화된 것을 분리한 것이다. 수직축은 높이가 높을수록 영상 정보의 양이 많다

---

2 이미지 센서에서 집광된 빛을 전기 신호로 바꾸어주는 전기적 주파수이며, 방송 방식에 따라 사용하는 주파수가 다르다.

3 나이퀘스트 이론(Nyquist frequency). 신호에 포함된 가장 높은 진동수의 2배에 해당하는 빈도로 일정한 간격으로 샘플링하면 원래의 신호로 복원할 수 있다.

는 것이고, 높이가 낮을수록 영상 정보의 양이 적다는 것이다. 수평축은 수직 바 수가 많을수록 표본화 주파수가 높아 아날로그 신호를 세밀한 단계로 나누어 표본화했다는 것이고, 수직 바 수가 적을수록 표본화 주파수가 낮아 세밀하지 못한 단계로 나누어 표본화했다는 것이다(펄스 진폭 변조 PAM^{Pulse Amplitude Modulation}). 다음 3번 이미지는 이미지 센서에서 R·G·B 영상신호를 각각 분리해서 표본화한다는 것을 설명하는 것이다.

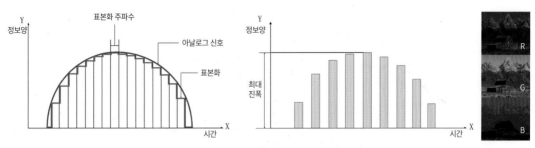

그림 5-2 표본화 주파수로 아날로그 신호 표본화(1), 표본화된 아날로그 신호를 분리한 이미지(2),
이미지 센서에서 R·G·B 신호로 각각 분리해 표본화하는 방식(3)

표본화 주파수를 사용해 영상 데이터를 표본화할 때 화면의 밝기를 나타내는 밝기신호 G와, 색을 나타내는 색신호 B·R이 사용되는 양을 결정하는 것이 표본화 비율이다. 동영상 촬영용 카메라에서 흔하게 사용되는 표본화 비율은, 밝기신호와 색신호 데이터양이 가장 많은 무손실 방식의 4(G):4(B):4(R), 밝기신호는 모두 사용하고 색신호의 양을 줄이는 손실 방식의 4(G):4(B):2(R), 4(G):2(B):2(R), 4(G):2(B):0(R), 4(G):1(B):1(R) 등이 있다.

표본화 비율에 밝기신호 G는 공통적으로 4를 사용하지만 색신호 B·R은 수치에 차이가 있다. 이는 밝기신호 G를 이용해 물체의 형태와 밝기를 표현하고, 추가로 색신호 B·R을 혼합해 컬러 화면을 만들지만, 색신호가 표본화되는 양을 조절하면서 전체적으로 영상 데이터양을 줄인다는 것이다. 이와 같은 방식을 사용하는 이유는 크게 7가지 빛으로 구성된 가시광선 영역에서 G가 비교적 중앙에 위치하고 세기가 강해서, 사람의 눈도 G에 가장 민감하게 반응하고 색보다 밝기에 더 민감하게 반응하는 특성이 있기 때문이다. 따라서 밝기신호 G는 표본화할 때 기준으로 사용된다(사람 눈의 시세포 항목 참고).

다음은 이미지 센서에서 표본화되는 영상 데이터양이 적은 비율에서 많은 비율 순서로 설명한 것이다. 그림에서 붉은색(R), 회색(G), 푸른색(B) 동그라미들은 이미지 센서에 분포하는 각 포토 센서(화소·픽셀)를 의미한다.

① 4:1:1

밝기신호(G)를 4번 표본화할 때 색신호(B·R)는 각각 1번씩 표본화하므로, 색신호의 양이 84% 줄어들고 16%만 사용되어 영상 데이터양이 매우 작다. 이 방식은 색신호의 양이 적어서 크로마키[4] 작업을 하면, 배경과 피사체 경계선의 해상도가 떨어지면서 배경과 피사체가 선명하게 분리되지 않는다. 이 방식은 소형 캠코더에서 흔하게 사용한다(크로마키 촬영 항목 참고).

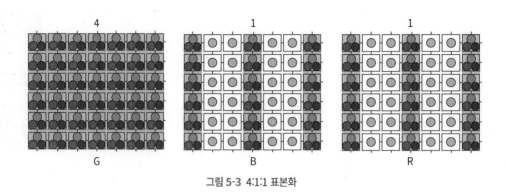

그림 5-3 4:1:1 표본화

② 4:2:0

밝기신호(G)를 4번 표본화할 때 색신호(B·R)는 각각 1번씩 교대로 표본화하므로, 색신호의 양이 84% 줄어들고 16%만 사용되어 영상 데이터양이 매우 작다. 이 방식은 색신호의 양이 적어서 크로마키 작업을 하면, 배경과 피사체 경계선의 해상도가 떨어지면서 배경과 피사체가 선명하게 분리되지 않는다. 이 방식은 소형 캠코더에서 흔하게 사용한다. 참고로 4:1:1, 4:2:0 표본화 방식은 데이터양이 서로 같다.

---

4   chromake. 피사체를 푸른색, 그린색 배경으로 촬영한 다음 배경의 색을 빼고 피사체를 다른 화면과 합성하며 새로운 화면을 만드는 방식이다. 방송에서는 일기예보를 제작할 때 흔하게 사용한다.

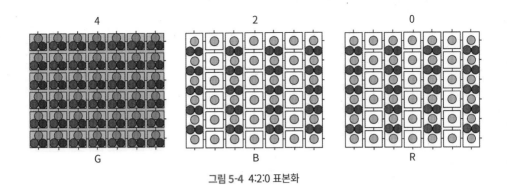

그림 5-4 4:2:0 표본화

③ 4:2:2

밝기신호(G)를 4번 표본화할 때 색신호(B·R)는 각각 2번 표본화한다. 이 방식은 밝기신호에 비해 색신호가 1/2이지만 4:1:1, 4:2:0 등에 비해 색신호의 양이 50% 많아서 비교적 크로마키 작업에 적합하다. 데이터양이 적으면서도 비교적 해상도가 높아 HDTV 방송의 표준으로 사용한다.

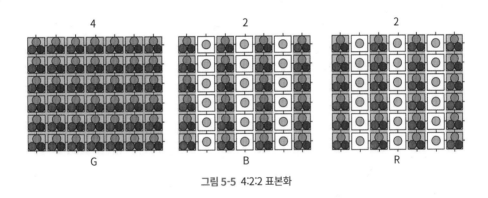

그림 5-5 4:2:2 표본화

④ 4:4:4

밝기신호(G)와 색신호(B·R)를 모두 같은 비율로 표본화하므로 데이터양이 매우 많다. 이 방식은 색신호의 양이 매우 풍부하므로(4:2:2의 2배) 크로마키 작업을 할 때 배경과 피사체가 매우 선명하게 분리되고 해상도가 높다. 고품질 영상으로 촬영하는 UHDTV·영화용 카메라 등에서 주로 사용한다.

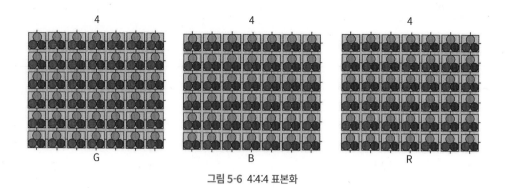

그림 5-6 4:4:4 표본화

1-2 양자화

양자화는 표본화 과정에 생성된 아날로그 방식의 영상 데이터를 디지털 방식의 영상 데이터로 변환하기 위해 세분화시키는 과정이다. 이때 영상의 밝기(G)와 색(R·B)이 각각 세분화되는 정밀도를 나타낸 것을 **비트**^{bit}라 하며, 단위는 1·2·3 등 수치를 사용한다. 이 수치들은 양자화·비트 등의 용어와 합쳐서 **양자화 비트 계수**, **양자화 비트 수**라 한다. 참고로 1bit는 2단계, 2bit는 4, 3bit는 8, 4bit는 16, 8bit는 256, 10bit는 1024, 12bit는 4,096, 14bit는 16,384, 16bit는 65,536 단계로 밝기와 색을 나누어 양자화한다는 것이다.

다음 1번 그림에서 붉은색으로 표시한 수직 바는 푸른색 반원으로 표시한 아날로그 신호가 표본화된 것이고, 수직 방향으로 세분화시키는 정밀도를 결정하는 것이 양자화 비트 계수이다. 다음 2번 그림은 양자화 비트 계수가 클수록 수직 바의 명암 표현 단계가 섬세하게 나누어지고, 양자화 비트 계수가 작을수록 명암 표현 단계가 거칠게 나누어지는 것을 보여주는 것이다.

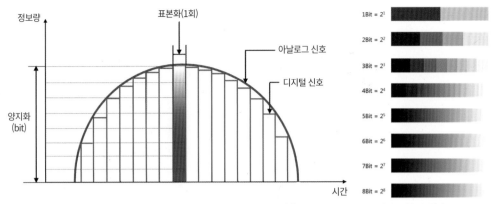

그림 5-7 아날로그 신호를 디지털 신호로 변환하는 개념도(1), 양자화 비트 계수와 명암 표현 단계(2)

다음 3장의 흑백사진은 양자화 비트 계수 차이에 따라 명암 표현 단계와 해상도가 달라지는 것을 보여주는 것이다. 각 사진 아래 사각형으로 나누어진 이미지는 명암 표현 단계의 세밀함을 나타낸 것이다. 좌측에서 우측으로 양자화 비트 계수가 높아질수록 명암이 세밀한 단계로 나누어 표현되며 부드럽게 보이고 해상도가 높아지는 것을 볼 수 있다.

그림 5-8 양자화 비트 계수에 따라 달라지는 명암 표현 단계와 해상도 차이(1·2·3)

다음 2장의 컬러사진은, 밝기(G), 색(R·B) 신호를 동시에 사용한 것이다. 각 사진 아래 이미지는 양자화 비트 계수에 따라 달라지는 컬러 표현 단계의 세밀함과 해상도를 나타낸 것이다.

1번 사진과 같이 양자화 비트 계수가 낮으면 컬러 표현 단계가 섬세하지 못하므로 거칠게 보이고 해상도가 떨어진다. 2번 사진과 같이 양자화 비트 계수가 높으면 컬러 표현 단계가 섬세하므로 부드럽게 보이고 해상도가 높아진다.

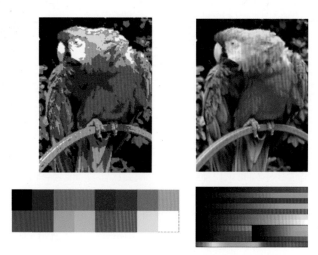

그림 5-9 양자화 비트 계수 낮음(1), 양자화 비트 계수 높음(2)

위 예들과 같이 양자화 비트 계수를 높게 사용할수록 명암과 색을 섬세한 단계로 나누어 표현하므로 해상도가 높은 고품질 영상이 생성되지만 데이터양이 많아진다. 반대로, 명암과 색을 섬세한 단계로 나누어 표현하지 않을수록 해상도가 낮은 저품질의 영상이 생성되지만 데이터양이 적어진다. 이와 같은 과정들을 거쳐 양자화된 아날로그 방식의 신호는 1.2, 5.8, 4.1 등과 같은 소수이다. 디지털 신호는 소수를 사용하지 않으므로 반올림해서 1, 6, 4 등과 같은 정수로 변환한다. 이 과정에 미세한 손실이 발생해 원 신호와 차이가 있지만 사람의 시각이 쉽게 구별할 수 없다.

참고로 양자화 비트 계수는 카메라 기종과 방송 방식에 따라 다르게 사용한다. 예를 들어 UHDTV 방송의 표준은 10bit이다. 영상을 촬영하는 카메라는 제조사와 기종 차이에 따라 10~12bit를 사용할 때에도 UHDTV 방송은 편집·송출하는 과정에 10bit로 변환된다.

1-3 부호화

부호화는 표본화·양자화 과정에서 생성된 아날로그 방식의 밝기(G), 색(R·B) 신호를 **A/D 변환기** analog to digital converter를 통해 디지털 방식의 2진수(PCM^pulse code modulation)로 부호화하는 것이다. 이때 전압이 있는 것은 1, 전압이 없는 것은 0으로 변환한다.

디지털 영상 데이터 압축과 기록

이미지 센서에서 표본화·양자화·부호화 과정을 거치며 생성된 디지털 방식의 동영상 데이터는, 용량이 매우 많아서 대용량의 기록장치가 필요하고 편집 과정에 데이터를 전송·기록하기 어렵다는 것이 단점이다.

예를 들어 2K 규격의 동영상을 사용하는 HDTV 방송에서 1시간 분량의 무 압축 데이터는 약 650GB이다. 4K 규격의 동영상을 사용하는 UHDTV 방송의 데이터는 그보다 4배 더 많은 2,600GB이다. 따라서 데이터를 압축해 용량을 줄이며 촬영·편집·송출 등의 과정을 편리하게 한다. 디지털 방식의 동영상 데이터 압축 방식은 복원했을 때 원본 영상에 비해 손실이 없는 무손실 압축, 원본 영상에 비해 손실이 있는 손실 압축으로 나누어진다.

2-1 무손실 압축

무손실 압축은 이미지 센서에서 생성된 디지털 방식의 영상 데이터를 저장장치에 기록할 때 1/2로 줄여서 기록하지만 복원하면 원본 데이터양과 일치하므로 영상의 품질이 매우 우수하다는 것이 기본적인 개념이다. 하지만 정지된 장면을 1초당 24~60장 촬영하는 동영상(TV 방송·영화)은 데이터 용량이 매우 많으므로 압축해서 저장장치에 기록한다. 동영상 촬영에서 대표적인 무손실 압축 방식으로 사용되는 RAW 파일도, 밝기(G), 색(B·R) 신호를 4(G):4(B):4(R) 비율로 표본화하고 양자화·부호화 후 원본 대비 1/3~1/5로 압축해 기록한다. 1/6~1/7로 압축해도 사람의 눈으로 해상도·컬러·명암 표현 등의 차이를 쉽게 구별하기 어렵다.

1초당 30장의 영상을 촬영하면서 저장장치에 기록할 때는 15개 프레임씩 묶으며 2개의 그룹으로 나누어 압축한다. 이때 15개 프레임이 하나로 묶여 있는 것을 **GOP**group of picture라 하며, 밝기(G), 색(B·R) 신호를 모두 압축하는 **I 프레임**Intra-coded frame만 사용해 압축하므로 **인트라 프레임 압축**intra frame compression이라 한다. 이와 같은 방식으로 동영상 데이터를 기록하는 것을 무손실 압축 방식이라 한다. 이 방식은 영상의 품질이 매우 우수하며 각각 프레임 단위로 편집할 수 있지만 데이터 용량이 많다는 것이 단점이다(RAW 파일 항목 참고).

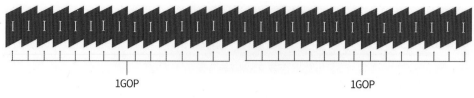

1GOP   1GOP

그림 5-10 인트라 프레임 압축 방식

 **2-2 손실 압축**

손실 압축은 이미지 센서에서 표본화·양자화·부호화 과정을 거치며 생성된 디지털 방식의 영상 데이터에서 색신호(R·B)가 사용되는 양을 줄이며, 인간의 시각이 원본과 차이를 느낄 수 없는 정도의 허용 범위 내에서 압축하는 것이다. 그 과정에 공간적·통계적·시간적 중복성 등을 혼합 사용한다.

① 공간적·통계적 중복성 이용

공간적·통계적 중복성은 이미지 센서에서 표본화된 아날로그 방식의 영상 1프레임을 다음 사진과 같이 8(가로) × 8(세로) 개로 나누어 블록block화시킨 다음, 각각 블록에 배열된 정보를 이산코사인 변환(DCT discrete cosine transformation)[5], 허프만 부호화[6] 과정 등을 거치며 공간적·통계적(평균적)으로 중복되는 정보를 줄이고 압축하는 **JPEG** joint photographic experts group 방식에서 주로 사용한다. JPEG는 데이터 압축 기법 표준안을 제정한 국제단체의 줄임말이며 H.261과 함께 컬러사진(정지영상)의 저장·전송을 위한 압축표준이다. 이 방식은 원본 영상의 데이터 대비 1/5~1/100로 압축할 수 있다.

---

5   시간축 화상 신호를 몇 개의 신호 전력이 큰 주파수 영역과 작은 영역으로 분해하여 변환하는 방식이다. 화상 신호의 전력은 저주파수 영역에 집중되어 있으므로 적절한 비트 배분으로 양자화하면 전체 비트 수가 줄이들면서 데이터가 압축된다.

6   Huffman coding. 정보의 출현 빈도수 검사, 빈도수 순으로 정렬, 가장 적은 빈도수 2개를 묶어 그룹화, 빈도수 정렬, 가장 적은 빈도수 2개를 묶어 그룹화하는 과정을 반복적으로 수행하며 정보를 줄이는 방식이다. 예를 들어 양자화된 정보의 배열이 522, 523, 524, 525일 경우 522를 기준으로 부호화하고 그 나머지는 차이 값인 1, 1, 1만 부호화해서 압축하므로 압축 효율이 매우 높다.

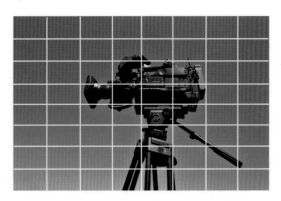

그림 5-11 공간적 중복성을 이용하는 JPEG 압축 방식

참고로 **HEIF**는 고효율 이미지 파일 형식high efficiency image file format의 약자이며, MPEG 그룹이 2015년 HEVChigh efficiency video coding(H.265, MPEG-H 파트2) 코덱을 기반으로 개발한 방식이다. JPEG와 같은 품질을 유지하면서도 약 2배 압축할 수 있어 JPEG 대용으로 사용된다. 색을 표현할 때 JPEG 방식은 8비트를 사용하고, HEIF 방식은 16비트를 사용하므로 색 표현 범위가 넓다(코덱 항목에서 HEVC 참고).

② 시간적 중복성 이용

시간적 중복성은 동영상을 압축하는 MPEGmoving picture experts group, VCEGvideo coding experts group 등에서 개발한 코덱에서 이용하며 JPEG 방식보다 압축률이 높다(MPEG·VCEG : 동영상 압축과 전송 표준을 만드는 국제단체 명칭, 코덱의 종류 항목 참고).

동영상은 1/24, 1/30, 1/50, 1/60초 등의 짧은 시간 간격을 두고 정지되어 있는 장면들을 연속적으로 나열한 것이다. 예를 들어 다음 2장의 사진에서와 같이 카메라가 고정되어 있고 자동차만 움직이면 배경은 앞뒤 장면이 서로 비슷해서 중복되는 부분이 많다. 따라서 첫 번째 장면은 블록 (H.262, MPEG-2 : 8 × 8, HEVC : 4 × 4~64 × 64)으로 나누어 JPEG 방식으로 압축하고(프레임 내에서 압축), 이어지는 다음 장면에서는 변하지 않는 데이터는 바로 앞 장면의 것을 사용하면서 중복되는 데이터를 줄이고, 자동차나 배경이 움직이는 차이값만 압축하므로 전체적으로 데이터양이 크게 줄어든다. 이와 같은 방식이 시간적 중복성을 이용하는 근본적인 개념이다.

그림 5-12 시간적 중복성의 개념(1·2)

③ 동영상의 손실 압축과 프레임 구성 방식

위에서 설명한 바와 같이 동영상은 공간적·통계적·시간적 중복성 등을 동시에 사용해 전체적으로 영상 데이터양을 줄이며 압축한다. 그 과정에 15개의 프레임으로 묶여 있는 하나의 GOP를 I·P·P, I·B·P, I·B·B·P 프레임 등으로 구성하며 압축하는 것을 **인터 프레임 압축**inter frame compression이라 한다. 예를 들어 I·B·B·P 프레임 구성 방식에서 **I 프레임**intra-coded frame은 밝기(G), 색(R·B) 신호를 모두 사용해 약 1/10로 압축한다(JPEG 방식으로 프레임 내에서 압축). **P 프레임**predictive frame은 I 프레임과 비교해 차이나는 부분을 색신호(B·R)만 사용해 약 50% 압축한다. 피사체가 움직임이면 움직이는 차이값만 압축한다. **B 프레임**bidirectional-coded frame은 전후방에 위치하는 I·P 프레임과 비교해서 차이값을 압축한다. 피사체가 움직임이면 움직이는 차이값만 압축한다. 이와 같은 방식으로 영상 데이터를 압축하는 것을 **롱 지오피**long group of pictures 코덱이라 한다.

압축된 영상을 재현할 때 I 프레임은 색·밝기를 정상적으로 표현한다. 하지만 P·B 프레임은 색·밝기를 정상적으로 재현하지 못해 편집할 수 없다(MPEG 코덱으로 변환해 편집하는 방식을 흔하게 사용함). 이 방식은 이미지 센서에서 영상 데이터를 표본화할 때 4(G):2(R·B):0 비율을 사용해 색신호가 압축되는 양을 84% 줄이고 16%만 사용하므로 압축률이 매우 높고 데이터양이 적은 것이 장점이지만, 다음 3번 이미지와 같이 크로마키 작업을 하면 색신호 양이 적어서 피사체가 배경과 선명하게 분리되지 못하는 현상이 나타나는 것이 단점이다(4:2:0 표본화 비율, 크로마키 촬영 항목 각각 참고).

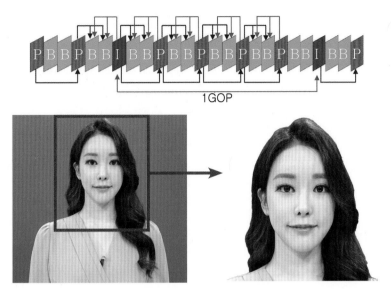

그림 5-13 인터 프레임 압축에서 1Gop의 구성 방식 : I 프레임 · P 프레임(순방향), B프레임(순방향·역방향)(1), 크로마키로 촬영한 장면(2), 2번 이미지에서 빨간 사각형으로 표시한 부분에 크로마키 작업을 적용한 이미지(3)

2-3 코덱의 종류

카메라로 동영상을 촬영할 때 바로 위 항목에서 설명한 방법들을 사용해 아날로그 방식의 영상, 오디오 데이터를 동시에 디지털 방식으로 부호화해 GOP 단위로 압축해서 저장장치에 기록하거나, 촬영이 끝나고 편집 과정에 영상 데이터를 압축^{compression}, 복원^{decompression}하는 것을 반복하며 전송·복사·기록 등의 작업을 편리하게 하고, 완성된 프로그램을 전파를 통해 송출할 때 데이터 용량을 줄이기 위해 압축하는 과정에 사용되는 소프트웨어를 **코덱**^{codec}이라 한다. 이 용어는 코더(부호화^{coder}), 디코더(복호화^{decoder})를 혼합한 약자이다.

코덱을 사용해 아날로그 영상 신호를 디지털 영상 신호로 부호화해서 변환시키는 것을 **인코딩**^{encoding}, 반대로 디지털 영상 신호를 아날로그 영상 신호로 복원하는 것을 **디코딩**^{decoding}이라 한다. 이 과정에 1초당 영상 데이터가 전송되는 속도의 단위를 **비피에스**^{bps. bit per second}라 한다.

동영상 압축 코덱과 전송 포맷을 재정하는 국제표준화단체는 **ITU-T**[7] 소속 비디오 코딩 전문가 그룹 **VCEG**video coding experts group, **IEC**international electrotechnical commission[8] 소속 동화상 전문가 그룹 **MPEG**moving picture experts group 등이 있다. VCEG 코덱은 H.262, H.263, H.264, H.265 등이 있다. MPEG 코덱은 MPEG-1, MPEG-2, MPEG-3, MPEG-4 등이 있다. 참고로 H.261=MPEG-1, H.262=MPEG-2, H.263 = MPEG-3, H.264 = MPEG-4 Part 10, HEVC(H.265) = MPEG-H part2 등은 기술적으로 같은 압축 방식을 사용하지만 표준화 단체에 따라 용어를 서로 다르게 사용한 것이다. VCEG·MPEG를 기반으로 동영상을 손실 압축하는 코덱은 용도에 따라 촬영용·편집용으로 분류되며, 애플 프로레스, XAVC, HEVC 등이 흔하게 사용된다.

위에서 설명한 방식들은 2K 규격의 동영상을 사용하는 HDTV 방송에서 영상은 1/30~1/60, 음향은 1/10으로 압축한다. 4K 규격의 동영상을 사용하는 UHDTV 방송도 위에서 설명한 방식으로 압축하며 데이터양을 줄인다. 이 책에서는 촬영용 코덱을 중심으로 소개한다.

① MPEG-2

MPEG-2 코덱은 손실압축 방식이며 HDTV 방송에서 표준으로 사용한다. 이미지 센서에서 4(G):2(R):2(B) 방식으로 표본화 후 하나의 GOP를 I·P·P 프레임으로 구성하며 압축한다. I 프레임은 밝기신호(G)·색신호(B·R)를 모두 사용해 약 1/10로 압축한다(JPEG 방식). P 프레임은 I 프레임과 비교해 차이가 있는 부분을 색신호(B·R)만 사용해 각각 약 50% 압축한다. 피사체가 움직임이면 움직이는 차이값만 압축한다. 이 방식은 롱 지오피 방식에 비해 색신호(B·R)가 압축되는 양이 2배이므로 비교적 화질이 좋으며 크로마키 작업을 할 수 있다(4:2:2 표본화 비율 항목 참고).

② 애플 프로레스

애플 프로레스 Apple ProRes는 미국 애플사에서 동영상 편집용 프로그램으로 사용하는 파이널 컷 스튜디오Final Cut Studio 2와 함께 개발한 코덱이며 손실·무손실 압축 방식을 사용한다.

---

7   international telecommunications union telecommunication. 전신 전화의 기술, 운용, 요금 문제 등을 연구해 권고사항으로 표명하는 국제전기통신연합 상설기관의 하나다.

8   전기 기술에 관한 표준의 국제적 통일과 조정을 목적으로 1906년에 설립된 '국제전기표준회의'이다. 80개의 기술 위원회가 있으며, 현재까지 약 2,000개의 IEC 국제 규격(IEC publication)을 제정했다.

손실 압축은 VBR(가변 비트 레이트^{Variable Bit Rate})⁹ 방식을 사용하는 4:2:2 Proxy(HD 영상 45Mbps 전송), 4:2:2 LT(HD 영상 102Mbps 전송, 4:2:2 대비 데이터 용량 30% 감소), 4:2:2(HD 영상 147Mbps 전송, 4:2:2 HQ 대비 데이터 용량 66% 감소), 4:2:2 HQ(HD 영상 220Mbps 전송) 등이 있다.

무손실 압축 방식은 R·G·B 신호에 알파 채널[10]이 포함된 4:4:4:4(R:G:B:A) PRO(HD 영상 330Mbps 전송, R·G·B 또는 Y·CB·CR 신호로 인코딩·디코딩한다). Pro 4:4:4:4(R:G:B:A) XQ(R·G·B 신호는 각각 최대 12비트, 알파 채널은 최대 16비트 사용, HD 영상 500Mbps 전송), RAW(2018년 4월 파이널 컷 프로 엑스 편집용 소프트웨어를 업그레이드할 때 사용된 포맷) 등이 있다.

코덱의 종류에 따라 HD~UHD 8K 규격 영상까지 기록할 수 있고 맥 컴퓨터로 편집하며 퀵타임^{quick time} 플레이어로 재생한다. 어도비 프리미어 프로 CC, 애프터 이펙트 CC, 미디어 인코더^{Media Encoder} CC 등의 프로그램으로도 편집할 수 있다.

③ RAW

RAW 파일은 이미지 센서에서 생성되는 빛의 세기에 대한 정보만 가지고 있는 데이터를 3/1~5/1 비율로 줄여서 기록하지만 무손실 압축으로 통용되고 있다. 이 파일은 화질이 매우 좋지만 데이터 용량이 많다.

RAW 파일로 촬영할 때는 본 촬영에 앞서 컬러차트를 먼저 촬영한다. 이는 촬영 후 모니터에서 재현되는 영상으로 변환할 때, 영상의 명암 표현 단계와 컬러를 잡는 기준으로 사용하기 위함이다. 이때, 컬러 차트에 보이는 블랙으로 블랙의 기준을 잡고, 중간 밝기의 무채색을 통해 감마의 기준을 잡는다. 흰색으로는 화이트의 기준을 잡는다. 블랙·감마·화이트 등을 맞추면 컬러화면이 생성된다. 다음은 세츄레이션·휴·틴트 등을 사용해 더 섬세하게 컬러를 조절한다. 이와 같은 변환 과정을 **컬러 컬렉션**^{color collection}이라 한다.

영상이 표현할 수 있는 다이나믹 레인지의 최대 범위는 영상을 촬영한 카메라 기종에 따라 다르고, 데이터양은 컬러 컬렉션 과정에 사용하는 8·10·12·16 등의 양자화 비트 계수에 따라 결정된다. 이

---

9 오디오나 비디오 인코딩 형식 중 하나이며, 고정 비트 레이트(CBR)에 비해 단위 시간당 출력하는 데이터양이 계속 변하고, 비트 레이트 할당을 효율적으로 조절할 수 있다. 많은 데이터를 요구하는 곳에 더욱 더 많은 비트를 할당하고, 상대적으로 데이터를 요구하는 곳이 적은 곳에는 비트를 덜 할당하는 체제를 갖추고 있다. 따라서 고정 비트 레이트에서 인코딩한 결과물보다 품질이 좋다. MPEG-2 형식 비디오에서 사용한다.

10 alpha channel. R·G·B 각 신호에 대한 밝기·채도·투명도 조절 기능

방식은 고화질로 촬영하는 영화·드라마 등에서 주로 사용한다(블랙·감마·화이트 등은 영상신호 조절 항목 참고).

④ XAVC

XAVC는 2012년 일본 소니에서 H.264 레벨 5.2를 기반으로 개발한 코덱이며 인트라·인터 프레임 압축 방식을 선택해 사용한다. UHD 4K 3840×2160(QFHD) 규격 60p 동영상을 8·10·12 비트 양자화에 4:2:0, 4:2:2, 4:4:4 등의 비율로 압축하고 최대 960Mbps로 저장하거나 송수신할 수 있다. 참고로 XAVC-S는 XAVC보다 낮은 사양이며 인터 프레임 방식의 QFHD 영상까지 압축할 수 있다.

⑤ HEVC(H.265)

HEVChigh efficiency video coding 코덱은 MPEG 알고리듬을 기반으로 2007년 한국이 개발했다. MPEG-2(H.262)에 비해 약 4배, MPEG-4(H.264)에 비해 약 2배 압축할 수 있다. 압축할 때 사용되는 블록 수는 4×4~64×64이며, 화면 속에서 복잡한 부분은 블록 크기를 줄이고 덜 복잡한 부분은 블록을 크게 나누는 방법을 사용하므로 압축효율이 높으면서도 화질이 좋다. 2·4·8K 규격의 동영상을 8~12 비트 양자화에 4:2:0, 4:2:2, 4:4:4 비율로 압축할 수 있어, UHD 4K 규격 동영상을 기존의 HDTV 방송에서 사용하던 전파 대역폭(6MHz)으로 송출할 수 있다. 다음 표는 HEVC 코덱으로 UHD 방식의 동영상을 압축할 수 있는 규격과 프레임 수를 나타낸 것이다.

레벨	가로 세로 규격(프레임 수)
5	1,920×1,080(128), 3,840×2,160(32), 4,096×2,160(30)
5.1	1,920×1,080(256), 3,840×2,160(64), 4,096×2,160(60)
5.2	1,920×1,080(300), 3,840×2,160(128), 4,096×2,160(120)
6	3,840×2,160(128), 7,680×4,320(32), 8,192×4,320(30)
6.1	3,840×2,160(256), 7,680×4,320(64), 8,192×4,320(60)
6.2	3,840×2,160(300), 7,680×4,320(128), 8,192×4,320(120)

표 5-1 HEVC 코덱의 UHDTV 영상 압축 규격

2-4 카메라로 촬영되는 동영상 종류 선택 방법

카메라로 동영상을 촬영할 때는 영상의 규격, 압축 방식, 파일 형식 등이 매우 다양하고, 그에 따라 해상도·색심도·데이터양 등에 차이가 있어 영상의 전체적인 품질에도 영향을 준다. 따라서 사전에 사용자가 목적에 맞게 촬영되는 영상의 화질을 선택해야 한다. 카메라 메뉴 항목에서 동영상 녹화 종류, 화질 항목 등을 선택하면 다양한 종류의 포맷들이 표시된다.

예를 들어 캐논 DSLR 카메라의 FHD 29.97P ALL-I, FHD 29.97P IPB, 4K 29.97P MJPG, 4,096×2,160 29.97fps Motion JPEG와, 소니 동영상 카메라의 XAVC HD 1080/60P 50Mbps 방식 등의 의미는 다음과 같다.

① FHD 29.97P ALL-I

FHD는 촬영되는 동영상의 규격이 2K(가로 해상도 1,920 × 세로 해상도 1,080)라는 것이다. 29.97P는 1초당 30프레임을 촬영한다. ALL-I는 이미지 센서에서 4:2:2 비율로 표본화하고, 15개의 프레임으로 구성하는 하나의 GOP를 인트라 프레임만 사용해 압축한다. 이 방식은 각각 프레임 단위로 편집할 수 있다.

② FHD 29.97P IPB

FHD는 촬영되는 동영상의 규격이 2K(가로 해상도 1,920 × 세로 해상도 1,080)라는 것이다. 29.97P는 1초당 30프레임을 촬영한다. I·P·B는 이미지 센서에서 4:2:0 비율로 표본화하고, 15개의 프레임으로 구성하는 하나의 GOP를 인트라 프레임, 인터 프레임(P·B)을 혼합 사용해 압축한다. 이 방식은 각 프레임 단위로 편집할 수 없어 편집할 수 있는 파일로 변환해야 한다(ALL-I 방식에 비해 고압축).

③ 4,096×2,160 29.97fps Motion JPEG

4,096(가로 해상도) × 2,160(세로 해상도)은 4K 규격 영상으로 촬영한다는 것이다. 29.97fps는 1초당 30프레임을 촬영한다. Motion JPEG는 각 프레임을 JPEG(인트라 프레임) 방식으로 압축하므로, 각각 프레임 단위로 편집할 수 있다. 참고로 MJPG는 Motion JPEG보다 압축률이 높은 방식이다.

④ XAVC HD 1080/60P 50Mbps

XAVC코덱을 사용해 이미지 센서에서 표본화되는 각 프레임을 압축한다는 것이다(소니 동영상 촬영 전용 카메라에서 사용). HD 1,080/60P는 촬영되는 영상의 규격이 2K(가로 해상도 1,920 × 세로 해상도 1,080)이고, 1초당 60프레임을 프로그레시브 방식으로 표본화한다. 참고로 60i 방식은 1초당 60프레임을 인터레이스 방식으로 표본화한다는 것이다(이미지 센서의 프레임 생성 방식 항목 참고). 50Mbps는 이미지 센서에서 표본화된 영상 데이터를 저장장치에 전송·기록하는 속도이다.

2-5 오디오 코덱

동영상을 촬영할 때는 영상과 소리가 분리되어 기록되지만, 영상(비디오)과 함께 소리(오디오)도 동시에 압축한다. 사람이 귀로 들을 수 있는 소리는 개인별로 다소 차이가 있지만 20~20,000Hz 이다. 이 주파수 범위를 벗어난 소리는 사람이 들을 수 없으므로 삭제하고 압축하면서 데이터 용량 을 줄인다. 동영상을 촬영할 때 소리(오디오)는 48KHz(표본화 주파수)를 사용해 표본화한다. 이는 소리를 1초에 48,000번으로 나누어 표본화한다는 의미이다.

UHDTV 방송에서 사용하는 MPEG-H 3D 오디오 코덱은, MPEG에서 표준화한 3차원 오디오 압축 방식이며 10.2채널 입체음향 포맷이다. 참고로 HDTV 방송에서 사용하는 AC-3(Audio Coding 3) 방식은 미국의 돌비[Dolby] 연구소가 개발한 손실압축 코덱이며 5.1채널 입체음향 포맷 이다.

참고로 2017년 우리나라가 세계 최초로 실시한 4K 규격의 UHDTV 방송은 미국의 ATSC 3.0[11] 전송 방식을 사용하며, 영상은 HEVC 압축 코덱을 사용해 프로그레시브 방식의 30·60·120 프레 임, 오디오는 MPEG-H 3D 오디오[12] 코덱으로 압축해 전송한다(이미지 센서의 프레임 생성 방식 항목 참고).

---

11 Advanced Television System Committee의 약자. 미국의 TV방송사와 가전사 등이 미국의 첨단 TV 표준 제정을 위해 구성한 위원회 의 명칭이며, 동시에 미국 디지털TV의 표준 방식을 통칭하기도 한다. 미국식은 유럽식에 비해 전송속도가 빠르고 화질이 우수하지만 이동수 신율이 낮은 편이다. 2015년 9월 삼성전자가 제안한 차세대 방송 기술이 미국 차세대 지상파 방송규격 ATSC 3.0의 잠정 표준(Candidate Standard)으로 채택되었다.

12 청취자에게 입체 음향을 통해 뛰어난 몰입감을 제공하는 3차원(3D) 오디오 부호화 및 복호화 기술이며, MPEG-H 표준 파트 3(Part 3) ISO/ IEC 23008-3으로 제정되었다. 스피커 수에 따라 오디오 전송, 음원 객체들에 대한 메타데이터를 가지고 있는 객체 기반 오디오, 각 장면별로 오디오 신호를 처리하므로 개인별 취향에 맞는 맞춤형 오디오를 재현할 수 있다.

2-6 영상 데이터 저장장치

카메라로 동영상을 촬영할 때 생성되는 데이터는 **플래시 메모리**^{flash memory}, **하드디스크**^{hard disk} 등에 저장하지만 플래시 메모리를 가장 흔하게 사용한다. UHD 4K·8K와 같이 영상의 규격이 커질수록 데이터 용량도 증가하므로 저장장치의 저장용량도 커져야 한다. 참고로 데이터 저장장치의 성능은 저장용량, 전송속도, 기록속도 등을 종합적으로 고려해서 평가한다.

하드디스크는 데이터를 기록하는 과정에 전원이 꺼지면 데이터가 사라지는 것이 단점이다. 반면 플래시 메모리는 데이터를 기록하는 과정에 전원이 꺼져도 데이터가 지워지지 않고 전력소비가 작으며 읽고 기록하는 속도가 빠르다는 것이 장점이다.

카메라에서 생성되는 영상 데이터 저장장치는 제조사와 종류가 매우 다양하고 빠른 속도로 성능이 향상되며 지속적으로 새롭게 출시된다. 다음은 흔하게 사용하는 플래시 메모리들에 대한 설명이다.

① SDXC 메모리

SDXC 메모리는 가장 흔하게 사용된다. 통상 64GB 이상을 모두 SDXC 메모리라 하며 휴대폰, DSLR, 동영상 촬영전용 카메라 등에서 주로 사용한다. 데이터 저장용량에 따라 SD·SDHC·SDXC 등으로 나누어지지만 SDXC가 용량이 제일 크다. 데이터 처리속도는 2·4·6·10 등으로 나누어지지만, 수치가 높을수록 전송속도가 빠르다. 참고로 규격이 매우 작은 마이크로 SD, 미니 SD 메모리는 어댑터를 사용해야 기록된 데이터를 출력할 수 있다.

② SxS 메모리

SxS 메모리는 2008년 샌디스크와 소니가 공동으로 개발한 것이다. 최대 전송속도는 100M/sec이며 XDCAM EX, XDCAM HD 4:2:2, XAVC 등의 압축코덱을 사용하는 카메라에서만 사용 가능하다. 데이터 저장 용량에 따라 SXS Pro Plus(64GB), SXS-1(32·64·128 GB) 등으로 나누어진다.

③ XQD 메모리

XQD 메모리는 2011년 소니가 개발했다. 데이터 저장 용량에 따라 16·32·64GB 등으로 출시되었지만 이론상 2TB^{테라바이트}까지 제작할 수 있다. 1초당 데이터 처리속도는 읽기 440MB/s 쓰기 150MB/s이며, 10bit 4:2:2 이상의 UHDTV 4K 규격 영상을 기록할 수 있다. XAVC, XAVC-S

코덱을 사용하는 소니의 소형 캠코더와 니콘·캐논 등의 DSLR 카메라에서 주로 사용한다.

④ SR 메모리

SR메모리는 소니의 F-65 카메라의 영상 기록 장치 AXS-R5에서 전용으로 사용하며, SR-MC512S Class S, S-MC256S Class S, SR-MC1T, SR-MC512, SR-MC 256 등이 있다. 영상 데이터는 MPEG-4 SStP 코덱을 사용해 SR-Lite(220Mbps), SR-SQ(440Mbps), SR-HQ(880Mbps) 등의 무압축 방식으로 저장한다.

⑤ P2 메모리

P2 메모리는 파나소닉 카메라에서 사용하며 최대 2Gbps의 속도로 전송할 수 있다. 데이터 저장 용량에 따라 16·32·64GB 등으로 나누어지며 전용 어댑터를 사용해 데이터를 출력한다.

그림 5-14 CF(1), SD(2), SxS(3), XQD(4), SR(5), P2 메모리와 어댑터(6·7)

이미지 센서의 프레임 생성 방식

동영상은 정지된 하나하나의 장면(1프레임)을 1/24, 1/30, 1/60초라는 아주 짧은 시간 차이를 두고 1초당 24·30·60프레임 등으로 연속 나열한 것이며, 이때 하나의 장면은 짝수·홀수 2개 필드field로 구성된다.

동영상 촬영 전용 카메라로 1프레임의 영상을 촬영할 때는, 이미지 센서의 포토 센서가 집광한 빛을 전하로 변환해 아날로그 방식으로 축적하면 표본화 주파수(Hz)를 사용해 1/24, 1/30, 1/60초에 짝수·홀수 2개 필드로 표본화(스캔·캡처·샘플링) 후 디지털 방식의 영상 신호로 변환해(양자화·부호화) 출력한다. 이때 2개의 필드를 사용해 1프레임의 영상을 생성하는 방법에 따라 인터레이스interlace, 프로그레시브progressive 방식으로 나누어진다.

카메라로 촬영된 동영상을 TV수상기, 컴퓨터 모니터, 극장 스크린 등의 디스플레이 장치에서 1초당 24·30·60프레임 등으로 재현할 때도 이미지 센서에서 표본화할 때와 같은 방식으로 2개의 필드를 주사하지만 1/24, 1/30, 1/60초라는 아주 짧은 시간을 사용하므로 1프레임이 2개의 필드로 구성되어 있다는 것을 사람의 눈으로 구별할 수 없다(동영상의 생성 원리, 임계 융합 주파수 항목 각각 참고).

3-1 인터레이스 방식(60i)

인터레이스interlace 방식은 **비월주사**라고도 한다. 이미지 센서에서 1프레임을 생성할 때는 다음 1번 이미지와 같은 방식으로 1/60초에 홀수·짝수 필드를 각각 표본화하는 것을 2회 반복한다. 이때 다음 2번 그림과 같이 첫 번째는 짝수 필드를 버리고 홀수 필드만 출력하고, 두 번째는 다음 3번 그림과 같이 홀수 필드를 버리고 짝수 필드만 출력한 다음, 다음 4번 그림과 같이 홀수·짝수 필드를 합쳐서 완전한 1프레임을 만들고 출력한다. 예를 들어 1초당 30프레임으로 촬영할 때에는 위와 같은 과정을 1초당 30회 반복한다.

카메라로 촬영된 영상을 디스플레이 장치에서 재현할 때도 이미지 센서에서 표본화할 때와 같이, 1/60초당 홀수·짝수 필드를 각각 주사하고 2필드가 합쳐지면 완성된 1프레임이 만들어지는 방식을 사용한다. 예를 들어 1초당 30프레임을 재현할 때에는 위와 같은 과정을 1초당 30회 반복한다.

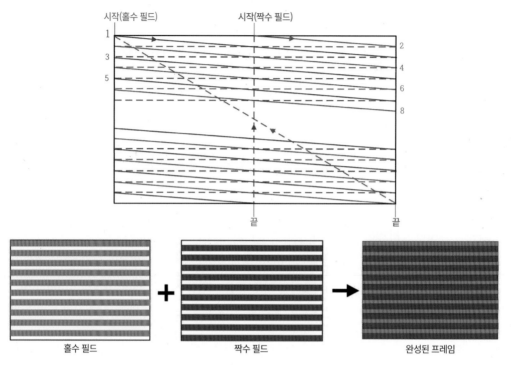

그림 5-15 인터레이스 표본화 방식(1), 인터레이스 방식 프레임 구성의 개념(2·3·4)

이와 같은 방식을 60i라 하며 HDTV에서 흔하게 사용하지만 매우 빠른 속도로 움직이는 피사체를 촬영하면 화면 속에 수평 방향으로 얇은 흰색 줄이 여러 개 생기면서 선명도(해상도)가 떨어진다. 이와 같은 현상이 나타나는 이유는 첫 번째 필드를 표본화하고 두 번째 필드를 표본화할 때 피사체가 1/60초간 움직인 상태이므로 2개의 필드를 합치면 피사체의 형태가 정확하게 일치하지 않기 때문이다. 인터레이스 표본화 방식을 다른 용어로는 **롤링 셔터**rolling shutter라 한다.

참고로 카메라로 촬영된 영상을 편집하는 과정에 다양한 화면 효과를 사용할 때도 인터레이스 방식을 사용하면 화면에 수평 방향으로 흰색 줄이 생기는 현상이 나타나므로 프로그레시브 방식을 사용해야 한다.

그림 5-16 인터레이스 표본화 이미지

3-2 프로그레시브 방식(24P, 30P, 60P)

프로그레시브progressive 방식은 **순차주사**라고도 한다. 이미지 센서에서 1프레임을 생성할 때는 다음 1·2번 그림과 같은 방식으로 1/24, 1/30, 1/60초에 짝수·홀수 필드를 동시에 표본화한 다음, 디지털 영상 데이터로 변환(양자화·부호화) 후, 1초당 24·30·60프레임 등을 출력한다. 예를 들어 1초당 30프레임으로 촬영할 때에는 위와 같은 과정을 1초당 30회 반복한다.

카메라로 촬영된 영상을 디스플레이 장치에서 재현할 때도 1/24, 1/30, 1/60초에 홀수·짝수 필드를 동시에 주사한다. 예를 들어 1초당 30프레임을 재현할 때에는 위와 같은 과정을 1초당 30회 반복한다. 이와 같은 방식으로 영상 데이터를 표본화하고 디스플레이하는 방식을 24·30·60P라 한다. 프로그레시브 표본화 방식을 다른 용어로는 **글로벌 셔터**global shutter라 한다.

일반적으로 영화는 1초당 24프레임을 24P 방식으로 재현하고, HDTV 방송은 1초당 30프레임을 30P·60i 방식으로 UHDTV 방송은 1초당 30·60프레임을 30P·60P 방식으로 재현하지만 24P·30P로 재현되는 영상을 시청할 때 화면이 툭툭 끊기는 것처럼 보이는 플리커flicker 현상이 나타난다. 60P로 재현하면 플리커 현상이 나타나지 않는다. 이 방식은 이미지 센서에서 홀수·짝수 2개의 필드를 동시에 표본화하므로 인터레이스 방식에 비해 해상도(선명도)가 높다.

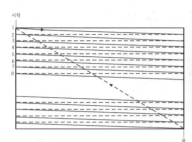
홀수, 짝수 필드 동시 표본화

그림 5-17 프로그레시브 표본화 방식(1), 프로그레시브 방식 프레임 구성(2), 프로그레시브 표본화 이미지(3)

참고로 이미지 센서에서 인터레이스 방식으로 영상을 표본화하고 출력할 때 셔터 스피드를 기준속도(1/30, 1/60초)로 사용하면, 빠르게 움직이는 피사체가 수직 방향으로 기울어지거나, 카메라가 좌우 방향으로 빠른 속도로 팬을 할 때 수직으로 서 있는 피사체가 대각선으로 기울어져 보이는 **스큐잉**skewing 현상, 피사체에 잔상이 생기며 흐리게 보이는 **모션 블러**motion blur 현상, 카메라가 위아래로 흔들릴 때 화면이 출렁거리거나, 선풍기처럼 고속으로 회전하는 물체를 촬영하면 형태가 일그러지는 **젤로**jello 현상 등이 나타나기도 한다. 이와 같은 현상들이 나타날 때 셔터 스피드를 기준보다 올리거나 프로그레시브 표본화 방식을 사용하면 그와 같은 현상들이 조금이라도 줄어든다.

그림 5-18 스큐 현상(1), 모션 블러 현상(2), 젤로 현상(3)

3-3 프레임 조절 촬영

프레임 조절 촬영은 1초당 촬영하는 프레임 수를 기준(HDTV 30, UHDTV 30/60)보다 많거나 적게 촬영하는 것이며 고속·저속 촬영이 있다. 참고로 1초당 촬영되는 프레임 수를 나타내는 단위는 **FPS**^{frame fer second}이다.

① 고속촬영

고속촬영은 1초당 기준 프레임 수보다 더 많은 프레임을 촬영하는 것이므로 피사체의 움직임이 느려도 부드럽게 보인다. 예를 들어 빨리 움직이는 피사체를 1초당 120프레임으로 촬영하고 1초당 30프레임으로 재생하면 피사체가 4배 천천히 움직인다. 하지만 같은 조건에서 같은 시간에 기준보다 많은 프레임 수를 적정 노출로 촬영하려면 셔터 스피드가 높은 쪽으로 올라가면서 조리개 수치는 낮은 쪽으로 떨어지므로 빛이 사용되는 양도 증가한다. 따라서 빛이 부족할 때에는 인공조명을 비추며 보충한다. 고속촬영은 고속촬영 전용 카메라를 사용한다.

일반적으로 고속 촬영은 시청자들에게 매우 짧은 순간에 일어나는 피사체의 움직임을 자세히 볼 수 있게 하는 목적으로 사용한다. TV 방송에서는 축구·야구·배구·농구 등의 스포츠 경기를 중계할 때 선수들의 움직임을 자세하게 보여줄 때 흔히 사용한다. 자연 다큐멘터리에서 동물이나 곤충들이 빠르게 움직이는 모습을 자세히 보여줄 때도 자주 사용한다. 셔터 스피드를 기준보다 빠르게 올려서 1초당 30프레임을 촬영하고 각 프레임이 재현되는 속도를 느리게 해서 슬로 모션^{slow motion}으로 보여주는 방식과 다르다. 슬로 모션은 피사체의 움직임은 느려 보이지만 동작이 부드럽게 연결되지 않고 툭툭 끊겨져 보이는 것이 단점이다.

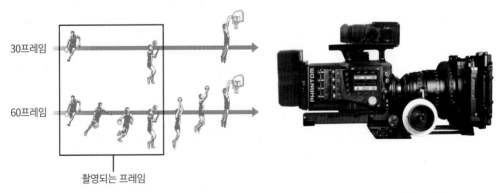

그림 5-19 기준 프레임 촬영과 2배속 고속 촬영의 차이(1), Phantom 4k 고속 촬영용 카메라 Flex(2)

② 저속촬영

저속촬영은 1초당 사용하는 기준 프레임 수보다 적게 촬영하는 것이다. 움직이는 피사체를 촬영할 때 셔터 스피드가 높으면 화면이 선명하게 보이고, 셔터 스피드가 낮으면 잔상이 나타나므로 화면이 흐릿하게 보이면서 선명도(해상도)가 떨어진다. 저속촬영은 1장의 이미지를 촬영하는 시간 간격을 조절해 장시간 동안 진행되는 움직임을 짧은 시간에 압축해 보여주는 **인터벌**interval 촬영이 대표적이다. 예를 들어 하늘의 구름이 움직이는 것을 1초당 1프레임으로 촬영하면 1초당 30프레임을 촬영하는 것에 비해 시간 흐름이 1/30로 줄어든다. 따라서 촬영된 영상을 1초당 30프레임으로 재생하면 구름이 움직이는 속도가 기준속도보다 30배 빨라진다.

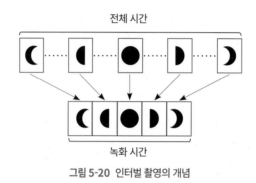

그림 5-20 인터벌 촬영의 개념

카메라의 분류

동영상 촬영 전용 카메라는 설명의 편의성을 위해 영화용, TV 방송용, 가정용(소형 캠코더) 등으로 분류했지만, 실제 제작 현장에서는 상황에 맞는 기종을 선택하거나 서로 혼합해 사용하므로 큰 의미가 없다. 이 책에서 소개하는 카메라 기종들은 참고용이다. 카메라는 빠르게 변화하는 기술의 발전에 의해 제조사별로 다양한 종류의 기종들이 지속적으로 출시되지만 제조사와 기종이 달라도 동영상이 촬영되는 근본 원리는 같다.

다양한 종류의 카메라로 촬영되는 동영상 규격은 HD 2K, UHD 4·6·8K 등이 있다. 카메라 내부에서 렌즈로 유입된 빛을 집광해서 영상을 생성하는 이미지 센서는 대부분 CMOS를 사용하며, 과거에 사진을 촬영하던 35mm 필름 규격(가로 36 × 세로 24mm)과 크기가 같은 것을 **풀 프레임**full frame이라 한다. 풀 프레임 규격보다 큰 것은 **라지 포맷**large format이라 한다. 풀 프레임 규격보다 작은 것을 **크롭 프레임**crop frame이라 한다. 참고로 과거에 영화 촬영용으로 사용하던 슈퍼 35mm 필름(가로 24.6 × 세로 13.8mm)의 규격도 풀 프레임보다 작다.

다음 1번 그림은 카메라 기종에 따라 사용되는 이미지 센서 크기를 나타낸 것이다. DSLR 카메라는 풀 프레임 이미지 센서로 사진을 촬영하고 동영상은 기종에 따라 차이가 있지만 2·4·6·8K 규격 등으로 촬영한다. TV 방송용 소니 ENG 카메라는 2/3인치 규격의 이미지 센서로 4K 영상을 촬영한다. 참고로 영화나 드라마 촬영에 주로 사용하는 알렉사ALEXA, 레드RED, 소니 F-65·베니스VENICE 등의 카메라는 35mm 필름(가로 36 × 세로 24mm, 풀 프레임) 규격과 같거나, 더 작거나 큰 센서를 사용해 4·6·8K 규격의 영상을 촬영한다(2023년 기준 이미지 센서는 기존에 사용하던 풀 프레임 렌즈와 호환성 때문에 풀 프레임 규격으로 통일되는 추세다).

이와 같이 이미지 센서의 규격과 촬영되는 영상의 규격이 반드시 일치하지는 않는다. 예를 들어 크롭 프레임 이미지 센서도 4K 규격 영상을 촬영할 수 있고 풀 프레임 이미지 센서도 4K 규격 영상을 촬영할 수 있다. 하지만 이미지 센서 규격이 클수록 각 포토 센서도 커지므로 빛을 많이 집광해 감도가 높아지고, 기계적으로 안정된 구조이므로 노이즈 신호가 발생할 가능성이 적으며 심도가 얕아진다.

반면 이미지 센서 규격이 작아질수록 각 포토 센서도 작아지므로 빛을 적게 집광해 감도가 떨어지고 기계적으로 불안정한 구조이므로 노이즈 신호가 발생할 가능성이 높아지며 심도가 깊어진다. 그와 같은 단점들을 보완하기 위해 제조사에 따라서는 다음 2번 그림과 같이 포토 센서 위에 마이크로 렌즈 2개를 겹쳐서 사용하며 빛의 집광효율을 올려주거나, 노이즈 신호 감소 기능을 사용하기도 한다(피사계 심도 항목 참고).

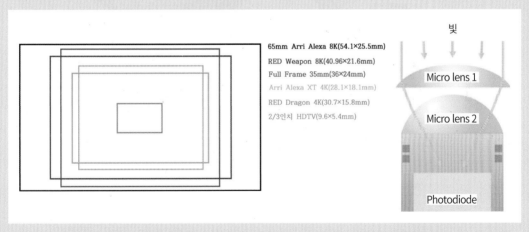

그림 6-1 카메라 기종별 이미지 센서 크기 비교(1), 포토 센서에 마이크로 렌즈 2개를 사용하는 구조(2)

TV 방송용 **ENG**electronic news gathering 카메라는 방송국 밖에서 제작되는 뉴스·드라마·교양·예능 프로그램 등을 촬영할 때 주로 사용하지만 그 대용으로 DSLR 카메라, 소형 캠코더(제작 현장에서는 6mm로 호칭) 등을 사용하기도 한다. 참고로 방송국 내부 스튜디오나 방송국 외부에서 중계차로 제작하는 프로그램에 사용되는 스탠더드standard, EFPelectronic field production 카메라도 있다.

그림 6-2 TV 방송용 ENG 카메라 SONY PXW-Z750(1), SONY 소형 캠코더 4K 카메라 AX1(2),
EFP 카메라(3), 스탠더드 카메라(4)

다음 1번 사진의 SONY PXW-Z750 ENG 카메라는 2/3인치 4K 규격 CMOS 센서 3개를 동시에 사용하며, XAVC-L422 200Mbps 코덱으로 4K 규격 영상을 촬영하고 SxS 메모리 카드에 기록한다. 4K(UHD) 규격 영상은 프로그레시브 방식으로 최대 60(59.94p)프레임, 2K(HD) 규격 영상은 최대 120프레임까지 촬영할 수 있다.

다음 2번 사진은 ENG 카메라에 비해 가격이 저렴하지만 4K 규격 영상을 촬영할 수 있는 소니의 소형 캠코더(6mm) AX1이다. 이외에도 시간이 지남에 따라 제조사별로 성능이 업그레이드된 카메라들이 지속적으로 출시되고 있다.

SECTION 02 DSLR 카메라

DSLRdigital single lens reflex이란 용어는 사진과 동영상을 촬영할 수 있는 디지털 방식의 카메라를 지칭하지만 과거 아날로그 방식의 필름 카메라에서 사용하던 SLRsingle lens reflex1이라는 용어에 디지털 digital의 D가 합성된 것이며, 필름 대용으로 CMOS 이미지 센서를 사용한다. 제작 현장에서 흔하게 사용하는 니콘·캐논·파나소닉·소니 카메라 등에서, 동영상은 8K 규격까지 촬영 가능하며 동영상 촬영 원리는 동영상 촬영 전용 카메라와 같다.

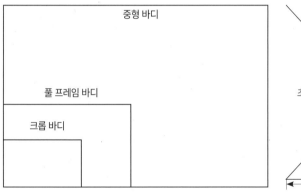
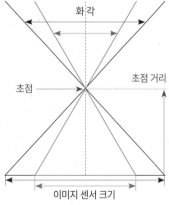

그림 6-3 DSLR 카메라의 이미지 센서 크기 비교(1), 이미지 센서 크기와 렌즈 화각 차이(2·3)

---

1 촬영할 때 렌즈를 통해 촬영되는 이미지와 뷰파인더로 보이는 이미지에 차이가 없고 목적에 따라 렌즈를 교환할 수 있다.

앞의 1번 그림과 같이 DSLR 카메라는 영상을 생성하는 이미지 센서 크기에 따라 중형·풀·크롭 프레임 등으로 나눠지지만, 2·3번 그림과 같이 렌즈의 초점 거리가 같아도 이미지 센서 크기에 따라 화각이 다르므로, 이미지 센서 규격에 맞는 전용 렌즈를 사용한다.

2-1 이미지 서클과 비네팅 현상

카메라로 사진과 동영상을 촬영할 때 피사체에서 반사된 빛이 렌즈로 유입되어 원 형태의 이미지로 만들어지는 것을 **이미지 서클**image circle이라 한다. 이때 다음 1번 그림과 같이 이미지 서클의 지름이 이미지 센서의 대각선 길이보다 짧으면, 이미지 센서의 4개 모서리 부분이 이미지 서클의 범위를 벗어나므로 포토 센서가 빛을 집광하지 못한다. 그 결과, 촬영되는 영상도 다음 2번 사진과 같이 4개 모서리 부분이 검고 흐리게 보이는 **비네팅**vignetting 현상이 나타나므로 이미지 센서의 대각선 길이와 같은 크기의 이미지 서클을 형성하는 렌즈를 사용해야 한다.

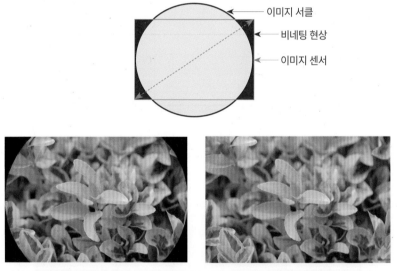

그림 6-4 이미지 서클과 비네팅 현상이 나타나는 원리(1), 비네팅 현상이 나타난 이미지(2), 정상적인 이미지(3)

참고로 DSLR 카메라는 이미지 센서의 규격이 달라도 카메라와 렌즈 제조사가 같으면 렌즈 마운트 형식이 같아서 렌즈를 공통으로 사용할 수 있지만, 크롭 프레임 전용 렌즈를 풀 프레임에 장착하고 사용하면 이미지 서클 크기가 풀 프레임 이미지 센서보다 작아서 다음 2번 이미지와 같이 비네팅 현상이 나타난다.

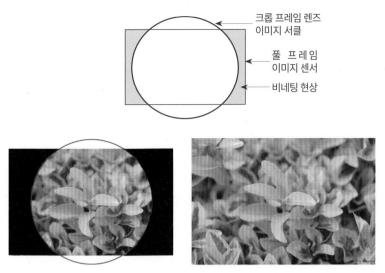

그림 6-5 크롭 바디용 렌즈를 풀 프레임 바디에 장착하고 사용할 때 비네팅 현상이 나타나는 원인(1),
비네팅 현상이 나타난 이미지(2), 정상적인 이미지(3)

반대로 풀 프레임 전용 렌즈를 크롭 프레임에 장착하고 사용하면, 다음 1번 그림과 같이 크롭 프레임 이미지 센서가 풀 프레임 렌즈에서 만들어지는 이미지 서클보다 크기가 작아서, 다음 2번 사진에서 빨간 사각형으로 표시한 부분만 받아들이고 나머지 부분은 받아들이지 못하므로 3번 사진과 같이 피사체가 확대되는 현상이 나타난다.

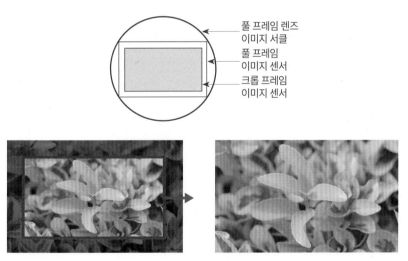

그림 6-6 크롭 프레임 이미지 센서가 풀 프레임 렌즈에서 만들어지는 이미지 서클보다 작음(1),
크롭 프레임 이미지 센서가 받아들이는 범위(2), 확대된 화면(3)

이와 같이 DSLR 카메라는 카메라와 렌즈 제조사가 같아도 반드시 이미지 센서 규격에 맞는 전용 렌즈를 사용해야 한다. 참고로 다양한 카메라 제조사와 기종 차이에 따라 각각 다른 렌즈를 사용하는 이유도 이미지 서클 크기와 **렌즈 마운트**^{lens mount2} 형식이 서로 다르기 때문이다.

2-2 DSLR 카메라의 동영상 촬영 기능

DSLR 카메라는 기본적으로 사진 촬영 전용이지만 동영상 촬영 기능도 있다. 하지만 대부분의 동영상 촬영 전용 카메라와 비교 시 뷰파인더·렌즈·마이크 등의 구조에 차이가 있어서 동영상을 촬영하는 것이 불편하고 기동성이 떨어진다.

① 뷰파인더

DSLR 카메라로 동영상을 촬영할 때는 카메라 뒷면에 장착된 LCD 모니터를 뷰파인더 대용으로 사용하면서 화면구도·포커스·노출 등을 확인하지만 야외에서 촬영할 때는 LCD 모니터 표면에 햇빛이 반사되어 잘 보이지 않으므로 화면구도·포커스·노출 등을 조절할 때 실수할 가능성이 높다. 햇빛을 가려주고 포커스 조절을 도와주는 보조 장치를 별도로 장착하고 사용하기도 하지만 카메라가 촬영하는 각도에 따라 사람의 몸이 움직이면서 LCD 모니터 화면을 보아야 하므로 매우 불편하다. 그와 같은 단점을 보완하기 위해 소형 모니터를 별도로 장착하고 사용하는 것이 일반적이다.

반면 대부분의 동영상 촬영 전용 카메라의 뷰파인더는, 사용자가 바라보는 각도에 따라 수직 상하 방향으로 회전시키며 볼 수 있고 햇빛을 잘 가려주는 구조이므로 화면구도·포커스·노출 등을 조절하는 것이 매우 편리하다.

② 렌즈

DSLR 카메라는 화각이 고정된 단렌즈와 화각이 변하는 줌렌즈를 벌어지는 상황에 맞게 교환하며 사용하는 것이 일반적이지만, 렌즈 교환 시간이 소요되어 동영상 촬영 전용 카메라에서 사용하는 줌 렌즈에 비해 순발력 있게 화각에 변화를 주면서 촬영하기가 불편하다. 반면 동영상 촬영 전용 카메라에서 사용하는 줌 렌즈는 주밍 기능을 사용하면 벌어지는 상황에 맞게 짧은 시간에 화각을 조절하면서 순발력 있게 촬영할 수 있다는 것이 장점이다(화각이 다른 렌즈로 교환하지 않아도 됨).

---

2 렌즈를 카메라에 장착하는 기계적 장치이며, 카메라 제조사에 따라 고유의 방식을 사용한다. C마운트, 베이어넷 마운트 등이 흔하게 사용된다.

③ 마이크

DSLR 카메라는 자체 마이크를 사용하면, 사용자가 손으로 카메라를 작동하는 소리들이 주음과 혼합 녹음되어 주음을 듣는 데 방해되므로 주음 수음용 마이크(와이어리스·지향성)를 별도로 장착하고 사용하는 것이 일반적이다. 반면 동영상 촬영 전용 카메라는 자체 마이크로 소리를 수음해도 손으로 카메라를 작동하는 소리가 주음과 혼합되어 녹음되지 않는다(마이크의 종류 항목 참고).

위와 같은 이유들로 DSLR 카메라는 동영상 촬영 전용 카메라에 비해 전반적으로 기동성이 떨어지므로 마이크를 별도로 사용하면서 시간적인 여유를 가지고 상황에 맞게 렌즈를 교환할 수 있거나, 인터뷰와 같이 피사체가 움직이지 않고 고정되어 있을 때 사용하는 것이 유리하다. 일반적으로 벌어지는 상황에 빨리 대처하면서 동영상을 촬영할 때는 DSLR 카메라보다 동영상 촬영 전용 카메라를 사용하는 것이 편리하다.

다음 1번 사진에서 빨간 사각형으로 표시한 것은 TV 방송용 ENG 카메라의 뷰파인더이다. 2번 사진은 DSLR 카메라에 사용의 편의성을 위해 여러 액세서리 장비들을 추가로 장착한 것이다. 3번 사진은 DSLR 카메라의 LCD 모니터에 반사되는 햇빛을 차단하거나, 포커스 조절이 편리하도록 도와주는 보조 장치이다(소형 모니터를 별도로 장착하고 사용하는 것이 일반적임).

그림 6-7 TV 방송용 ENG 카메라의 뷰파인더(1), DSLR 카메라에 액세서리를 장착한 모습(2), LCD 모니터의 햇빛 차단 및 포커스 조절용 보조 장치(3)

④ DSLR 카메라로 촬영되는 동영상의 특징

DSLR 카메라로 촬영되는 동영상은 TV 방송용 ENG, 6mm 카메라 등으로 촬영한 동영상과 해상도가 같음에도 채도가 진하고 콘트라스트 대비가 강하며 피사계 심도가 얕아서 주 피사체가 잘 강조되고 전체적으로 화질이 좋아 보인다. 그 이유는 카메라에 기본적으로 설정되어 있는 블랙 레벨이 TV 방송용 ENG과 6mm 카메라에 비해 낮기 때문이다. TV 방송용 ENG과 6mm 카메라로 촬영한 동영상도 편집 과정에 블랙 레벨을 낮게 조절하거나, 카메라 메뉴에서 블랙 레벨을 낮게 조절하면 DSLR 카메라로 촬영한 동영상과 채도·콘트라스트 등이 서로 비슷해진다(영상신호 조절 항목 참고).

피사계 심도가 얕은 것은 TV 방송용 ENG와 6mm 카메라의 이미지 센서보다 DSLR 카메라의 이미지 센서가 더 크고, 상황에 맞게 화각(초점 거리)이 다른 렌즈로 교환하며 촬영하기 때문이다. 피사계 심도가 얕아지는 현상은 초점 거리가 긴 망원렌즈를 사용할수록 더욱 잘 나타난다(이미지 센서 규격과 심도, 렌즈의 종류, 피사계 심도 항목 각각 참고).

하지만 빛이 부족하거나 명암 차이가 매우 큰 환경에서 촬영하면 어두운 부분에 색 번짐 현상이 나타나면서 노이즈가 발생해 해상도가 떨어질 수 있다. 이는 카메라에 설정되어 있는 블랙 레벨이 낮기 때문이다. 또한 다이나믹 레인지 범위가 방송용 ENG와 영화용 카메라에 비해 좁아서, 명암 대비가 큰 환경에서 촬영하면 밝은 부분의 표현 능력이 떨어지는 경우도 있다. 이와 같은 단점을 보완하기 위해 카메라의 기계적인 상태를 설정하는 메뉴에서 블랙 레벨, 채도, 콘트라스트 등의 항목을 조절하고 사용한다(영상신호 조절, 감도 항목 각각 참고).

2-3 미러 리스 카메라

미러 리스 카메라mirror less camera는 DSLR 카메라와 외형이 비슷하지만 카메라 내부에 거울과 프리즘이 없는 구조이므로 크기가 작고 가벼워서 휴대성이 좋으며 화각이 다른 렌즈로 교환하며 사용할 수 있다. 렌즈에서 형성된 영상이 렌즈 뒤에 위치하는 이미지 센서에 도달하고, 이미지 센서에서 생성되는 영상을 카메라 뒷면의 LCD 액정 모니터를 통해 확인하면서 사진과 동영상을 촬영하는 구조다. 특징은 LCD 액정 모니터를 사용자가 편한 자세로 볼 수 있도록 좌우상하 방향 등으로 조절할 수 있고, 플랜지 백이 짧아 광각 렌즈로 촬영해도 이미지가 많이 왜곡되지 않는다(플랜지 백 조절 항목 참고).

거울로 보는 이미지

빛

이미지 센서

플랜지 백

이미지 센서

빛

LCD 모니터

플랜지 백

그림 6-8 DSLR과 미러 리스 카메라의 구조 비교(1), 미러 리스 카메라와 LCD 액정 모니터(2)

영화용 카메라

영화용 카메라는 미국 블랙매직Blackmagic의 레드RED, 독일 아리ARRI의 알렉사, 일본 소니의 F-65, 베니스VENICE 1·2, 브라노 등이 있다. 그 외에도 캐논·니콘·파나소닉 등의 제조사에서 출시한 다양한 카메라가 있고 새로운 기종도 지속적으로 출시될 것이다. 카메라로 촬영되는 영상 규격은 HD 방식의 2K(1,920 × 1,080), UHD 방식의 4K(3,840 × 2,160), 5K(5,120 × 2,700), 6K(6,144 × 3,160), 8K(7,680 × 4,320) 등이다(촬영하는 영상의 규격에 따라 이미지 센서를 사용하는 면적이 다름). 그중 UHD 8K 규격 영상은 최적의 **시야각**[3]이 110°를 넘어가며 사람 눈의 시야각과 비슷하므로 시청자들이 실제로 현실을 보는 것과 같은 착각을 하며 몰입한다(화각 차이에 따른 렌즈의 분류 항목 참고).

참고로 UHD 5·6·8K 규격 영상으로 영화·드라마를 촬영하고 UHD 4K 규격 영상으로 변환해 사용하기도 한다. 이는 4K 규격 영상 촬영용 카메라로 4K 규격 영상을 촬영하는 것보다 해상도, 피사계 심도, 색심도, 명암 표현 범위(다이나믹 레인지·콘트라스트) 등이 더 우수하게 표현되기 때문이다. 참고로 카메라로 촬영되는 영상의 품질은 화면 규격(해상도), 피사계 심도, 색 표현 범위(색심도), 명암 표현 범위 등을 평가 기준으로 사용하는 것이 일반적이다. 이 책에서는 레드, 알렉사, F-65와 베니스 등의 카메라들에 대해 매우 기본적인 특성들을 중심으로 소개하지만 다른 기종들도 근본 원리는 대부분 비슷하다.

영화용 카메라는 단렌즈, 줌 렌즈를 모두 사용할 수 있다. 과거 영화용 35mm 필름 카메라에서 사용하던 렌즈는 5K 규격 이미지 센서까지 사용할 수 있다. 6K 규격 이미지 센서를 사용하는 카메라는 렌즈에서 형성되는 이미지 서클 크기가 작아서(이미지 센서 전체 면적 중에서 약 90%만 영상이 맺힘) 비네팅 현상이 나타나므로 사용할 수 없다. 8K 규격 카메라에서도 그와 같은 현상이 나타나므로 과거 70mm 필름 카메라에서 사용하던 파나비전 렌즈나 아나몰픽(아나모픽) 렌즈를 사용한다.

---

3 영상을 시청할 때 범위나 면적에 제한이 있을 경우, 범위가 넓어지고 가까운 거리에서 볼수록 현실의 공간 속에 있는 것과 같은 느낌이 강해지는 현상이다. 이것은 TV수상기를 바라볼 때 화면의 해상도와 크기 비율에 따라 달라지는 최적의 시청 거리와 동일한 특성이다.

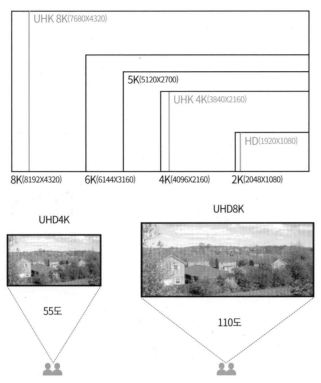

그림 6-9 카메라로 촬영되는 영상의 규격 차이(1), UHD 4K·8K 규격 영상의 최적의 시야각 차이 비교(2)

이와 같은 문제를 해결하기 위해 카메라와 렌즈 제조사에서 이미지 센서 크기와 촬영하는 영상의 규격에 맞는 전용 렌즈를 개발했지만 시장성이 떨어졌다. 시간이 지나면서 결국 이미지 센서는 풀 프레임 규격에 해상도를 증가시키는 방식으로, 렌즈는 흔하게 사용하던 풀 프레임 렌즈를 사용하는 추세로 바뀌고 있다. 참고로 영화·드라마 촬영에서 흔하게 사용하는 아나몰픽 렌즈는 촬영할 때 이미지 서클이 좌우로 압축되며 타원형으로 생성되는 것이 특징이다(알렉사 카메라 항목 참고).

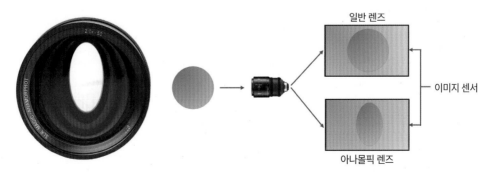

그림 6-10 아나몰픽 렌즈(1), 일반 렌즈와 아나몰픽 렌즈로 촬영되는 이미지의 형태 비교(2)

아나몰픽 렌즈로 촬영할 때, 다음 1번 사진과 같이 좌우로 압축되며 왜곡된 영상은 편집 과정에 좌우를 넓혀서 2.35:1(극장 스크린 규격), 1.85:1(16:9 TV 방송화면 규격) 비율로 맞추는 방법을 사용한다. 촬영 현장에서 카메라로 촬영되는 영상을 확인할 때는 2.35:1, 1.85:1 규격 등으로 확인한다. 참고로 아나몰픽 렌즈로 촬영한 영상은 피사계 심도를 벗어나 포커스 아웃되는 부분의 착란원이 타원형으로 형성되고, 다른 렌즈로 촬영한 영상은 착란원이 원 형태로 형성된다는 것이 차이점이다. 강한 빛을 촬영할 때 나타나는 스미어 현상은 가로 방향으로 길게 형성되는 것이 아나몰픽 렌즈의 특성이다. 일반적인 렌즈에서는 별 형태로 나타난다(착란원·허용착란원 항목 참고).

그림 6-11 아나몰픽 렌즈로 촬영한 원본 이미지(1), 화면의 좌우를 확대한 이미지(2),
일반 렌즈의 착란원(3), 아나몰픽 렌즈의 착란원(4)

3-1 레드

레드RED 카메라는 UHD 4, 5.5, 6, 8K 규격 영상을 촬영할 수 있는 대형 CMOS 센서 1개를 사용하며 전자식 셔터를 사용한다. 웨폰·스칼렛·에픽·드래곤·레이븐 등의 기종들이 있으며, 촬영되는 영상은 4:4:4, 4:2:2 비율로 표본화 후 RAW 파일로 저장한다. 4K 카메라는 1초당 1~150프레임, 8K 카메라는 1~72프레임까지 촬영되는 프레임 수를 조절할 수 있다. 동영상을 촬영하는 중에 특정의 프레임(장면)을 스틸 사진으로 촬영하고 별도로 표시할 수 있다. ND 필터는 렌즈 마운트 내부에 장착하며 기준 감도(ISO)는 800을 사용한다. 스칼렛·웨폰 기종은 감마 커브를 32:32:32, 레이븐 기종은 17:17:17을 기본으로 사용하지만 필요 시 조절할 수 있다. 렌즈를 카메라에 장착하는 마운트 형식은 PL, 2/3"B4, 캐논, 니콘, 라이카, 레드 등으로 교체하며 사용할 수 있다. 오디오는 24Bit 48kHz로 표본화한다. 다음 표는 RED 카메라의 기종별 주요 제원이다.

카메라 기종	이미지 센서 규격(mm)	다이나믹 레인지	영상의 규격별 프레임 조절 범위
RAVEN 4.5K	23.4×10.8		4K 2160P : 1~120, 4K WS : 1~120
SCARLET-W 5K	25.6×13.5		5K WS : 1~60, 4.5K 2160P : 1~120
WEAPON 6K MG	30.7×15.8	16stops -80db	6K WS : 1~100
WEAPON 6K CF			5K WS : 1~120, 4K WS : 1~150
WEAPON 8K CF	40.96×21.6		8K WS : 1~72, 6K WS : 1~86 5K WS : 1~100, 4K WS : 1~150

표 2-1 RED 카메라 기종별 주요 제원

그림 6-12 RED 카메라(1), 영상 데이터 저장 장비(2)

① 카메라 메뉴 조정

카메라 상단에 장착하는 모니터에서 사용자가 목적에 따라 메뉴를 조절한다. 모니터 주변 가장자리에는 프레임 수, 감도, 셔터 스피드, 색온도, 데이터 압축률, 영상 기록 방식, 녹화영상 규격, 히스토그램 등과 같은 카메라의 기계적인 설정 상태가 표시된다. 카메라 외부 **어싸인 버튼**assign button에 자주 사용하는 기능을 설정해두면 필요 시 빠르게 작동시킬 수 있다.

그림 6-13 카메라 메뉴 조정용 모니터(1), 모니터에 메뉴 항목이 표시된 이미지(2), 모니터에 표시되는 정보(3)

② 히스토그램

카메라로 촬영되는 모든 화면은 최대로 밝은 부분에서 어두운 부분까지 명암이 섬세한 단계로 나누어 표현된다. 그와 같은 명암 표현 단계를 기술적으로 나타내면 가장 어두운 블랙은 0 IRE이고 가장 밝은 화이트는 100 IRE이다. 따라서 화면 속에서 가장 밝은 부분과 어두운 부분의 밝기는 0~100 IRE 범위 내에 있어야 한다. 그 범위를 벗어나면 정상적인 화면으로 표시되지 않는다(영상 신호 조절 항목 참고).

카메라 상단에 장착된 모니터 하단에 다음 2번 사진에서 빨간 사각형으로 표시한 것과 같이 촬영되는 화면의 상태를 기술적으로 나타내는 **히스토그램**histogram이 표시된다. 히스토그램의 좌우측에 위치하는 흰색 기둥은 **골포스트**[4]이다. 골포스트에서 수평 방향의 거리는 촬영되는 화면 속에서 가장 어두운 블랙과 가장 밝은 화이트까지 밝기의 단계를 0~100 IRE로 나타낸 것이며, 좌측은 최대로 어두운 블랙(0 IRE)이고 우측은 최대로 밝은 화이트(100 IRE)이다. 산 모양의 R·G·B 색상 그래프들은 화면 속에서 각각 부분의 밝기를 R·G·B 색상으로 나누어 나타낸 것이며, 수직 방향으로 높이가 높을수록 화소의 양이 많고 낮을수록 화소의 양이 적다는 것이다. 예를 들어 다음 사진에서 푸른색(B) 그래프는 화면에서 어두운 부분을 나타내는 화소의 양이다. 초록(G), 붉은색(R) 그래프는 중간 밝기를 나타내는 화소의 양이다.

좌측 골포스트에 수직으로 붉은색이 표시된 것은 화면 속에서 어두운 부분(푸른색 그래프)의 화소가 많고 그 지역의 밝기가 0 IRE보다 낮아서 노출이 매우 부족하다는 것이다. 이와 같은 때에는 밝은 부분을 기준으로 노출을 맞추고 어두운 부분에 인공조명을 비추며 부족한 빛을 보충해야 붉은색이 없어진다. 반대로 우측 골포스트에 붉은색이 표시되면 화면 속에 매우 밝은 부분이 있고 그 부분의 밝기가 100 IRE를 초과해 노출이 매우 과하다는 것이다. 이와 같은 때에는 밝은 부분을 기준으로 노출을 맞추고 어두운 부분은 인공조명을 비추며 부족한 빛을 보충해야 붉은색이 없어진다.

위와 같은 방법들을 사용해 좌우측 골포스트에 붉은색이 표시되지 않으면 촬영되는 화면 속에 매우 밝거나 어두운 부분이 없고 적정 노출로 촬영되고 있다는 것이다.

---

4 goal post. 카메라 제조사나 사용자들이 지칭하는 용어

그림 6-14 모니터하단에 표시되는 히스토그램(1), 히스토그램을 확대한 이미지(2)

③ 경고등

히스토그램의 좌우 골포스트에 붉은색이 표시되면 다음 1번 사진에서 빨간 사각형으로 표시한 3개의 경고등에도 푸른색·초록색·붉은색 순으로 점등된다. 푸른색은 주의단계이고 초록색은 경고단계이다. 붉은색 등이 켜지면 화면 속에 노출이 매우 과하거나 부족한 지역이 있어 기술적으로 문제가 있다는 것이다. 이와 같은 때에는 어두운 지역에 인공조명을 비추면서 부족한 노출을 보정하거나, 밝은 부분을 어둡게 조절해야 적정 노출로 촬영된다(영상신호 조절 항목 참고).

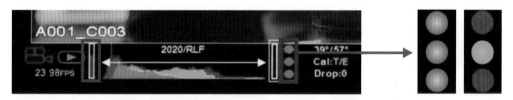

그림 6-15 촬영되는 영상의 품질 측정용 경고등(1), 경고등 확대 이미지(2)

④ 노출 허용 범위

카메라 기종별로 차이가 있지만 노출의 최대 허용 범위(다이나믹 레인지$^{dynamic\ range}$)는 12~16스톱이다. 이는 최대로 밝은 화이트와 어두운 블랙을 조리개 수치로 나타낼 수 있는 단계이다. 노출 허용 범위가 넓을수록 촬영되는 화면 속에서 밝은 부분과 어두운 부분을 표현할 수 있는 범위도 넓어지므로, 밝기 차이가 큰 환경에서 촬영할 때 유리하게 작용한다(DCC 기능 항목 참고).

⑤ 폴스 컬러 기능

폴스 컬러$^{false\ color}$ 기능은 화면 속에서 노출이 과하거나 부족한 지역에 컬러를 표시하는 것이다. 다음 1번 사진은 카메라로 촬영되는 영상이다. 2번 사진은 폴스 컬러 기능을 적용한 것이며, 화면 상단 중앙에 붉은색으로 표시된 부분은 밝기가 100 IRE 이상이므로 노출이 매우 과다하다는 것이고 우측 하단의 보라색 컬러로 표시된 부분은 밝기가 0 IRE 이하이므로 노출이 매우 부족하다는 것이다.

폴스 컬러 기능과 비슷한 목적으로 사용하는 지브라 패턴 기능도 있지만, 밝은 지역에만 사선을 표시하는 방송용 ENG 카메라와 다르게 어두운 지역에도 표시한다는 차이점이 있다(지브라 패턴 기능 항목 참고).

그림 6-16 촬영되는 화면(1), 폴스 컬러 기능을 적용한 이미지(2) (이미지 출처 : 레드 카메라 홈페이지)

⑥ 카메라 제어용 애플리케이션

아이폰·아이패드 등에서 다음 1번 사진과 같이 애플리케이션으로 카메라 기능을 제어할 수 있지만(와이파이 방식으로 약 100m까지 사용), 촬영되는 영상은 모니터할 수 없다. 예를 들어 다음 2번 사진과 같이 포커스 조절은 8개까지 메모리해두고 사용 가능하다. 다음 3번 사진은 감마를 조절하는 메뉴이다.

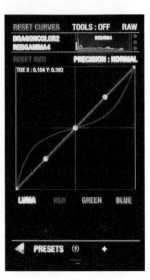

그림 6-17 카메라 기능 제어용 애플리케이션(1), 포커스 조절 이미지(2), 감마곡선 이미지(3)

⑦ 블랙 밸런스 조절

블랙 밸런스는 이미지 센서와 CPU의 온도가 많이 올라갔을 때나 옵티컬 로우패스 필터를 교체했을 때 조절한다. 카메라가 작동할 때 온도는 38~42° 범위 내에서 자동 조절되지만, 그보다 높게 올라가면 이미지 센서에서 영상이 생성될 때 노이즈 신호가 발생한다. 온도가 75°를 넘어가면 카메라 전원이 자동으로 OFF된다(옵티컬 로우 패스 필터 항목 참고).

⑧ 노이즈 신호 제거 기능

이미지 센서에서 영상이 생성될 때 노이즈 신호가 발생하면 노이즈 신호를 제거하는 기능이 있다. 노이즈 신호는 대부분 블랙 컬러로 발생하므로 노이즈 신호 제거 기능이 정상적으로 작동하려면 카메라의 블랙 밸런스가 정확히 맞아야 한다.

다음 1번 사진은 이미지 센서에서 생성되는 원본 영상이다. 2번 사진은 원본 영상에서 블랙 컬러로 만든 노이즈 신호를 분리한 것이다. 3번 사진은 원본 영상에서 노이즈 신호가 제거된 것이다.

그림 6-18 원본 영상(1), 블랙 컬러로 나타나는 노이즈 신호(2),
노이즈 신호 제거 기능이 작동한 화면(3) (이미지 출처 : 레드 카메라 홈페이지)

⑨ 화이트 밸런스 조절

4·8K 규격 UHD 영상을 촬영하면서 RAW 파일로 기록할 때는 화이트 밸런스를 맞추지 않는다. 이때 촬영되는 화면의 상태를 확인하기 위해 2K(HD) 영상으로 모니터할 때에는 화이트 밸런스를 맞추고 컬러화면으로 볼 수 있지만, RAW 파일로 기록되는 영상의 색에는 영향을 주지 않는다. 화이트 프리셋 기능은 2,800, 3,200, 4,500, 5,500, 5,600, 7,500, 9,000K 등의 색온도 수치를 기본으로 사용하지만 필요 시 조절할 수 있다.

그림 6-19 화이트 프리세트 설정 메뉴(1·2)

⑩ 옵티컬 로우패스 필터

옵티컬 로우패스 필터optical low pass filter는 렌즈 후면과 이미지 센서 사이에 내장되어 있으며, 이미지 센서에서 생성되는 아날로그 방식의 영상 신호를 디지털 방식으로 변환할 때 계단 형태로 나타나는 디테일 신호를 미세하게 조절하면서 화면이 부드러워 보이게 한다.

다음 2번 사진은 옵티컬 로우패스 필터를 사용하지 않아서 모아레moire 현상이 나타나며 거칠게 보인다. 모아레 현상은 가로·세로 선들이 복잡하게 교차하는 피사체를 촬영할 때 물결 무늬 형태로 나타난다. 3번 사진은 옵티컬 로우패스 필터를 사용해 모아레 현상이 제거되며 부드럽게 보인다.

그림 6-20 옵티컬 로우패스 필터(1), 모아레 현상이 나타난 이미지(2), 옵티컬 로우패스 필터의 기능(3)

스칼렛·웨폰 기종은 옵티컬 로우패스 필터를 교체할 수 있지만 레이븐raven 기종은 교체할 수 없다. 옵티컬 로우패스 필터는 수중·자외선용 등이 있다. 수중용은 수중촬영을 할 때 사용한다. 자외선용은 카메라로 들어오는 자외선을 차단하는 목적으로 사용하며 스탠더드, 로우 라이트(epic 기종에 사용됨), 스킨 톤(피부 색skin ton) 하이라이트 등이 있다. 참고로 인물을 촬영할 때 스킨 톤(얼굴 색)이 붉게 보이는 것도 옵티컬 로우패스 필터 때문이다. 카메라의 감도를 400·600·800 등으로 사용하면 스킨 톤이 자연스럽게 표현된다.

⑪ 레드 씨네 엑스 프로그램

카메라 제조사에서 무료로 배포하는 **레드 씨네 엑스 프로그램**RED CINE-X PROGRAM은 카메라에서 촬영된 영상 파일을 전송하거나, 카메라로 촬영된 영상의 색온도·밝기·감도·콘트라스트·색상·채도 등을 조절할 때 사용한다. 애플사의 맥 시스템에 최적화되어 있으며 프리뷰 파일은 MOV로 생성된다. 영상 파일과 함께 별도로 기록되는 **메타 데이터**metadata에서는 촬영하면서 사용된 카메라의 기계적인 설정 상태를 확인할 수 있다.

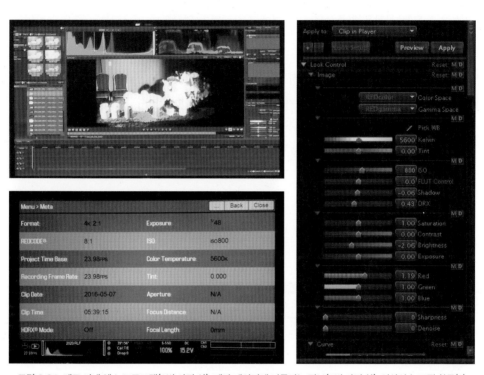

그림 6-21 레드 씨네 엑스 프로그램(1번 사진 상), 메타 데이터에 기록되는 정보(2번 사진 하), 영상신호 조절 항목(3)

⑫ 프레임 조절과 슬로우 앤 퀵 촬영

사용자가 필요에 따라 1초당 촬영되는 프레임 수를 조절할 수 있다. 정상적인 프레임 수(24·30·60)로 촬영하다가, 특별한 순간만 프레임 수를 다르게 촬영할 때는 사전에 촬영할 프레임 수와 시작 시간을 설정해두면 촬영 중에 카메라가 자동으로 프레임 수를 변화시키며 촬영한다(4단계로 설정 가능). 카메라 외부 어사인 버튼에 촬영할 프레임 수를 사전에 설정해두고 필요 시 수동 방식으로 사용할 수도 있다. 이때 카메라가 자동으로 노출을 맞추고 프레임 수가 변화되는 시점이나 끝날 때 앞뒤 프레임들을 **디졸브**dissolve하면서 부드럽게 연결한다.

슬로우 앤 퀵^{slow & quick} 촬영 기능에서 슬로우촬영은 고속촬영, 퀵촬영은 저속촬영과 비슷하며 1초 간 촬영되는 프레임 수를 조절하는 것이다. 참고로 1프레임을 촬영하는 시간제한을 받지 않고 인 터벌로 촬영하는 **타임 랩스**[5] 기능도 있다.

⑬ 루프 리코딩

루프 리코딩^{loop recording} 기능은 카메라 내부 메모리 장치에 일정 양(30초 : 메모리 용량에 따라 저장 되는 영상의 길이가 다름)의 영상을 지속적으로 저장하는 것이다. 이 기능을 사용하면 카메라의 녹 화 버튼을 누르는 시점을 기준으로 그 이전에 저장되었던 영상부터 기록되므로 중요한 장면을 촬 영하지 못하는 실수를 방지할 수 있다.

이 기능은 일반적인 촬영에서 흔하게 사용하지 않는다. 예를 들어 자연 다큐멘터리를 제작하기 위 해 동물이나 곤충 등의 생태를 장시간 기다리며 촬영할 때는 동물이나 곤충이 갑자기 움직이는 것 을 사전에 예측할 수 없어 중요한 장면을 놓치는 경우가 많다. 이때 루프 리코딩 기능을 사용하면 동물이나 곤충 등이 움직이는 모습을 놓치지 않고 촬영할 수 있다.

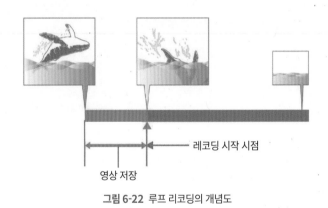

그림 6-22 루프 리코딩의 개념도

⑭ HDR 영상 촬영

사람이 눈으로 현실을 바라볼 때는 밝기·컬러·선명도(해상도) 순서로 본다. 이때 밝고 어두움의 차 이는 약 10,000단계(니트^{nit [6]})로 나누어 인식한다. 카메라로 촬영된 영상이 디스플레이 장치를 통

---

5 time lapse. 일정한 시간 간격에 따라 한 번에 한 프레임씩 촬영해 정상 속도로 보여주면서 움직임이 천천히 진행되는 시간의 흐름을 압축해 짧은 시간에 보여주는 방법이다. 꽃이 피는 장면, 구름이 흘러가는 장면, 별이 움직이는 장면 등을 짧은 시간에 보여준다.

6 1nit는 촛불 1개가 1m2(평방미터)를 비추는 밝기이며, 휘도라는 의미의 라틴어에서 왔다.

해 재현될 때도 명암이 세밀하게 나누어 표현될수록 사람이 눈으로 보는 현실과 비슷해진다. 카메라로 촬영할 때 일상적으로 사용하는 **SDR**^{standard dynamic range} 영상은 명암을 최대 100단계로 나누어 표현하므로 사람이 눈으로 보는 현실과 차이가 있다. **HDR**^{high dynamic range} 영상은 명암을 1,000 단계로 나누어 표현하므로 사람이 눈으로 보는 현실과 비슷하다.

이와 같이 HDR 영상은 SDR 영상으로 촬영하고 편집 과정에 감마·블랙 등에 변화를 주면서 명암 표현 단계를 조절하는 방식과 근본적으로 차이가 있다. 참고로 명암비 계산 방법은 최대로 밝은 백색 휘도/최대로 어두운 블랙의 휘도이다. 예를 들어 어떤 TV수상기의 화이트 휘도가 500cd/㎡ (광휘도 : 칸델라 매 제곱미터[7])이고, 블랙의 휘도가 0.5cd/㎡라면 500/0.5 = 1,000이므로 명암비는 1,000:1이다(감마·블랙은 영상신호 조절 항목 참고).

그림 6-23 SDR 영상(1), HDR 영상(2)

HDR 영상 제작 방법은 카메라로 영상을 촬영할 때 영상정보가 가장 많이 기록되는 RAW 파일이나, RAW 파일보다 더 압축하는 **LOG** 파일(소니 : S-LOG, 파나소닉 : V-LOG, 캐논 : C-LOG) 방식의 SDR 영상으로 기록한 다음, 후반 작업에서 색 보정, 명암 표현 범위 등을 설정하고 HDR 영상으로 변환하는 것이다. LOG 파일보다 압축률이 높은 **HLG**^{hyper log gamma8} 파일은 HDR 영상으로 변환 과정을 거치지 않고 촬영 후 바로 편집하고 HDR 영상으로 송출할 수 있어 TV 방송에서 사용하기 편리하다. 참고로 UHDTV 방식의 HDR 영상을 제작할 때 사용하는 색공간은 BT.2020이며 송출용 코덱은 HEVC-TS(52-BT.2020-nit1,000)이다.

RED 카메라의 HDRX 기능은 매우 짧은 시간 차이로 2프레임을 연속적으로 촬영하면서 가장 어

---

7 1m2 면적의 광원이 수평, 수직 방향으로도 같은 휘도이고 광도가 1cd일 때 그 방향의 휘도이다. 휘도는 TV수상기와 같이 면의 단위 면적당의 광도이다.

8 BBC·NHK 공동 개발

두운 부분과 밝은 부분을 기준으로 각각 적정 노출을 맞춘다. 이때 적정 노출은 최대 6스텝 범위 내에서 카메라가 자동으로 셔터 스피드를 올리거나 내리면서 맞춘다. 각각 촬영된 2개의 프레임을 편집 과정에 하나로 합쳐서 적정 노출을 맞춘다. 이때 각각 프레임의 노출을 조절할 수 있다.

하지만 이 방식은 피사체나 카메라가 움직이지 않고 고정되어 있거나 피사체나 카메라가 천천히 움직일 때 사용할 수 있다. 피사체나 카메라가 움직이는 속도가 빠르면 화면의 선명도가 떨어지며 흐리게 보이는 **모션 블러**[9] 현상이 나타난다. 이는 매우 짧은 시간 차이로 2개의 프레임을 각각 촬영할 때, 두 번째 프레임은 처음 프레임을 촬영할 때보다 미세하지만 피사체가 움직인 상태로 촬영되기 때문이다. 따라서 이 기능은 사전 테스트 촬영을 통해 적절한 기준을 잡고 제한적으로 사용한다. RED 카메라로 HDR 영상을 제작할 때는 HDRX 기능을 사용하는 것보다 RAW 파일로 촬영하고 HDR 영상으로 변환하는 것이 효과적이다.

그림 6-24 어두운 부분에 노출을 맞추어 촬영(1), 밝은 부분에 노출을 맞추어 촬영(2),
1·2번 사진을 합성해 적정 노출로 맞춤(3)

3-2 알렉사

아리의 알렉사 카메라 기종은 65, XT, XT PLUS, XT STUDIO, LF 등으로 나누어지며, 기종에 따라 4·6·8K 규격 영상을 촬영할 수 있다. 카메라로 촬영되는 영상의 기록 방식과 데이터 저장장치의 종류에 따라 초당 0.75~150까지 프레임을 조절하여 촬영할 수 있다. 화이트 밸런스 조절 범위는 2,000~11,000K이며 오토 화이트 밸런스, 화이트 프리세트 설정 기능도 있다. 기준 감도는 800을 사용하며, ND 필터는 0.3~2.4 범위 내에서 8단계로 나누어진 것을 카메라 내부에 장착하고 사용한다. 렌즈 마운트는 기본적으로 ARRI LPL 형식이지만 PL-TO-LPL 어댑터를 사용하면

---

9 motion blur. 빠르게 움직이는 물체를 느린 셔터 속도로 촬영할 때 피사체에 수평방향으로 줄무늬가 나타나며 영상이 선명하지 못하고 흐리게 보이는 것이다.

PL 마운트 형식의 렌즈도 사용 가능하다. 촬영할 때 카메라 온도는 40°로 유지된다.

ALEXA 카메라는 과거 슈퍼 35mm(가로 24.6 × 세로 13.8mm) 필름 카메라에서 사용하던 울트라 프라임, 마스터 프라임, 칼 자이스, 캐논 렌즈 등을 주로 사용한다. 하지만 ALEXA-LF 기종은 이미지 센서 규격(가로 36.7 × 세로 25.5mm)이 풀 프레임(36 × 24mm)보다 크다. 따라서 슈퍼 35mm 필름 카메라에 사용하던 렌즈는 이미지 서클 크기가 작아 비네팅 현상이 발생하므로 그보다 이미지 서클을 크게 형성하는 아리의 **시그니처 프라임 렌즈**signature prime lenses를 사용한다(프라임 렌즈 = 단렌즈). 이 렌즈는 화각이 12~280mm까지 16개로 나누어지며 렌즈 뒷부분에 이펙트 필터effect filter를 장착할 수 있다. 참고로 12mm는 기존의 풀 프레임에 사용하던 8mm, 280mm 는 200mm 화각과 같다. 16~32, 24~75, 45~135, 65~300mm 등의 줌 렌즈도 있다. 대형화된 이미지 센서 규격에 맞는 렌즈가 차후 지속적으로 개발되고 출시될 것인지는 시장성에 달려 있지만, 이미지 센서는 풀 프레임 규격으로 렌즈는 기존의 풀 프레임에서 사용하던 것을 그대로 사용하는 추세다.

ALEXA-65 카메라도 이미지 센서 규격(가로 54.1 × 세로 25.5mm)이 ALEXA-LF(Large Format) 카메라 규격(가로 36.7 × 세로 25.5mm)이나 풀 프레임 규격(가로 36 × 세로 24mm) 보다 크므로 과거 70mm 필름 카메라에서 사용하던 파나비전·핫셀블라드 렌즈 등을 사용한다. 다음 표는 ALEXA-65 카메라의 주요 제원이다.

구분	ALEXA-65
렌즈 마운트	ARRI XPL mount(지름 64mm)
이미지 센서	ARRI A3X CMOS sensor(유효 이미지 영역 : 54.12×25.58mm) (Alexa 이미지 센서 3개를 이음새 없이 연결한 구조)
해상도	6,560×3,100mm(6K)
셔터	전자식 셔터 1/5~1/358
촬영 가능 프레임 수	0.75~60fps
감도	ISO 200~3,200(기준 감도 : 800)
최대 노출 허용 범위	14 stops
이지지 기록 방식	Uncompressed ARRI RAW
이미지 기록 규격	1.78 Crop Mode : 5,120×2,880(5K), 1.50 Crop Mode : 4,320×2,880(4K)
뷰파인더 형식	Color viewfinder(EVF-1)

화이트 밸런스	프리 세트는 3,200, 4,300, 5,600, 7,000 등이 있고, 2,000~11,000까지 100켈빈 단위로 수동 조절 가능

표 6-2 알렉사-65 카메라의 주요 제원

그림 6-25 알렉사 카메라와 마스터 프라임 렌즈(MASTER PRIME LENS)(1·2),
시그네처 프라임 렌즈와 렌즈 마운트 어댑터(3·4)

① 카메라 메뉴 조정

뷰파인더 외부에 카메라의 기계적인 상태를 설정하는 메뉴 조절 버튼이 있고, 뷰파인더 화면 가장자리에는 전체적인 설정 상태가 표시된다. 메뉴 조절 후에는 데이터를 SD카드에 저장하고 필요 시 불러내어 사용한다. 와이파이 방식으로 카메라 메뉴를 조절하는 보조 장치도 있다.

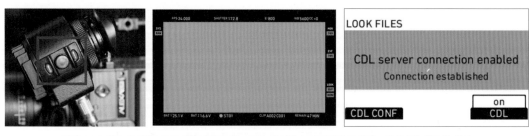

그림 6-26 빨간 사각형으로 표시한 카메라 메뉴 조절 버튼(1), 뷰파인더에 표시되는 카메라의 설정 상태(2),
메뉴 조절 후 SD카드에 저장하는 방법(3)

다음 2장의 사진은 카메라 외부 디스플레이 장치에 카메라의 기계적인 설정 상태가 표시된 것이다
(이 장치에서도 메뉴 조정 가능함).

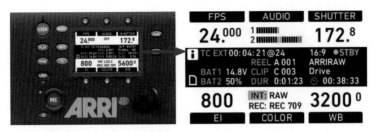

그림 6-27 카메라 외부 디스플레이 장치(1) 디스플레이 장치 확대 이미지(2)

② 영상 데이터 기록 보조 장치

카메라로 촬영되는 영상을 기록할 때 데이터 저장장치의 종류에 따라 각각 다른 **슬롯**^{slot}을 사용한다. 다음 1번 사진은 SxS·CF 메모리 카드에 영상 데이터를 기록할 때 사용하는 슬롯이다. 2번 사진은 XR 컴퓨터 드라이브에 영상 데이터를 기록할 때 사용하는 슬롯이다.

그림 6-28 SxS, CF 메모리 카드 기록용 슬롯(1), XR 컴퓨터 드라이브 기록용 슬롯(2)

③ 영상 기록 코덱의 설정 방법

카메라로 촬영되는 영상은 2K(HD) 규격으로 모니터할 수 있고, 영상 데이터를 기록할 때 사용하는 코덱은 애플 ProRes 4:2:2 HQ, ProRes 4:4:4:4, ProRes 4:4:4:4 XQ2, AVID DNXHD, ARRI RAW 등을 선택할 수 있다.

그림 6-29 ALEXA 카메라 모니터링 방식과 영상 기록 코덱의 종류

다음 이미지들은 카메라 메뉴에서 영상 기록용 코덱을 선택하는 방법이다. 좌측에서 우측순으로
진행하면서 설정한다.

MENU	
Recording	>
Monitoring	>
Project	>
System	>
Frame grabs	>
User setups	>

MENU>RECORDING	
Internal	>
REC OUT	>

MENU>RECORDING>INTERNAL	
Format	ProRes
Setting	ProRes 4444 XQ
Resolution	2K (2048x1536)
Prerecord	Off>
Quick format Capture Drive	>

그림 6-30 코덱 설정 메뉴(1·2·3)

④ 오디오 입력과 모니터 채널 선택

다음 1번 그림은 카메라로 오디오가 입력되는 볼륨을 설정하는 것이고, 2번 그림은 오디오를 모니
터하기 위해 출력할 채널을 설정하는 메뉴다.

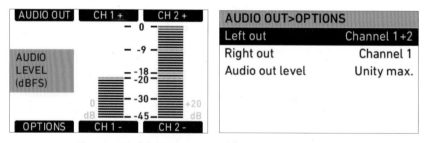

그림 6-31 오디오 입력 볼륨 설정 이미지(1), 오디오 출력 채널 설정 메뉴(2)

⑤ 화이트 밸런스 조절

다음 1·2번 그림은 화이트 밸런스를 수동·자동으로 조절하는 방법이다.

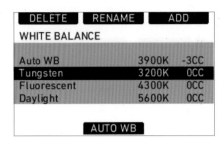 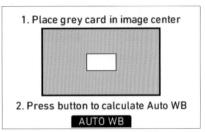

그림 6-32 화이트 밸런스 설정 메뉴(1·2)

⑥ 무선 리모트 렌즈 제어 시스템

다음 사진들은 무선 리모트 컨트롤 시스템으로 렌즈의 포커스·노출 등을 조절할 수 있는 보조 장비다(영화·드라마 촬영 등에서 포커스를 전문적으로 조절하는 사람이 주로 사용함. 레드 카메라도 같은 방식을 사용함).

그림 6-33 렌즈에 포커스 조절 장치를 장착한 모습(1),
무선으로 포커스를 조절하는 장비(2), 무선 리모트 조절 시스템 WCU-4 장비 세트(3)

⑦ 어사인 버튼

카메라 좌측 앞부분 하단에 위치하는 어사인 버튼에, 메뉴의 특정 항목을 사전에 설정해두고 사용할 수 있다. 어사인 버튼을 누르면 사전에 설정되어 있는 기능이 바로 작동하므로 필요한 메뉴 항목을 찾아가는 시간을 줄일 수 있어 편리하다.

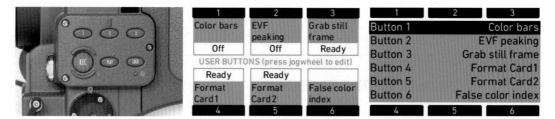

	1	2	3
	Color bars	EVF peaking	Grab still frame
	Off	Off	Ready

USER BUTTONS (press jogwheel to edit)

	Ready	Ready	
	Format Card 1	Format Card 2	False color index
	4	5	6

	1	2	3
Button 1			Color bars
Button 2			EVF peaking
Button 3			Grab still frame
Button 4			Format Card1
Button 5			Format Card2
Button 6			False color index
	4	5	6

그림 6-34 어사인 버튼의 위치(1), 메뉴에서 항목을 설정하는 페이지(2), 세부 항목을 선택하는 이미지(3)

3-3 SONY F-65RS, 베니스

F-65RS 카메라는 '가로 24.7 × 세로 13.1mm' 규격의 CMOS 센서를 사용해, 4K 규격 영상을 최대 120프레임 16bit RAW 파일로 촬영하고 카메라 후면에 장착하는 SR-R4에 내장된 에스알 메모리 카드에 기록한다. 기준 감도는 800이며 최대 노출 허용 범위는 14스톱이다. 촬영되는 영상은 2K(HD) 규격으로 모니터한다. 셔터는 전자식·기계식 방식을 선택하고 사용할 수 있다. 카메라 메뉴를 조절할 때 iPad는 와이파이 방식을 사용하고 SRK-CP1은 케이블로 연결한다.

그림 6-35 SONY F-65RS(1), 영상 기록장치 SR-R4(2), SR Memory Cards(3), 기계식 셔터(4)

다음 표는 Sony F-65RS 카메라의 주요 제원이다.

RAW Format Frame Rate	23.98, 24, 25, 29.97, 50, 59.94p
Select FPS	1~60 fps (F65RAW-SQ/Lite), 1~120 fps (F65RAW-HFR)
Sensor Size	24.7×13.1mm(1.89 : 1 format 17:9)
ISO Sensitivity	200~3,200
RAW Recording on Modular Onboard Recorder	on SR Memory Cards 1~120 fps RAW 8K
Lens Mount	PL
Built-in Filters	Clear, ND0.9(1/8ND : 3stop), ND1.2(1/16ND : 4stop), ND1.5(1/32ND : 5stop), ND1.8(1/64ND : 6stop)
Latitude	14-stop
Shutter Speed (23.98PsF)	1/24~1/6,000s
Shutter Angle	4.2~360° (electrical shutter), 11.2~180° (mechanical rotary shutter)
White Balance	3200K, 4300K, 5500K
Gain	-6, -3, 0, 3, 6, 9, 12dB
Gamma Curve	HG7, HG8, S-Log2 Gamma, User

표 2-3 Sony F-65RS 카메라 주요 제원

베니스(VENICE) 카메라는 CMOS 방식의 풀 프레임(가로 36 × 세로 24mm) 이미지 센서를 사용하지만 6K(가로 6,048화소 × 세로 4,032화소) 규격 영상을 촬영할 수 있다. 이미지 센서에서 '가로 24.9 × 세로 18.7mm'를 사용하면 4,096 × 3,024 규격 영상, '가로 24.9 × 세로 14.0mm'를 사용하면 4,096 × 2,160 규격 영상으로 촬영된다. 촬영되는 영상의 모니터링은 2K(HD) 규격으로 한다.

4K 규격으로 촬영되는 영상은 XAVC, Apple ProRes(4:2:2 프록시) 코덱을 사용해 16비트 소니 RAW 압축 포맷을 사용해 X-OCN[10] 파일로 SxS·AXS 메모리 카드에 기록한다. XAVC 4K와 X-OCN 코덱으로 동시에 기록할 수도 있다.

---

10 original camera negative. 파일 용량을 줄이는 방식

카메라 내부에 8단계로 나누어진 회전방식의 ND 필터가 내장되어 있다. 기준 감도는 500이며 최대 노출 허용 범위는 15스톱이다. 렌즈 마운트는 아나몰픽, 슈퍼 35mm, PL/E 등으로 교체할 수 있다.

그림 6-36 소니 베니스 카메라(1), 촬영할 수 있는 영상의 규격(2)

참고로 F-65RS·베니스 카메라로 촬영한 영상은 소니의 카탈리스트 브라우즈Catalyst Browse 소프트웨어를 사용해 파일 탐색, 메타 데이터 확인 및 편집, 영상신호 확인, 컬러 보정, 다양한 포맷으로 트랜스 코딩, 하드 드라이브로 복사 등을 할 수 있다. RAW Viewer는 카메라로 촬영된 영상의 품질을 확인하거나 색상을 조절하는 애플리케이션이며 X-OCN 파일을 편집할 수 있다.

그림 6-37 Catalyst Browse와 RAW Viewer 소프트웨어

3-4 영화용 카메라의 기준 감도 조절과 노출 허용 범위 변화

레드, 알렉사, F-65RS 카메라 등은 기준 감도^{ISO}를 800으로 사용하는 것이 일반적이다. 다음 그림들은 카메라의 기준 감도가 변화됨에 따라 화면 속에서 가장 밝은 부분과 어두운 부분을 표현하는 범위가 변화되는 상관관계를 설명한 것이다. 감도를 높게 사용할수록 어두운 부분을 표현하는 범위는 좁아지지만 밝은 부분을 표현하는 범위가 넓어진다. 반대로 감도를 낮게 사용할수록 밝은 부분을 표현하는 범위는 좁아지지만 어두운 부분을 표현하는 범위가 넓어진다.

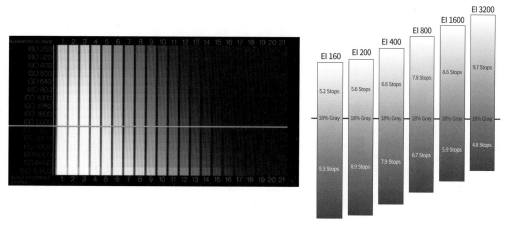

그림 6-38 레드 카메라 감도 변화 특성(1), 알렉사 카메라 감도 변화 특성(2)

다음 그림들은 소니 베니스 카메라의 감도 변화에 따라 화면 속에서 가장 어두운 곳과 밝은 부분이 표현되는 상관관계를 보여주는 것이다. 근본 원리는 위와 같다.

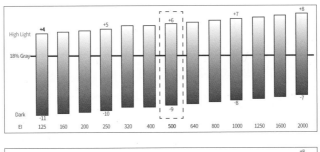

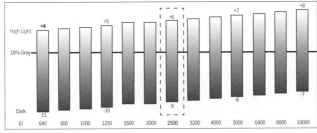

그림 6-38 기준 감도 500 사용(1), 감도 2500 사용(2)

다음 2장의 사진과 같이 카메라의 기준 감도에 변화를 주면 최대로 밝은 부분과 어두운 부분을 표현하는 한계 범위가 달라지므로 촬영되는 영상의 콘트라스트·밝기 등에도 영향을 준다. 1번 사진은 감도를 높게 사용한 것이고 2번 사진은 감도를 낮게 사용한 것이다.

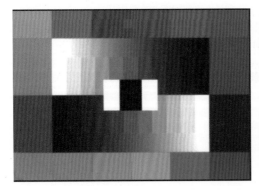 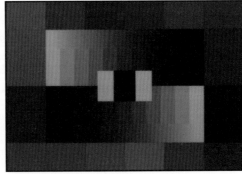

그림 6-39 감도가 높아서 콘트라스트 차이가 큼(1), 감도가 낮아서 콘트라스트 차이가 작음(2)

영상신호 조정

카메라의 기계적인 기능을 설정하는 메뉴에 변화를 주면서 촬영되는 영상의 색상·채도·밝기(명암) 등을 조절할 수 있지만, **영상신호**^{video signal}에 대한 기본적인 개념과 특성을 이해하지 못하고 메뉴를 조절하면 실수할 가능성이 매우 높으므로 촬영이 끝나고 후반 편집 과정에서 영상 신호를 조절하는 것이 안전한 방법이다. 그 이유는 촬영 당시 화면의 색상이 정상적인 기준에서 과도하게 틀어지거나, 노출을 잘 못 맞춰 화면의 밝기가 적정보다 과도하게 어둡거나 밝을 때에는 수정(보정)하기 어렵기 때문이다. 따라서 촬영하면서 빛이 부족할 때에는 인공조명을 비추며 부족한 빛을 보충하고 화이트 밸런스를 정확하게 맞춰 정상적인 색상과 밝기로 표현되게 하는 것이 촬영의 기본이다.

참고로 TV 방송 프로그램을 제작하는 과정에 카메라로 촬영된 각각 장면들의 밝기(명암)·색상·채도 등에 문제가 있을 때 기술적인 기준에 맞추어 보정하는 것을 **종합편집**(종편)이라 한다. 이때 카메라로 촬영된 화면의 상태를 평가하는 모니터가 기준에 맞게 정확하게 조절되어 있어야 한다. 모니터가 잘못 조절되어 있으면 잘못된 오차만큼 영상신호를 잘못 조절하는 오류를 범할 수 있으므로 주의해야 한다(모니터 조절 항목 참고).

이 장에서는 편집 과정에 기술적으로 잘못 촬영된 영상을 보정하거나 카메라로 촬영되는 영상의 명암(밝기)·색상·채도 등에 영향을 주는 카메라의 메뉴를 조절할 때 기본적으로 이해하고 있어야 할 영상신호의 특성에 대해 설명한다.

영상신호 측정 장비

동영상 촬영용 카메라의 기계적인 상태나, 촬영이 끝난 영상의 품질에 문제가 있어 밝기·색상·채도 등을 수정하기 위해 영상신호를 조절할 때는 벡터스코프^{vectorscope}, 웨이브 폼 모니터^{wave form monitor} 등의 계측기를 사용한다. 컴퓨터에서 사용하는 동영상 편집 전용 프로그램에도 벡터스코프, 웨이브 폼 모니터 기능이 있다. 참고로 기계식 계측기는 두 가지 기능을 동시에 수행한다.

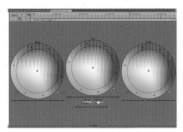 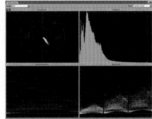 

그림 7-1 동영상 편집 프로그램의 영상신호 조절 기능(1), 기계식 벡터스코프(2)

벡터스코프는 카메라가 영상을 촬영할 때 정상적인 색으로 표현할 수 있는 기계적인 상태를 확인하는 용도로 사용한다. 다음 1번 이미지는 TV 방송에서 표준 신호로 사용하는 컬러바다. 2번 이미지는 벡터스코프 화면에서 컬러바를 구성하는 6가지 색상들이 초록색 선으로 나타난 것이다. 선들이 만나는 6개의 꼭짓점은 컬러바를 구성하는 각각 컬러들의 채도와 색상을 나타내는 좌표가 田(기준점·표준)의 중앙에 표시된 것이며, 시계방향으로 R(Red, 붉은색), MG(Magenta, 분홍색), B(Blue, 푸른색), Cy(Cyan, 청록색), G(Green, 녹색), YI(Yellow, 노란색)이다. 이때 각각 컬러 신호의 좌표가 田의 중앙에 도달하지 못하면 채도가 부족하고 田에 위치하면 채도가 75%이며 표준이다. 좌표가 田을 지나가면 과채도이고 田의 정중앙을 벗어나면 색이 틀어진 것이다.

3번 이미지는 벡터스코프 화면에 각 컬러들이 배열되어 있는 순서를 설명의 편의성을 위해 컬러로 표시한 것이다. 실제로는 컬러로 표시되지 않는다.

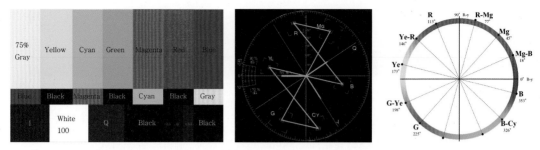

그림 7-2 컬러바(1), 벡터스코프 화면에 표시된 컬러바(2), 벡터스코프 화면의 컬러 배열순서(3)

웨이브 폼 모니터는 화면의 밝기를 확인하거나 조절할 때 주로 사용한다. 다음 1번 이미지는 웨이브 폼 모니터에 컬러바가 표시되는 형태이며 컬러로 보여주는 것은 이해도를 높이기 위한 것이다. 실제로는 2번 이미지와 같이 나타난다. 1번 이미지에서 각 색상 위에 쓰여 있는 수치들은 그 색의 기준 밝기를 전압(볼트 V)으로 나타낸 것이다. 가장 밝은 화이트는 1V, 가장 어두운 블랙은 0V이므로, 화면의 밝기는 0~1V 범위에 속하고 이 범위를 벗어나면 너무 밝거나 어두워서 각종 디스플레이(TV수상기·극장 스크린·컴퓨터 모니터) 장치에서 정상적으로 재현되지 않는다. 따라서 화면의 밝기를 조절하는 것은 각 색을 나타내는 전압에 변화를 주는 것이라 할 수 있다(카메라로 영상을 촬영할 때도 이와 같은 원리가 적용됨).

다음 2번 이미지에서 좌측에 수직으로 표시된 0~100 수치는 1번 이미지에서 각각 색상의 밝기를 0~1V까지 전압으로 나타낸 것을 백분율(%)로 변환한 것이므로 의미는 동일하며, 단위는 V 대용으로 %·IRE 등을 병행 사용한다.

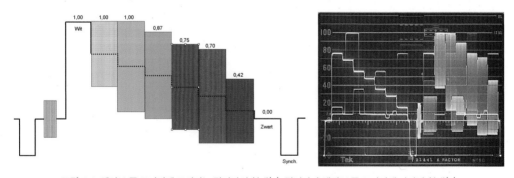

그림 7-3 웨이브 폼 모니터에 표시되는 컬러바의 형태(1), 컬러바가 웨이브 폼 모니터에 나타난 형태(2)

화면의 밝기 조정

카메라로 촬영되는 영상의 밝기(명암 표현)는 카메라에 설정되어 있는 블랙, 감마, 화이트 등에 의해 결정된다. 블랙·감마·화이트 등의 설정 상태를 기계적으로 확인할 때는 카메라와 웨이브 폼 모니터를 연결하고, 색온도 3,200K, 밝기 1,500~2,000Lux의 빛을 발광하는 텅스텐 라이트를 사용해, 다음 1번 이미지와 같은 그레이 스케일 카드를 비추고 촬영하면서 가장 밝은 화이트의 밝기가 100 IRE(%)가 되도록 조리개를 조절한다.

다음 2번 이미지는 위와 같은 과정에 의해 웨이브 폼 모니터가, 1번 이미지에서 2개의 빨간 사각형으로 표시한 흰색과 검은색까지 11단계의 밝기를 X자 형태로 표시한 것이다. 1번 이미지에서 좌우 끝부분의 가장 밝은 흰색은 2번 이미지에서 화이트이고 가장 어두운 좌우 끝부분의 검은색은 블랙이다. 1번 이미지에서 가장 밝은 흰색과 가장 어두운 블랙을 제외한 중간 밝기의 회색들은 2번 이미지에서 감마이다. 2번 이미지에서 X자 형태가 만나는 점은 가장 밝은 부분과 어두운 중간 밝기를 나타내는 **감마 크로스 포인트**gamma crossover point이며, 카메라 기종에 따라 다소 차이가 있지만 대부분 47~63 IRE(%) 범위 속에 있다.

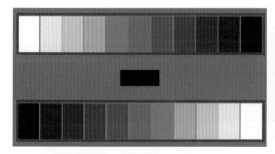 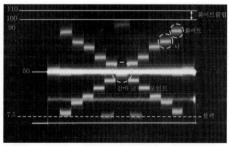

그림 7-4 그레이 스케일 차트(1), 그레이 스케일 차트가 웨이브 폼 모니터에서 비디오 신호로 표시되는 모습(2)

바로 위 2번 이미지에서 가장 어두운(블랙) 0 IRE(%)와 가장 밝은(화이트) 100 IRE(%)까지 점진적으로 밝아지는 변화 단계를, 다음 그림과 같이 X·Y축을 사용하는 그래프로 나타낸 것을 **비디오 신호**video signal라 한다. 그래프에서 Y측에 표시한 0~15 IRE(%)는 블랙, 15~85 IRE(%)는 감마, 85~100 IRE(%)는 화이트의 범위이다. X 축은 카메라가 표현할 수 있는 노출의 최대 허용 범위를 결정하는 다이나믹 레인지이다(카메라 기종별로 최대 노출 허용 범위는 차이가 있다).

카메라로 영상을 촬영하거나 촬영이 끝나고 편집 과정에 화면의 전체적인 밝기와 명암 표현 단계에 변화를 줄 때는 비디오 신호 그래프에서 블랙·감마·화이트 등을 조절한다.

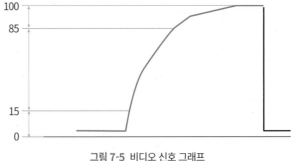

그림 7-5 비디오 신호 그래프

2-1 블랙 조정

블랙은 화면에서 가장 어두운 영역이며 기준으로 사용하는 0 IRE보다 매우 어둡거나 밝을 때 웨이브 폼 모니터를 보면서 0~15 IRE 범위 내에서 조절한다.

다음 사진들은 블랙 레벨을 조절하는 예이다. 화면이 전체적으로 밝아질수록 웨이브 폼 모니터하단에 위치하는 블랙 레벨이 수직 방향 위쪽으로 이동하고, 반대로 화면이 전체적으로 어두워질수록 블랙 레벨이 수직 방향 아래로 이동하는 것을 볼 수 있다. 이와 같이 블랙 레벨을 조절하면 화면의 전체적인 밝기가 변화하므로 콘트라스트 대비(명암 표현)도 달라진다.

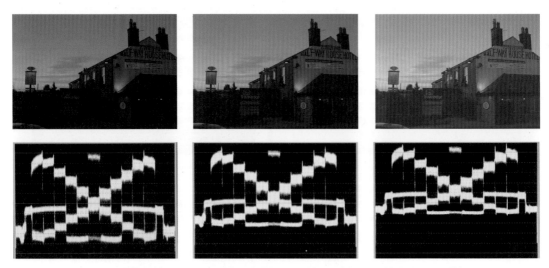

그림 7-6 블랙 레벨이 낮은 이미지(1), 블랙 레벨이 정상인 이미지(2), 블랙 레벨이 높은 이미지(3)

다음 3장의 사진들은, 블랙 레벨이 0 IRE인 2번 사진을 기준으로 블랙 레벨을 조절할 때 색의 진함과 연함을 나타내는 채도가 변화하는 것을 보여 주는 예이다. 1번 사진과 같이 블랙 레벨을 낮출수록 화면이 전체적으로 어두워짐과 동시에 채도가 진해지지만, 과도하게 낮추면 어두운 부분에 색 번짐 현상이 나타나면서 노이즈가 발생하므로 해상도가 떨어진다. 3번 사진과 같이 블랙 레벨을 높일수록 화면이 전체적으로 밝아짐과 동시에 채도가 연해지지만, 과도하게 높이면 화면이 전체적으로 뿌옇게 보인다.

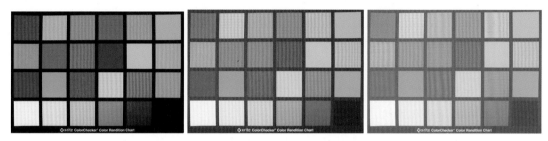

그림 7-7 블랙 레벨 낮음(1), 블랙 레벨 정상(2), 블랙 레벨 높음(3)

위에서 설명한 바와 같이 블랙 레벨 조절을 통해 화면 전체 밝기에 변화를 줄 수도 있지만, R·G·B 컬러의 블랙 레벨을 각각 조절하면서 화면 속에서 특정 컬러의 밝기를 조절할 수도 있다. 다음 1·3번 사진은 2번 사진을 기준으로 R블랙 레벨을 높거나 낮게 조절한 예이다. 1번 사진은 R블랙 레벨을 낮게 조절해 R계열 색들의 밝기가 어두워짐과 동시에 채도가 진해지는 것을 볼 수 있다. 3번 사진은 R블랙 레벨을 높게 조절해 R계열 색들의 밝기가 밝아짐과 동시에 채도가 연해지는 것을 볼 수 있다. G·B 컬러의 블랙 레벨을 각각 조절할 때도 이와 같은 효과가 나타난다.

그림 7-8 R블랙 레벨 낮음(1), R블랙 레벨 정상(2), R블랙 레벨 높음(3)

 2-2 감마 조정

감마gamma는 화면 속에서 가장 어두운 블랙과 가장 밝은 화이트의 중간 영역 밝기다. 감마를 조절하면 블랙을 조절하는 것과 비슷한 효과가 나타나지만, 중간 영역의 밝기만 변화된다는 것이 블랙 조절과 차이점이다. 블랙 레벨이 정상인 화면의 전체적인 밝기를 조절할 때는 감마를 조절하는 것이 색 번짐 현상, 노이즈 등이 덜 나타남으로 더 효과적이다.

다음 그래프는 카메라로 촬영된 영상을 재현하는 모니터와 영상을 촬영하는 카메라가 사용하는 감마의 특성을 나타낸 것이다. 모니터는 감마값이 기준보다 낮게 설정되어 있어 중간 영역의 밝기를 기준보다 어둡게 표현한다. 반대로 카메라는 감마값이 기준보다 높게 설정되어 있어 중간 영역의 밝기를 기준보다 밝게 촬영한다. 이때 모니터와 카메라가 사용하는 명암 표현 기준을 중간 지점으로 조절하는 것이 감마이다. 따라서 카메라의 감마를 조절하면 촬영된 영상에서 감마를 조절하는 것과 같은 효과가 나타나고, 촬영된 영상에서 감마를 조절하는 것은 카메라의 감마를 조절하는 것과 같은 효과가 나타난다.

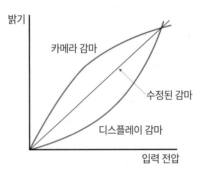

그림 7-9 모니터와 카메라가 사용하는 감마의 차이

다음 이미지 중에서 푸른색 원이 표시된 위 3장의 그림은 감마를 나타내는 그래프이다. 그래프 다음 3장의 인물 사진은 1번 사진을 기준으로 감마 조절에 의해 명암 표현 단계와 채도가 변화하는 것을 보여주는 예이다. 1번 그래프에서 푸른색 원으로 표시한 점(감마 크로스 포인트)의 위치를 2·3번 그림과 같이 상하좌우 방향 등으로 조절하면, 그래프 다음 2·3번 인물사진과 같이 명암 표현 단계와 채도가 변화한다. 다음 2번 사진과 같이 감마를 위로 올리면, 전체적으로 채도가 연해지면서 어두운 부분이 밝아지지만 과도하게 올리면 밝은 부분이 100 IRE를 초과해 정상적인 영상 신호로 표현되지 않는다. 다음 3번 사진과 같이 감마를 아래로 내리면, 전체적으로 채도가 진해지고 어두운 부분이 더욱 어두워지지만 과도하게 내리면 어두운 부분에 색 번짐 현상이 나타나면서 노이즈가 발생하므로 해상도가 떨어질 수 있다.

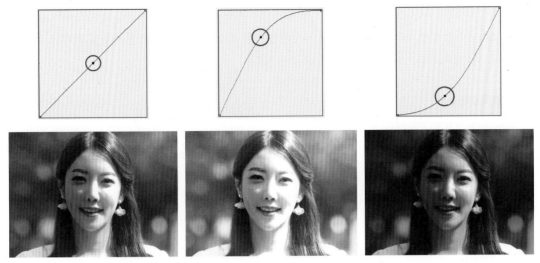
그림 7-10 촬영 원본(1), 감마조절 기준점을 위로 이동한 이미지(2), 감마조절 기준점을 아래로 이동한 이미지(3)

다음 이미지 중에서 위 2번 그래프와 그 다음 인물사진은 기준이다. 1·3번 그래프와 같이 푸른색 원으로 표시한 기준점을 설정한 다음 상하 지역에서 원하는 곳을 지정하고(검은색 점) 각각 감마를 조절할 수 있다. 1번 그래프와 같이 기준점 위쪽 밝은 부분의 감마를 위로 올리면 그 다음 사진과 같이 밝은 부분이 더욱 밝아지지만 동시에 어두운 부분은 더욱 어두워진다. 3번 그래프와 같이 위쪽의 밝은 부분을 아래로 내리면 그 다음 사진과 같이 밝은 부분은 어두워지지만 동시에 어두운 부분은 밝아진다. 기준점 아래쪽 지역 조절도 같은 현상이 나타난다. 이 방식은 기준점 상하 지역의 밝기가 서로 반대로 조절되는 것이 특징이다.

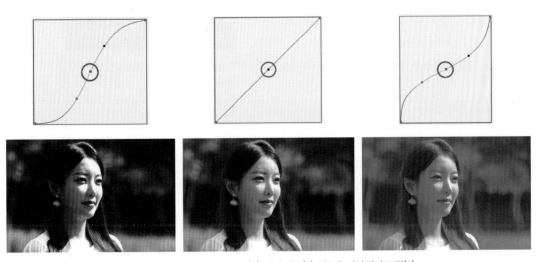
그림 7-11 밝은 지역 감마 조정(1), 촬영 원본(2), 어두운 지역 감마 조정(3)

위에서 설명한 바와 같이 감마 조절을 통해 화면 전체의 밝기에 변화를 줄 수도 있지만, 블랙 감마를 조절하면서 화면 속에서 가장 어두운 부분의 밝기를 조절하거나, R·G·B 감마 등을 각각 조절하면서 특정 컬러의 밝기와 채도에 변화를 줄 수도 있다.

① 블랙 감마 조정

카메라의 기계적인 상태를 설정하는 메뉴나 카메라로 촬영된 화면에서 **블랙 감마**^{black gamma}를 조절하면 화면 속에서 가장 어두운 부분의 명암 표현 단계만 변화된다. 중간 밝기와 밝은 부분에는 영향을 미치지 않는다. 다음 1번 그림은 감마 그래프에서 블랙 감마가 작용하는 범위다. 2번 사진에서는 우측에 위치하는 나무·건물·검은색 자동차 등의 밝기가 매우 어두워서(명암 표현 단계가 좁음) 서로 구분되지 않는다. 3번 사진은 블랙 감마를 밝게 조절한 것이다. 2번 사진에 비해 나무·건물·검은색 자동차 등이 밝아지며(명암 표현 단계가 넓음) 서로 구분되는 효과가 나타나는 것을 볼 수 있다.

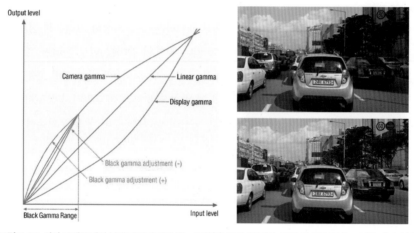

그림 7-12 감마 그래프에서 블랙 감마가 작용하는 범위(1), 촬영 원본(2), 블랙 감마를 밝게 조정한 이미지(3)

② R·G·B 감마 조정

카메라의 기계적인 상태를 설정하는 메뉴나 카메라로 촬영된 화면에서 R·G·B 감마를 각각 조절하면 각 색상별로 밝기와 채도가 변화된다. 다음 2번 사진은 기준이다. 1·3번 사진은 2번 사진에서 R감마의 밝기를 조절한 것이다. 1번 사진과 같이 R감마를 밝게 조절하면 붉은색 계열의 채도가 연해지며 화면이 전체적으로 밝아진다. 3번 사진과 같이 R감마를 어둡게 조절하면 붉은색 계열의 채도가 진해지며 화면이 전체적으로 어두워진다.

그림 7-13 R감마를 밝게 조절(1), 촬영 원본(2), R감마를 어둡게 조절(3)

2·3 화이트 조정과 DCC 기능

영상을 촬영하는 카메라나, 카메라로 촬영된 영상을 재현하는 각종 디스플레이 장치(TV수상기·극장 스크린·컴퓨터 모니터)에서 화면의 밝기(영상신호)가 100 IRE(%)를 초과하는 부분이 있으면, 화면이 하얗게 되면서 피사체의 형태와 색이 정상적으로 표현되지 않는다.

카메라로 촬영할 때 다음 1번 사진과 같이 사람들 주변에 하얗게 보이는 부분은 매우 밝아서 100 IRE를 넘어가므로 정상적인 영상 신호로 표현되지 않으며 다음 2번 그림에서는 노란색 부분이다. 2번 그림에서 붉은색으로 표시한 부분은 영상 신호가 정상적으로 표현되는 0~100 IRE 범위이다. 이때 정상적인 영상신호로 표현되지 않는 노란색 부분을 카메라의 기계적인 기능들이 작용해서 자동으로 압축한 다음 붉은색의 범위내로 끌어내리면서 정상적인 영상 신호로 표현되게 하는 것을 니knee, DCCdynamic contrast control 기능이라 한다.

그 과정에 이미지 센서는 렌즈로 유입된 빛을 집광하는 범위를 기계적으로 조절해 정상적인 밝기의 화면을 출력한다. 따라서 조절 범위가 넓을수록 최대 노출 허용 범위도 넓어진다. 이는 밝기(노출) 차이가 큰 환경에서 촬영할 때 밝은 부분이 정상적인 영상신호로 표현된다는 것이다. 반대로 조절 범위가 좁을수록 최대 노출 허용 범위도 좁아진다. 이는 밝기 차이가 큰 환경에서 촬영할 때 밝은 부분이 정상적인 영상신호로 표현되지 않는다는 것이다.

TV 방송용 ENG 카메라는 DCC 기능을 ON·OFF로 설정할 수 있지만 OFF로 설정하면 작동하지 않는다. ON으로 설정하면 노출 차이가 많이 나는 환경에서 촬영할 때 자동으로 작동하므로 오토 니 컨트롤auto knee control이다.

그림 7-14 화면의 밝기가 100 IRE를 넘어가는 이미지(1), DCC 기능의 작동 개념도(2)

카메라의 DCC 기능이 작동하면 다음 1번 이미지와 같이 비디오 신호를 나타내는 그래프에서 화이트 클립white clip, 니 포인트knee point, 니 슬로프knee slope 등의 기준이 자동으로 변화된다. **화이트 클립** 기능은 가장 밝은 부분이 100 IRE를 초과하지 않도록 95 IRE에 위치하는 니 포인트를 80 IRE로 끌어내린다. **니 포인트**는 화이트 클립 기능이 밝은 부분을 압축하는 시작점이므로, 수치가 낮을수록 낮은 단계의 밝기부터 압축하고 수치가 높을수록 높은 단계의 밝기부터 압축한다. 니 포인트는 카메라의 종류에 따라 다소 차이가 있지만 일반적으로 80 IRE를 기준으로 사용한다. **니 슬로프**는 니 포인트에서 화이트 클립까지 밝은 부분을 압축하는 속도를 조절하는 것이며 비디오 신호를 나타내는 그래프에서는 기울기로 나타난다.

다음 2번 그래프는 1번 그래프와 동일하지만 화이트 클립 최대 범위가 109 IRE라는 것이다.

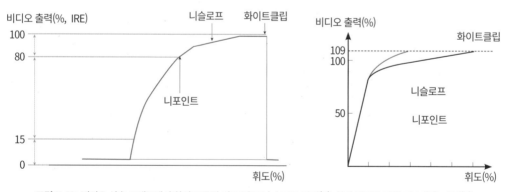

그림 7-15 비디오 신호 그래프에서 화이트 클립·니 포인트·니 슬로프 의미(1), 최대 비디오 레벨 109 출력 기준(2)

DCC 기능은 카메라의 성능을 평가하는 항목으로 사용된다.

다음 2장의 사진은 서로 다른 카메라 2대의 DCC 기능을 평가하기 위해 촬영 환경, 노출 수치, 렌즈 화각 등을 동일하게 촬영한 것이다. 동상의 밝기는 서로 비슷하지만 2번 사진을 촬영한 카메라가 1번 사진을 촬영한 카메라보다 DCC 기능이 더 우수해, 배경으로 보이는 흰색 구름과 푸른 하늘이 더 잘 표현되므로 성능이 더 좋다는 것을 알 수 있다.

그림 7-16 DCC 기능이 떨어지는 화면(1), DCC 기능이 우수한 화면(2)

다음 2번 사진은 정상적인 밝기로 촬영한 것이다. 1·3번 사진은 화이트의 밝기가 정상인 2번 사진을 기준으로 1번 사진은 2번 사진보다 화이트의 밝기를 어둡게 조절한 것이다. 3번 사진은 2번 사진보다 화이트의 밝기를 밝게 조절한 것이다.

그림 7-17 화이트를 어둡게 조정(1), 화이트 밝기 정상(2), 화이트를 밝게 조정(3)

위에서 설명한 바와 같이 **화이트 조절**은 카메라로 영상을 촬영할 때 DCC 기능이 자동으로 작동하면서 과도하게 밝은 부분을 정상적인 영상신호로 표현되게 하거나, 카메라로 촬영된 화면을 편집 과정에 가장 밝은 부분(화이트 80~100 IRE 범위)의 밝기를 기계적으로 보정(수정)하는 것이다.

카메라로 촬영된 영상의 컬러에 문제가 있을 경우 편집 과정에 일부 수정할 수 있다. 이때 전체 색상과 채도를 각각 또는 동시에 조절하거나, R·G·B 각각 컬러의 색상과 채도를 별도로 조절한다.

다음 3장의 사진은 채도를 조절하는 예이다. 2번 사진은 기준이다. 1번 사진은 2번 사진보다 채도를 진하게 조절한 것이다. 이때 채도를 과도하게 높이면 색 번짐 현상이 나타나면서 노이즈가 발생하고 해상도가 떨어지므로 주의해야 한다. 3번 사진은 2번 사진보다 채도를 연하게 조절한 것이다. 이때 채도를 과도하게 낮추면 명시성[1]이 떨어지지만 색 번짐 현상과 노이즈가 나타나지 않음으로 해상도는 변하지 않는다.

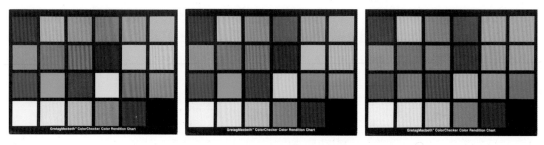

그림 7-18 채도를 진하게 조정(1), 채도 정상(2), 채도를 연하게 조정(3)

다음 3장의 사진은 색상을 조절하는 예이다. 1번 사진은 전체적으로 붉은색이 진하게 촬영된 것이다. 2번 사진은 전체적으로 초록색이 진하게 촬영된 것이다. 3번 사진은 붉은색·초록색이 진하게 촬영된 것을 수정해 정상적인 색상으로 보이는 것이다.

---

1 색, 선, 모양 등이 사람의 시각으로 빠르게 인식되는 차이를 나타내는 용어이다.

그림 7-19 붉은색이 진하게 촬영된 장면(1), 초록색이 진하게 촬영된 장면(2), 색상을 수정해 정상적으로 보이는 장면(3)

앞서 블랙·감마·화이트 조절 등의 항목들에서 설명한 바와 같이, 영상신호를 조절하면 화면의 밝기·색상·채도 등이 변화하는 과정에 색 번짐 현상이 나 타나면서 노이즈가 발생해 해상도에 영향을 주는 경우가 있다. 그와 같은 단점을 보완하려면 여러 항목들을 동시에 조절해야 한다. 예를 들어 블랙이나 감마를 어둡게 조절하면 채도가 진해지므로 컬러 조절 항목에서 채도를 연하게 낮춘다. 반대로 블랙이나 감마를 밝게 조절하면 채도가 연해지므로 컬러 조절 항목에서 채도를 진하게 조절한다. 매우 어둡게 촬영된 화면을 밝게 보정할 때는, 먼저 블랙으로 전체적인 밝기를 조절한 다음 감마로 더 섬세하게 조절하고, 다음은 컬러 조절 항목에서 채도·색상을 조절하는 것이 일반적이다. 이는 사람의 눈이 어두운 부분의 밝기 변화에 민감하게 반응하기 때문이다(사람 눈의 망막 항목 참고).

이와 같이 비디오 신호를 조절할 때는 다양한 경험과 장시간에 거쳐 형성되는 노하우가 필요하다. 일반적으로 시간적 여유를 두고 제작하는 프로그램은 촬영 후 편집 과정에 계측기를 사용해 영상신호를 조절하므로 안전하다. 반면 짧은 시간에 제작되는 프로그램은 카메라의 메뉴에 변화를 주며 촬영되는 화면의 밝기·색상·채도 등을 조절하기도 하지만 편집 과정에 조절하는 방식에 비해 위험하다. 카메라 기종과 제조사 차이에 따라 영상신호를 조절하는 메뉴 구성 방식이 조금 다르지만 근본적인 개념과 원리는 같다.

CHAPTER
08

조명

앞서 설명한 바와 같이 빛은 크게 자연광(태양광), 인공광으로 나누어지며 사람의 시각이 물체의 형태와 색상을 인식하게 해준다. 이때 빛의 밝기·방향·굴절·반사·투과·색상 등의 특성들이 복합적으로 작용하면 사람이 시각을 통해 피사체를 바라보는 심리에도 영향을 준다.

다음 2장의 사진은 같은 장소를 맑은 날과 흐린 날에 촬영한 것이다. 빛의 밝기와 비추는 각도 차이로 그림자의 방향·길이·농도 등이 다르고 그에 따라 명암 표현 단계도 다르게 나타난다. 1번 사진과 같이 맑은 날에 촬영한 화면은 콘트라스트 비가 강하지만 전반적으로 밝고 화사하게 보이므로 심리적으로는 명랑한 느낌을 준다. 2번 사진과 같이 흐린 날에 촬영한 화면은 콘트라스트 비가 약하지만 전반적으로 어둡고 칙칙하게 보이므로 심리적으로는 우울한 느낌을 준다.

그림 8-1 맑은 날 촬영(1), 흐린 날 촬영(2)

카메라로 촬영할 때 빛은 물체에서 반사되어 렌즈를 통해 카메라로 들어와 이미지 센서에서 집광되어 영상으로 만들어지고, 다양한 방식의 디스플레이 장치에서 재현되면 사람의 눈으로 보게 된다. 그 과정에 카메라가 양질의 영상을 촬영할 수 있게 빛을 효과적으로 이용하거나, 빛의 양이 부족해 카메라가 영상을 촬영할 수 없으면 촬영용 라이트를 비추며 보충해준다. 이때 빛의 종류·기능·특징 등을 잘 이해하고 목적에 따라 통제하고 조절하는 것을 **조명**이라 한다.

다음 3장의 사진은 동일 조건에서 노출 수치를 각각 다르게 설정하고 촬영한 것이다. 1번 사진은 창밖의 실외에 노출을 맞춰 실내가 어둡게 보인다. 2번 사진은 실내에 있는 침대에 노출을 맞춰 창밖으로 보이는 실외가 과도하게 밝아 보인다. 3번 사진은 실외는 적정 노출보다 조금 밝고 실내는 적정 노출보다 조금 어둡게 맞추어, 실내는 조금 밝아 보이고 실내는 조금 어두워 보인다. 이와 같은 환경에서 촬영할 때는 창밖으로 보이는 실외에 노출을 맞추고 실내는 촬영용 라이트를 비추면서 실외와 실내의 노출 차이를 줄여주는 것이 촬영의 기본이다. 참고로 3번 사진과 같이 노출을 맞추는 방식은 촬영용 라이트를 비추지 않을 때 흔하게 사용한다.

그림 8-2 창밖에 노출을 맞춤(1), 실내에 노출을 맞춤(2), 실외는 조금 밝게 실내는 조금 어둡게 노출을 맞춤(3)

일상에서 빛은 사람의 시각이 사물을 구별할 수 있게 하는 사실적 표현 기능, 시선을 유도하며 주 피사체를 강조하는 기능, 밝고 어둠을 통해 입체감·원근감을 표현하는 기능, 비추는 위치와 각도 차이에 따라 각각 다르게 나타나는 그림자에 의한 시간·질감 표현 기능, 색상 차이로 나타나는 감성 표현 기능 등이 있다.

카메라로 영상을 촬영할 때도 빛의 다양한 기능을 깊이 있게 이해하고 응용하는 방법에 따라 피사체가 강조·약화되거나, 입체감·원근감·질감·분위기·시간 표현 기능 등이 달라진다.

다음 2장의 그림은 밝기 차이에 의해 특정 부분이 시각적으로 강조·약화되는 것을 보여주는 예이다. 1번 그림에서는 검은색 원의 밝기가 서로 같지만 배경과의 밝기 차이에 의한 대비효과로 우측 원이 더욱 강조되는 현상이 나타난다. 2번 그림에서는 배경의 밝기가 서로 같지만 우측 원이 더 밝아서 우측 원이 더욱 강조되는 현상이 나타난다.

이와 같은 현상들이 나타나는 것은 사람의 시각(눈)이 어두운 부분보다 밝은 부분을 먼저 바라보는 특성이 있기 때문이다. 이와 같은 원리는 카메라로 영상을 촬영하면서 인공조명을 하거나 화면의 구도를 잡을 때 매우 흔하게 응용된다(사람의 눈 항목 참고).

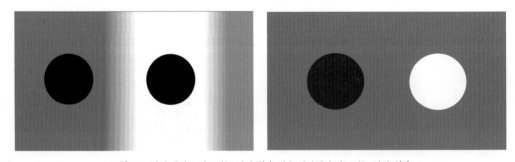

그림 8-3 밝기 대비로 강조되는 이미지(1), 밝은 피사체가 강조되는 이미지(2)

다음 2장의 사진은 어두운 공간에서 각 피사체에 인공조명을 비춘 것이다. 조명을 비추면 피사체가 밝아져 사람의 시각이 먼저 바라보게 되므로 강조된다.

그림 8-4 인공조명에 의한 피사체 강조의 예(1·2)

다음 2장의 사진도 밝은 부분과 어두운 부분이 동시에 보이지만 밝은 부분이 강조되며 주제가 되는 것을 볼 수 있다.

그림 8-5 밝은 부분이 강조되며 주제가 되는 예(1·2)

다음 1·2·3번 그림은 평면 위에 그려져 있지만, 밝은 부분은 앞으로 튀어나와 보이고 어두운 부분은 뒤로 들어가 보이면서 입체감이 표현되는 예이다. 이와 같은 현상이 나타나는 것도 사람의 시각이 밝기에 민감하게 반응하는 특성이 있기 때문이다. 다음 4번 사진과 같이 빛이 피사체 좌우상하 등의 측면 방향에서 비추면 그림자에 의해 음각·양각을 인식하게 해준다. 이는 사람의 시각이 일상에서 그림자가 튀어나와 있는 부분의 아래에 생기는 현상에 익숙해져 있기 때문이다.

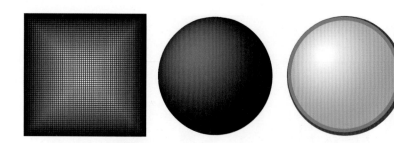

그림 8-6 밝기 차이로 입체감이 표현되는 예(1·2·3), 빛이 측면에서 비추어 질감이 표현되는 예(4)

사람의 시각은 빛의 색상에 따라서도 심리적으로 각각 다른 느낌을 받는다. 예를 들어 붉은색 계열의 빛은 따뜻하고 푸른색 계열의 빛은 차가운 느낌을 받는다. 카메라로 영상을 촬영하면서 인공조명을 할 때도 라이트가 발광하는 빛의 색상과 라이트를 비추는 방법 차이에 따라 심리적으로 안정·불안·슬픔·신비·명랑 등과 같은 감성적 분위기를 표현할 수 있다.

빛이 비추는 각도와 색상 차이가 동시에 나타나면 시간 개념을 표현하기도 한다. 예를 들어 태양광은 새벽에 푸른색이 강하고 해가 뜨고 시간이 지날수록 무색으로 유지되다가 오후가 되면 붉은색이 나타난다. 카메라로 영상을 촬영할 때도 화면 속에 그와 같은 현상들이 나타난다.

다음 1번 사진에서는 유리 창문을 투과해서 들어오는 빛의 각도로 오후라는 시간을 추측할 수 있다. 2·3번 사진에서는 빛이 비추는 각도, 빛의 색상, 그림자 길이 등으로 오후 해질 무렵이라는 것을 알 수 있다. 이른 아침에도 이와 비슷한 현상이 나타난다. 참고로 그림자는 아침·저녁에 길게 나타나고 낮에는 짧게 나타난다(화이트 밸런스, 태양광의 변화 항목 참고).

그림 8-7 오후에 태양광을 이용해 촬영(1), 해질 무렵 역광 촬영(2), 해질 무렵 순광 촬영(3)

1-1 비추는 위치와 각도 차이에 따른 빛의 종류

야외에서 촬영할 때 태양광은 시간이 지남에 따라 비추는 각도와 높이가 달라지면서 순광·측광·역광 등으로 변화함으로 영상이 표현하는 느낌도 달라진다. 다음 그림은 카메라와 피사체를 기준으로 순광·측광·역광 등이 비추는 위치를 설명하는 것이다.

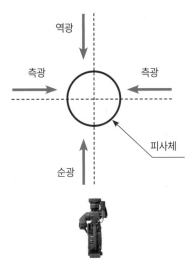

그림 8-8 순광·측광·역광 등이 비추는 위치

1-1-1 순광

순광은 촬영하는 사람이 피사체를 바라보는 것과 같은 방향에서 비추는 것이다. 순광을 이용해 촬영하면 빛이 전체적으로 골고루 비춘다는 것이 장점이지만, 화면이 평면적으로 보이며 입체감을 잘 표현하지 못한다는 것이 단점이다. 참고로 야외에서 인터뷰 촬영을 할 때 강하게 비추는 태양광을 순광으로 사용하면 눈부심 현상이 나타나 인물의 얼굴표정이 자연스럽지 못하다.

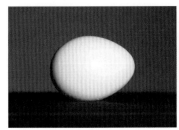  

그림 8-9 순광을 이용해 촬영한 이미지(1·2·3)

1-1-2 측광

측광은 피사체의 좌우 측면 방향에서 비추는 것이며, 비추는 높이와 각도 차이로 피사체에 나타나는 그림자의 길이가 달라지고 밝기 차이에 따라 그림자의 농도가 달라진다. 측광을 이용해 촬영하면 그림자에 의해 피사체의 입체감·질감이 잘 살아나는 것이 장점이지만, 빛이 비추는 곳과 그림자 부분의 밝기 차이가 커서 콘트라스트 비가 강한 화면으로 표현된다는 것이 단점이다.

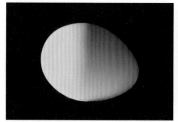  

그림 8-10 측광을 이용해 촬영한 이미지(1·2·3)

1-1-3 역광

역광은 피사체 뒤에서 비추는 것이다. 역광을 이용해 촬영하면 주 피사체가 배경과 분리되므로 깊이감·입체감이 잘 표현되지만, 빛이 비추는 부분과 비추지 않는 부분의 밝기 차이가 크다는 것이 단점이다.

그림 8-11 역광을 이용해 촬영한 이미지(1·2·3)

1-1-4 역광·측광으로 인물을 촬영할 때 보조광을 사용하는 목적

다음 1번 사진은 석양을 강조하기 위해 의도적으로 역광을 이용해 촬영한 것이다. 배경으로 보이는 밝은 부분에 노출을 맞추어 석양이 강조되고 어두워 보이는 인물도 명암 대비에 의해 매우 잘 강조된다.

2번 사진도 역광을 이용해 밝은 하늘 배경에 노출을 맞추고 인물은 어두워 보이게 촬영한 것이지만, 특별한 의도와 목적이 없어보이므로 인물과 배경이 모두 강조되지 않는다. 따라서 이와 같은 방식은 사용하지 않는다. 어쩔 수 없이 촬영해야 할 때 인공조명을 비추거나 조명보조 기구를 사용해 어두운 인물이 밝게 보이도록 보정하면 얼굴 표정이 잘 보이므로 인물이 강조된다.

그림 8-12 의도적으로 역광을 이용해 촬영한 장면(1), 역광을 잘못 이용해 촬영한 장면(2)

다음 1번 사진은 의도적으로 역광을 이용해 인물을 촬영한 것이지만, 인물에 인공조명을 비추어 인물과 배경의 노출이 모두 잘 맞으면서 얼굴 표정이 잘 보이므로 인물이 강조된다. 2번 사진도 동일 조건에서 의도적으로 역광을 이용해 인물을 촬영한 것이다. 배경은 노출이 잘 맞지만 인공조명을 비추지 않아서 인물은 전체적으로 어둡게 보이면서 얼굴 표정이 잘 보이지 않으므로 1번 사진에 비해 인물이 잘 강조되지 않는다.

그림 8-13 역광 촬영 시 보조광을 사용한 이미지(1), 역광 촬영 시 보조광을 사용하지 않은 이미지(2)

측광을 이용해 인물을 촬영할 때도, 빛이 비추는 밝은 부분은 얼굴 표정이 잘 보이지만 그림자가 진 부분은 어두워서 얼굴 표정이 잘 보이지 않는다. 이때 어두운 부분을 밝게 보정해주면 얼굴 표정이 잘 보이므로 인물이 강조된다.

다음 사진은 야외에서 역광·측광을 이용해 인물을 촬영할 때 어두운 부분에 햇빛을 반사시키며 노출을 보정하기 위해 반사판(리플렉터reflector, 레프ref)을 사용하는 모습이다. 반사판은 빛의 반사율이 높은 은박지, 흰색 천, 화이트보드 등을 사용하는 것이 일반적이다. 반사판 대용으로 인공조명기구(라이트)를 사용하기도 한다(명암 대비 조명 항목 참고).

그림 8-14 노출 보정을 위해 사용하는 반사판(레프)

1-1-5 헐레이션

태양광이나 인공조명 기구가 비추는 환경에서 역광으로 촬영할 때, 빛이 렌즈를 통과하는 과정에 내부에서 반사되어 **헐레이션**halation, 플레어, 고스트 현상 등이 나타나면서 화질을 열화시키고 주 피사체를 바라보는 시선을 빼앗아간다. 따라서 주 피사체가 강조되지 않는다(렌즈 코팅 항목 참고).

다음 2장의 사진은 야외에서 역광을 이용해 촬영한 것이다. 1번 사진은 화면 중앙에 헐레이션이 들어와 건물을 바라보는 시선을 빼앗아 감으로 건물이 강조되지 않는다. 2번 사진은 헐레이션이 제거되어 건물에 시선이 집중되므로 건물이 잘 강조된다.

그림 8-15 헐레이션이 나타난 이미지(1), 헐레이션이 제거된 이미지(2)

다음 2장의 사진은 실내에서 인공조명을 비추며 인물을 역광으로 촬영한 것이다. 1번 사진은 헐레이션이 들어와 화면이 뿌옇게 보이며 인물을 바라보는 시선을 빼앗아 감으로 인물이 강조되지 않는다. 2번 사진은 헐레이션을 제거하고 촬영해 인물이 잘 강조된다.

그림 8-16 헐레이션이 나타난 이미지(1), 헐레이션이 제거된 이미지(2)

헐레이션을 제거할 때는 검은색, 흰색 천으로 만든 조명 보조기구인 **고보**gobo나, 렌즈 액세서리의 일종인 **매트 박스**matte box, 후드hood 등을 주로 이용한다.

그림 8-17 고보를 사용해 헐레이션을 제거하는 모습(1·2), 고보(3)

다음 1번 사진에서 빨간 사각형으로 표시한 것은 렌즈에 매트 박스를 장착한 것이다. 이 장치는 렌즈에 다양한 종류의 필터를 장착할 때도 사용한다. 2번 사진에서 빨간 사각형으로 표시한 것은 렌즈 후드이다.

그림 8-18 매트 박스(1), 렌즈 후드(2)

SECTION 02 조명 방법과 조명기구의 종류

카메라로 영상을 촬영할 때, 밝고 어두움의 차이가 매우 심하거나 빛의 양이 부족해 촬영이 불가능하면 노출 차이를 좁히거나 카메라가 촬영할 수 있는 밝기로 보정하기 위해 촬영용 라이트를 비추며 인공조명을 한다.

인공조명을 하면 촬영되는 화면 속에 분위기·입체감·질감 등이 잘 표현되므로 주 피사체가 강조되지만, 인공조명을 잘못 사용하면 인공적인 분위기에 의해 사실적이지 못하고 부자연스러운 느낌을 줄 수 있다. 따라서 인공적인 것이 가미된 느낌을 최대한 줄이면서도 카메라가 적절한 밝기와 콘트라스트를 표현할 수 있고, 시각적으로 자연스럽게 보이도록 조명하는 것이 가장 이상적이다.

인공조명을 할 때, 라이트를 사용하는 수와 라이트가 발광하는 빛의 양 차이에 의해 나타나는 밝기, 라이트를 비추는 각도와 높이 차이로 달라지는 그림자의 길이, 라이트가 발광하는 빛의 색상 차이 등을 동시에 혼합해 사용하면, 밤·낮, 아침·저녁, 밝은 날·흐린 날, 계절 등을 표현할 수 있다. 예를 들어 밤은 주 피사체 배경을 부분적으로 조명하면서 콘트라스트 대비를 강하게 하고 그림자는 진하게 표현한다. 야간에 실내와 실외가 동시에 보이면 실내를 실외보다 밝게 조명한다. 주간에 실내와 실외가 동시에 보이면 실외를 실내보다 밝게 조명한다. 맑은 날 야외는 콘트라스트 대비가 강하게, 흐린 날 야외는 콘트라스트 대비가 약하게 나타나도록 조명한다. 봄은 콘트라스트 대비를 부드럽게, 여름은 콘트라스트 대비가 강하게 나타나도록 조명한다. 참고로 역사적인 내용을 다루는 드라마나 영화를 촬영할 때 촛불을 사용하던 시대는 촛불이 비추는 각도와 밝기로 조명해야 사실적으로 표현된다.

다양한 조명 방법들의 공통점은 우리가 일상에서 익숙하게 접하는 태양광이나 생활 속 인공조명기구들이 비추는 특성과 분위기를 살리면서 인공적인 것이 가미된 느낌을 최대한 줄이고 자연스럽게 보이도록 한다는 것이다.

카메라로 영상을 촬영할 때 이용하는 빛은 크게 자연광·인공광으로 분류되지만, 둘 모두 빛이 피사체에 도달하는 과정에 따라 직접·간접 조명으로 나누어진다. 그 외에도 명암 대비, 밝기, 비추는 높이 차이 등을 이용하는 매우 다양한 조명 방법이 있다.

2-1-1 직접조명

직접조명은 빛을 피사체에 직접 비추는 것이다. 맑은 날의 태양광도 직접조명이다. 인공조명 기구로 조명할 때는 다음 1번 그림과 같이 라이트를 피사체에 직접 비추는 것이다. 직접조명을 이용해 촬영하면 진한 그림자가 나타나므로 콘트라스트 대비가 강하고 질감이 거칠게 표현된다는 것이 단점이다.

다음 2번 사진에서는 직접조명으로 인물을 촬영해 얼굴에 진한 그림자가 나타나면서 콘트라스트 대비가 강한 화면으로 표현되는 것을 볼 수 있다. 이와 같은 방식으로 인물을 촬영하는 것은 가급적 피하는 것이 좋다.

그림 8-19 직접조명 방식(1), 태양광을 직접조명으로 이용해 촬영한 이미지(2)

2-1-2 간접조명

간접조명은 빛이 투과·반사 과정에 확산되는 산란광을 비추는 방식이므로, 피사체에 나타나는 그림자의 농도가 연해 콘트라스트 대비가 약하고 질감이 부드럽게 표현되어, 화면이 전체적으로 부드럽게 보인다는 것이 특징이자 장점이다. 예를 들어 흐린 날 태양광이 구름을 투과하는 과정에 산란광으로 변해 피사체를 비추는 것도 간접조명이다. 태양광이 강하게 비추는 맑은 날 간접조명 방법은, 다음 1번 사진과 같이 인물의 머리 위에 확산 필터의 일종인 흰색 천을 치고 태양광이 흰색 천을 투과하는 과정에 산란광으로 변하는 것을 이용하는 것이다. 간접조명을 이용해 인물을 촬영하면 화면이 부드럽게 표현되므로 영화·드라마 촬영에서 사용빈도가 매우 높다.

그림 8-20 맑은 날 야외촬영에서 확산 필터를 사용하는 간접조명 방식(1), 간접조명으로 인물을 촬영한 예(2)

인공조명 기구를 사용하는 간접조명 방법은 다양하다. 다음 1번 그림은 화이트 계열의 반사판에 라이트를 비추고 반사판에서 반사되는 과정에 산란되는 산란광을 피사체에 비추는 방식이다. 2번 그림은 라이트와 피사체 사이에 확산 필터(흰색 천, 흰색 유산지)를 설치하고 빛이 필터를 투과하는 과정에 산란광으로 변환되어 비추게 하는 방식이다.

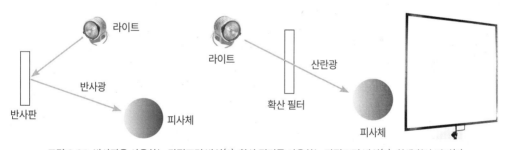

그림 8-21 반사판을 사용하는 간접조명 방식(1), 확산 필터를 사용하는 간접조명 방식(2), 흰색 확산 필터(3)

다음 2장의 사진은 바로 위에서 설명한 2번 그림과 같은 방식으로 조명한 것이다. 이때 확산 필터의 두께가 두꺼울수록 빛이 투과되는 양은 적고 산란되는 양이 많다. 반대로 확산 필터의 두께가 얇을수록 빛이 투과되는 양이 많고 산란되는 양은 적다.

그림 8-22 빛이 확산 필터를 투과하며 산란되는 모습(1), 확산 필터를 사용하는 간접조명 방식(2)

다음 2장의 사진은 라이트 앞에 확산 필터를 장착한 다음 라이트가 발광하는 빛이 필터를 투과하는 과정에 산란되는 특성을 이용해 간접조명을 하는 것이다. 이 방식도 확산 필터가 두꺼울수록 빛이 산란되는 양은 많고 투과되는 양은 적다. 확산 필터가 얇을수록 빛이 산란되는 양은 적고 투과되는 양은 많다.

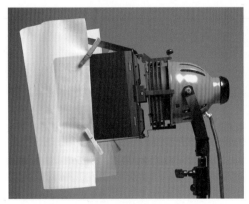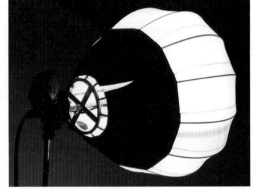

그림 8-23 라이트 앞에 유산지를 장착하는 간접조명 방식(1), 라이트 앞에 흰색 천을 장착하는 간접조명 방식(2)

2-1-3 명암 대비 조명

카메라로 영상을 촬영하면서 피사체에 라이트를 비추면 밝은 부분과 그림자에 의해 어두운 지역으로 구분되며 명암 대비 현상이 나타난다. 이때 라이트를 비추는 높이·각도·과정·거리 등에 변화를 주면 빛이 비추는 범위, 그림자의 길이와 농도 등이 달라지며 명암 대비 현상도 변화한다. 이와 같은 원리를 이용해 조명하는 것을 **렘브란트**rembrandt, **카메오**cameo 조명이라 한다. 이 용어는 네덜란드의 화가 렘브란트의 이름에서 유래된 것이지만 실제 제작 현장에서는 잘 사용하지 않는다. 참고로 렘브란트는 자화상을 그릴 때 인물을 극적으로 강조하기 위해 강한 명암 대비를 사용했다.

렘브란트, 카메오 조명 방식을 응용해 인물을 조명할 때는 인물 측면 45° 방향의 120~150° 높이에서 라이트를 비추므로, 뚜렷하게 나타나는 그림자에 의해 입체감이 잘 표현되고 배경이 어두워서 인물에 시선이 집중되며 강조된다.

그림 8-24 렘브란트의 자화상(1), 렘브란트, 카메오 조명 방식을 응용한 예(2·3·4)

① 강한·약한 대비 조명

실제 제작 현장에서 흔하게 사용하는 명암 대비 조명 방식은 그림자의 농도 차이를 이용하는 강한·약한 대비로 나누어진다. 두 가지 조명 방식의 차이는 주광과 보조광의 밝기 비율, 직접·간접조명 방식 등에 의해 결정된다.

강한 대비 조명은 직접조명 방식을 사용한다. 다음 1번 사진은 강한 빛이 피사체를 직접 비추므로 그림자가 진하게 나타나며 명암 대비가 강하다. 이 방식은 밝고 어두운 부분의 차이가 매우 커서 극적 긴장감이 잘 나타나므로 심리적으로 강한 자극을 주는 분위기를 표현할 때 주로 사용한다.

약한 대비 조명은 간접조명 방식을 사용한다. 다음 2번 사진은 부드러운 빛이 피사체를 비추므로 그림자가 연하게 나타나며 밝고 어두운 부분의 차이가 크지 않아서 명암 대비가 약하다. 이 방식은 화면이 전반적으로 부드럽게 보여 심리적으로 포근하고 로맨틱한 분위기를 표현할 때 주로 사용한다.

그림 8-25 강한 대비 조명 방법(1), 약한 대비 조명 방법(2)

다음 3장의 사진은 약한 대비 조명 방법을 구체적으로 설명한 것이다. 1번 사진에서 중앙에 보이는 화이트 판은 라이트가 비추는 빛을 반사시키는 목적으로 사용한다. 2번 사진은 인물의 얼굴 좌측에 그림자가 진하게 나타나므로 명암 대비가 강하다. 3번 사진은 화이트 판에 반사된 빛(반사광·산란광)이 얼굴 좌측에 나타난 그림자 부분을 비추어 그림자의 농도가 연해지며 명암 대비가 약해진 것이다.

그림 8-26 반사판으로 빛을 반사시키는 모습(1), 그림자의 농도가 진함(2), 그림자의 농도가 연해짐(3)

② 실루엣 조명

실루엣silhouette 조명은 라이트를 피사체 뒤에서 비추어 명암 대비가 매우 강하고 피사체의 윤곽이 잘 강조되므로 신비롭고 로맨틱한 분위기를 표현할 때 주로 사용한다. TV 방송에서는 신분 노출을 방지하기 위한 목적으로도 사용한다.

그림 8-27 실루엣 조명의 예(1·2)

2-1-4 밝기 차이에 따른 조명 방법

카메라로 촬영되는 화면의 전체적인 밝기에 따라 하이·미디엄·로우 키 조명 등으로 분류되며, 대부분 명암 대비, 직접·간접 조명 방식 등을 혼합해 사용한다.

① 하이 키 조명

하이 키 조명high key lighting은 피사체 정면 높은 곳에서 라이트를 비춘다. 이 방식은 촬영되는 화면이 낮과 같이 전체적으로 밝게 보여 즐겁고 행복한 감정을 표현할 때 주로 사용한다. 사용할 수 있는 라이트 수가 작을 때 효과적인 조명 방법이다.

② 미디엄 키 조명

미디엄 키 조명medium key lighting, soft key tone lighting은 밝고 어두운 곳의 차이가 나타나지 않도록 라이트를 비춘다. 이 방식은 촬영되는 화면도 특별히 강조되는 부분이 없어서 일상적인 생활공간과 같은 분위기를 표현할 때 주로 사용한다.

③ 로우 키 조명

로우 키 조명low key lighting은 밤과 같이 전체적으로 어둡게 라이트를 비춘다. 이 방식은 심리적으로 긴장감을 주고 무거운 분위기를 표현할 때 주로 사용한다.

그림 8-28 하이 키 조명 방법(1), 미디엄 키 조명 방법(2), 로우 키 조명 방법(3)

2-1-5 비추는 높이에 따른 조명 방법

피사체를 비추는 라이트의 높이에 따라 하이·로우 앵글 조명으로 분류된다.

① 하이 앵글 조명

하이 앵글high angle 조명은 태양광과 같이 라이트를 높은 곳에 설치하고 피사체를 향해 아래로 비추는 것이다. 이 방식은 일상에서 흔하게 경험하므로 순방향이라 한다. 촬영된 화면을 바라보는 시청자들은 시각적으로 자연스럽게 보여 심리적으로 안정감을 느낀다는 것이 장점이지만, 피사체에 나타나는 그림자의 농도가 진해 명암 대비가 강하고 질감이 거칠게 보인다는 것이 단점이다.

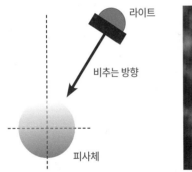

그림 8-29 하이 앵글 조명 방식(1), 태양광을 이용해 촬영한 사진(2)

② 로우 앵글 조명

로우 앵글low angle 조명은 라이트를 피사체보다 낮은 곳에 설치하고 피사체를 향해 위쪽으로 비추는 것이다. 이 방식은 일상에서 흔하게 경험하는 것과 반대이므로 역방향이다. 촬영된 화면을 바라보는 시청자들은 시각적으로 자연스럽지 않아서 심리적으로 불안감을 느끼게 된다. 영화나 드라마에서는 심리적으로 공포감을 극대화시키기 위해 블루 컬러를 함께 사용하기도 한다.

그림 8-30 로우 앵글 조명 방식(1), 로우 앵글 조명과 블루 컬러를 함께 사용함(2)

2-2 인물조명 방법

인물을 촬영할 때 라이트를 비추면 시각적으로 인물이 돋보이며 강조되는 효과가 나타난다. 특히, 산란광을 이용하는 간접조명 방식을 사용하면 인물의 피부색과 얼굴 표정이 자연스럽고 화면이 부드럽게 보이는 양질의 영상으로 촬영된다. 인물을 조명할 때는 주광·보조광·역광 등을 동시에 비추는 것이 기본이다. 이때 각각 빛의 밝기 비율은 일반적으로 주광 1, 보조광 0.8, 역광 1.2를 사용하지만 목적과 상황에 따라 비율을 조절하기도 한다.

다음 2장의 이미지는 인물을 촬영하는 카메라를 기준으로 주광·보조광·역광 등을 비추는 위치와 범위를 설명한 것이다.

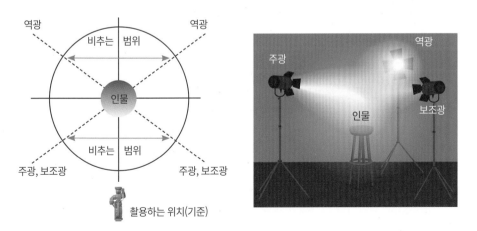

그림 8-31 주광·보조광·역광을 비추는 위치와 범위 평면도(1), 주광·보조광·역광을 비추는 입체도(2)

주광을 비추는 목적은 인물의 전체적인 모습이나 얼굴 표정이 잘 보이게 하는 것이다. 대부분의 경우 인물 정면 좌우 15~45° 위치의 높은 곳에서 인물을 향해 아래로 비추므로 얼굴에 진한 그림자가 나타난다. **보조광**은 주광에 의해 나타나는 진한 그림자의 농도를 연하게 조절하는 역할을 한다. 비추는 위치는 주광을 기준으로 좌·우로 약 90°이며 현장의 환경과 목적에 따라 변화를 줄 수도 있다. 비추는 높이는 주광과 같다. **역광**은 인물 뒤에서 인물을 향해 비추는 것이다. 인물의 윤곽이 살아나면서 배경과 분리되므로 인물이 강조되고 공간의 깊이감이 잘 표현된다. 공간이 넓은 방송국 내부 스튜디오에서 촬영할 때는 인물 뒤쪽 높은 곳에서 비추므로 헐레이션이 나타나지 않는다. 공간이 좁은 일상적인 생활공간 속에서 비출 때는 헐레이션이 나타날 수 있으므로 주광의 반대쪽 120~150° 높이에서 비추는 것이 일반적이다. 참고로 역광과 비슷한 용도로 사용하는 **키커 라이트**kicker light는 인물 후방 측면에서 머리와 얼굴 측면을 비추므로 3/4백라이트back light라고도 한다.

다음 3장의 사진은 인물조명에서 주광·보조광·역광 등의 기능을 각각 보여주는 것이다. 참고로 라이트가 1대만 있으면 주광, 2대가 있으면 주광·역광, 3대가 있으면 주광·보조광·역광 등으로 사용하는 것이 효과적이다.

그림 8-32 주광만 사용(1), 주광·역광 동시 사용(2), 주광·보조광·역광 동시 사용(3)

2-2-1 라이트 4대를 동시에 사용하는 인터뷰 조명 방법

라이트 3대를 사용할 때와 차이점은 인물 뒤쪽의 배경에도 라이트를 비춘다는 것이다. 이때 배경의 밝기가 인물에 비해 약 1~2스톱 정도 어두우면 인물이 잘 강조된다. 배경의 밝기는 프로그램의 종류와 내용에 따라 다르지만, 밝기를 조절할 때는 라이트 자체의 광량을 조절하거나 라이트 앞에 ND·확산 필터 등을 장착하는 방식을 사용한다.

주광을 비추는 위치는 다음 1번 그림에서와 같이 인터뷰를 진행하는 질문자의 위치에 따라 결정하는 것이 일반적이다. 질문자가 카메라 우측에 위치하면 질문자 우측 45° 위치에서 비춘다. 반대로,

질문자가 카메라가 좌측에 위치하면 질문자 좌측 45° 위치에서 비춘다. 주광의 위치에 따라 보조광·역광을 비추는 위치가 결정된다.

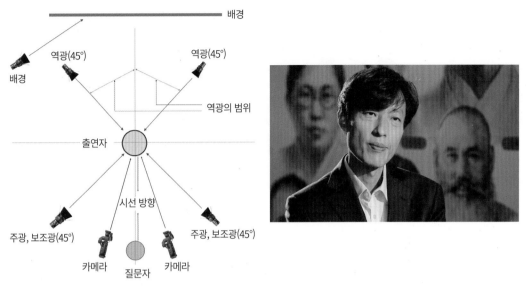

그림 8-33 라이트 4대를 사용하는 인터뷰 조명 방법(1), 배경을 인물보다 어둡게 조명한 예(2)

2-2-2 두 사람 인터뷰 조명 방법

두 사람 조명 방법은 여러 가지가 있지만, 라이트를 비출 때 나타나는 그림자가 인물에 겹치지 않도록 라이트의 방향·위치·높이 등을 잘 선택해야 한다는 것이 공통점이다. 다음은 카메라 3대와 라이트 3~5대를 동시에 사용하면서 두 사람을 인터뷰하는 일반적인 방법들을 설명한 예다.

① 라이트 3대를 동시에 사용하는 방법

다음 그림과 같은 조명 방법은, 각각 인물에 주광을 비추고 중앙에 위치하는 라이트는 보조광으로 사용하며, 라이트 3대가 카메라가 사용하는 이미지너리 라인imaginary line과 같은 쪽에 있다는 것이 특징이다(이미지너리 라인 항목 참고).

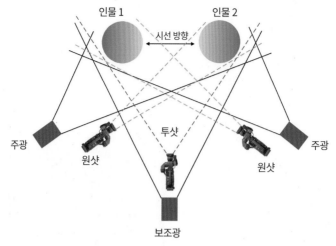

인물 1　　인물 2

시선 방향

투샷

주광　　원샷　　　　　원샷　　주광

보조광

그림 8-34 라이트 3대로 두 사람을 조명할 때 라이트 배치 방법

② 라이트 4대를 동시에 사용하는 방법

다음 그림과 같은 조명 방법은 라이트 2대를 카메라가 사용하는 이미지너리 라인의 반대편에 설치한 다음 주광·역광의 기능을 동시에 수행하게 하고, 보조광으로 사용하는 2대의 라이트는 카메라가 사용하는 이미지너리 라인과 같은 쪽에 설치한다는 것이 특징이다. 이 방식은 주광·역광에 의한 헐레이션이 카메라로 들어오지 않도록 주의해야 한다.

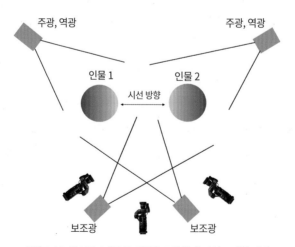

주광, 역광　　　　　주광, 역광

인물 1　　인물 2

시선 방향

보조광　　　보조광

그림 8-35 라이트 4대로 두 사람을 조명할 때 라이트 배치 방법

③ 라이트 5대를 동시에 사용하는 방법

다음 그림과 같은 조명 방법은 라이트 5대를 카메라가 사용하는 이미지너리 라인과 같은 쪽에 설치하면서 라이트 3대는 주광·보조광으로 사용하고, 라이트 2대는 역광으로 사용한다는 것이 특징이다.

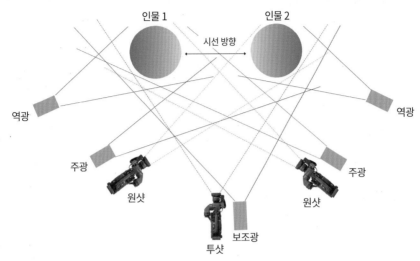

그림 8-36 라이트 5대로 두 사람을 조명할 때 라이트 배치 방법

2-2-3 조명의 시각적 연속성

인공조명을 비추고 카메라의 위치를 이동시키며 다양한 크기의 화면들을 연속적으로 촬영할 때 주 피사체와 배경의 밝기, 빛이 비추는 각도·방향·색상 등이 시각적으로 차이나지 않도록 연속적으로 통일시켜주는 것을 조명의 연속성이라 한다.

다음 2장의 사진은 카메라가 서로 다른 위치에서 촬영한 것이지만, 조명이 비추는 각도·방향·밝기·색상 등이 서로 일치하면서 시각적 연속성이 유지되므로 시청자들에게 같은 공간에서 연속적으로 이루어지는 행위라는 것을 느끼게 한다. 시각적으로 연속성이 유지되지 않으면 시청자들은 부자연스럽게 보여서 어색하게 받아들인다.

그림 8-37 조명의 시각적 연속성 유지의 예(1·2)

2·3 조명용 라이트의 종류와 필터

인공조명용 라이트는 발광하는 빛의 색상에 따라 텅스텐·데이 라이트, 빛이 비추는 범위에 따라 스포트·플러드 라이트 등으로 분류된다. 라이트가 발광하는 빛의 양을 나타내는 단위는 와트(W)·킬로와트(Kw)를 사용하고, 빛의 색상을 나타내는 단위는 켈빈도(K : 색온도)를 사용한다.

2-3-1 텅스텐 라이트

텅스텐 라이트tungsten light가 발광하는 빛은 사람의 눈에 노란색으로 보이며 기준 색온도는 3,200K이다. 램프 내부에서 빛을 발광하는 필라멘트를 만드는 소재는 할로겐·텅스텐이다. 이 라이트는 방송국 스튜디오, 야간의 야외촬영, 실내에서 진행되는 각종 공연(패션 쇼·콘서트·연극무대) 등을 조명할 때 주로 사용한다. 다음 사진들과 같이 실내이지만 자연광이 들어오지 않고 텅스텐 라이트와 비슷한 색상의 빛을 발광하는 조명이 주광으로 비추는 환경이면, 촬영을 위해 추가로 사용하는 인공조명도 텅스텐 라이트를 사용한다.

그림 8-38 텅스텐 계열의 라이트가 주광으로 비추는 환경의 예(1·2)

2-3-2 데이 라이트

데이 라이트^{day light}는 태양광과 비슷한 색상의 빛을 발광하므로 사람의 눈에는 무색으로 보이고 기준 색온도는 5,600K이다. 500W·1·2·3KW 등과 같이 광량이 풍부한 것이 장점이며, 빛을 발광하는 방식과 램프에 따라 여러 종류로 나누어진다.

다음 사진들과 같이 실내이지만 태양광이 주광으로 비추는 환경이면, 촬영을 위해 추가로 비추는 인공조명도 태양광과 비슷한 색상의 빛을 발광하는 데이 라이트를 사용한다. 일상에서 흔하게 사용하는 형광등이 주광으로 비추는 환경에서도 데이 라이트로 조명한다. 태양광이 비추는 야외촬영도 데이 라이트로 조명한다.

그림 8-39 태양광이 주광으로 비추는 환경의 예(1·2)

위에서 설명한 바와 같이 인공조명을 할 때는 현장을 비추는 주광과 같은 색상의 빛을 발광하는 라이트를 사용해야 정상적인 컬러로 촬영된다. 예를 들어 창문을 통해 태양광이 들어오는 실내에서 텅스텐 라이트를 비추고 카메라의 화이트 밸런스를 텅스텐 라이트에 맞추고 촬영하면, 태양광이 비추는 지역은 푸른색으로 보이고 텅스텐 라이트가 비추는 지역은 정상적인 색으로 표현된다. 반대로, 태양광에 화이트 밸런스를 맞추고 촬영하면 태양광이 비추는 지역은 정상적인 색으로 표현되고 텅스텐 라이트가 비추는 지역은 노란색으로 표현된다. 이와 같은 현상들이 나타나는 이유는 태양광과 텅스텐 라이트가 발광하는 빛의 색온도가 다르기 때문이다.

2-3-3 엘이디 라이트

엘이디 라이트^{led light}는 색온도를 조절하면서 텅스텐·데이 라이트 겸용으로 사용할 수 있다. 장점은 열이 발생하지 않고 전력 소비량이 작으면서도 풍부한 양의 빛을 발광한다는 것이다. TV 방송국 스튜디오에서 베이스 라이트로 사용하는 경우가 많다. 야외촬영에서도 흔하게 사용한다.

2-3-4 빛을 비추는 범위 차이에 따른 라이트의 분류

라이트의 종류와 구조에 따라 빛을 비추는 범위가 다르다. 빛이 비추는 범위가 좁은 것을 스포트라이트, 빛이 비추는 범위가 넓은 것을 플러드라이트라 한다.

다음 1번 사진은 스포트라이트이고, 2·3번 사진들은 플러드라이트이다. 좌에서 우측으로 나열한 순서대로 HMI라이트(5,600K), 형광라이트(4,200K), LED라이트(켈빈조정)이다.

그림 8-40 스포트라이트(1), 플러드라이트(2·3)

① 스포트라이트

스포트라이트spot light는 주로 야간의 야외촬영에서 인물·나무·건물 등을 조명할 때 흔하게 사용하며, 램프가 빛을 발광하는 양에 따라 500W·1KW·2KW 등 종류가 매우 다양하다. 램프 주변에 설치된 리플렉터reflector는 램프가 발광하는 빛을 반사시킨다. 램프 앞쪽에 장착된 **프레넬**fresnel 렌즈는 한쪽은 평면이고 다른 쪽은 여러 개의 동그라미가 띠 모양을 이루며 굴곡진 면 형태로 되어 있어, 램프가 발광하는 빛을 투과시키는 과정에 균일하게 분산시키며 산란광으로 변환되게 한다. 렌즈를 만드는 소재는 유리다.

그림 8-41 스포트라이트의 구조(1), 램프와 주변의 리플렉터(2), 라이트 앞쪽의 프레넬 렌즈(3)

스포트라이트는 다음 그림들과 같이 라이트 내부에서 램프의 위치를 앞뒤로 움직이면서 빛이 비추는 범위를 조절한다.

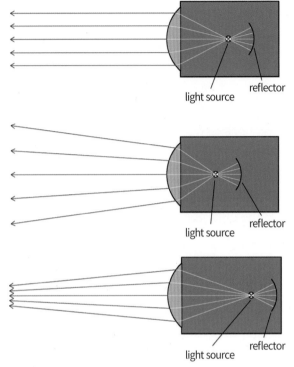

그림 8-42 램프가 중앙에 위치(1), 램프가 앞쪽으로 이동해 빛이 비추는 범위가 넓어짐(2),
램프가 뒤쪽으로 이동해 빛이 비추는 범위가 좁아짐(3)

② **플러드라이트**

플러드라이트flood light는 빛이 비추는 범위가 넓다. 방송국 스튜디오에서는 전체적인 밝기를 결정하는 베이스 라이트로 흔하게 사용한다. 라이트 제조사와 구조에 따라 다양한 종류가 있다.

2-3-5 라이트에 사용되는 램프의 종류
인공조명용 라이트 내부에서 빛을 발광하는 램프는 제조사와 제조방식에 따라 종류가 매우 다양하지만 흔하게 사용되는 램프들을 중심으로 특성을 간략히 소개하겠다.

① 할로겐 램프

할로겐 램프^{halogen lamp}는 진공상태의 유리구 내부에 할로겐 물질을 주입시킨 것이며 3,200K의 빛을 발광한다. 주로 방송국 스튜디오, 자동차 헤드라이트, 무대 조명용 라이트 등에 사용되고, 일상에서는 인테리어 조명으로 사용하기도 한다. 전력 소모가 작고 수명이 다할 때까지 색온도가 변하지 않으며 밝기를 조절할 수 있다는 것이 장점이다. 스포트 라이트에 주로 사용된다.

② 형광 램프

형광 램프는 열이 발생하지 않는다는 것이 장점이며 일상에서도 흔하게 사용한다. 밝기는 조절할 수 없으며 플러드 라이트에 주로 사용된다.

③ 실드 빔 램프

실드 빔 램프^{sealed beam lamp}는 유리구 내벽에 알루미늄 도료를 입혀 반사경을 만들고, 앞쪽에는 줄무늬가 있는 볼록 유리로 밀폐시킨 것이다. 밝기는 조절할 수 없으며 플러드 라이트에 주로 사용된다.

④ 크세논 램프

크세논 램프^{xenon lamp}는 크세논 가스의 아크^{arc} 방전을 이용해 태양광과 비슷한 색상의 빛을 발광한다. 광량이 풍부해 스포트 라이트에 주로 사용된다.

⑤ 메탈 헬라이드 램프

메탈 헬라이드 램프^{metal halide lamp}는 석영으로 만든 발광 관에 수은·아르곤·할로겐 등의 물질을 주입시키고 아크 방전으로 태양광과 비슷한 색상(5,600K)의 빛을 발광한다. 램프 외부를 둘러싸고 있는 유리구 내부는 질소와 같은 불활성 가스를 주입하거나 진공으로 만든다. 스포트 라이트에 주로 사용된다.

⑥ HMI 램프

HMI는 할로겐 금속 요오드화물^{Halogen Metal Iodide}의 머리글자를 딴 용어이며, 램프가 발광하는 빛의 색온도는 태양광과 비슷한 5,600K이다. 풍부한 양의 빛을 발광하고 열이 발생하지 않는 것이 장점이지만, 별도로 사용하는 안정기를 통해 램프를 가열하므로 짧은 점등시간이 소요된다는 것이 단점이다. HMI 램프는 스포트 라이트의 일종인 HMI라이트에 사용되며, 주간에 야외에서 인물을 촬영할 때 주광으로 사용한다. 야간에 야외에서 드라마나 영화를 촬영할 때는 월광(月光)을 표현하는 베이스 라이트로 사용하기도 한다. 라이트의 밝기에 따라 575W, 1.2, 2.5, 4, 6, 8, 12.8KW 등으로 나누어진다.

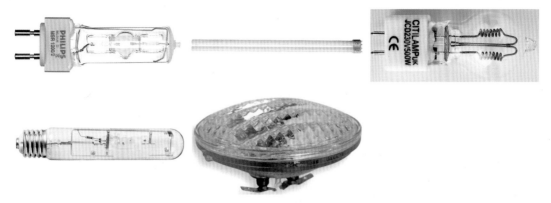

그림 8-43 HMI 램프(1), 형광 램프(2), 할로겐 램프(3), 메탈 헬라이드 램프(4), 실드 빔 램프(5)

2-3-6 조명용 필터

조명용 필터는 라이트 전면에 장착하거나 라이트와 피사체 사이에 별도로 설치하고 사용한다. 종류에는 확산, ND, 컬러(색온도 변환), 이펙트 필터 등이 있다. 제작 현장에서 흔하게 사용하는 브랜드는 리 필터Leefilters, 로스코 필터Rosco Filters 등이 있지만 리 필터 중심으로 소개한다.

① 확산 필터

확산 필터는 간접조명을 할 때 가장 흔하게 사용한다. 필터를 만드는 소재는 흰색 유산지, 흰색 천, 흰색 플라스틱 등이다. 빛이 확산 필터를 투과하는 과정에 산란(확산)광으로 변하지만 색온도는 변하지 않으며, 필터의 농도와 두께에 따라 투과되는 빛의 양과 산란 정도가 달라진다. 예를 들어 유산지의 경우 2장을 겹쳐서 사용하면 1장을 사용할 때보다 빛이 투과되는 양은 감소하지만 산란되는 양이 많으므로, 목적에 따라 한 장을 사용하거나 여러 장을 겹쳐서 사용한다(간접조명 항목 참고).

다음 표는 영국 리 필터Lee Filter 사의 확산 필터 종류와 빛을 투과시키는 양을 나타낸 것이다.

필터 종류	빛 투과율(단위 : %)	노출 변화량(단위 : F-stop)
Full White Diffusion(216)	36	1, 1/2
3/4 White Diffusion(416)	50	1
1/2 White Diffusion(250)	60	0.6
1/4 White Diffusion(251)	80	0.5
1/8 White Diffusion(252)	88	-0.3

표 8-1 조명용 확산 필터의 종류와 빛 투과율 및 노출 변화량

② 색온도 변환 필터

젤라틴 소재로 만든 조명용 색온도 변환 필터는 황갈색(오렌지)·푸른색 계열로 나누어진다. 라이트 앞에 컬러 필터를 장착하면 라이트가 발광하는 빛이 필터를 투과하는 과정에 색온도가 변환된다. 황갈색 필터는 데이 라이트(5,600K)가 발광하는 빛을 텅스텐 라이트(3,200K)로 바꾸어줄 때 사용하고, 푸른색 필터는 그 반대의 때에 사용한다. 이때 컬러 필터의 색상이 진할수록 색온도는 많이 변하지만 투과되는 빛의 양이 줄어든다. 반대로, 컬러 필터의 색상이 연할수록 색온도는 조금 변하지만 투과되는 빛의 양이 증가한다. 필터를 겹쳐서 사용하면 빛이 투과되는 양은 감소하지만 색온도가 변화되는 양은 증가한다.

그림 8-44 앰버 필터(amber filter)(1), 블루 필터(blue filter)(2)

다음 사진들은 방송국 스튜디오에서 예능 프로그램을 제작할 때 라이트 앞에 색온도 변환 필터를 장착하고 빛의 색상을 바꾸어주는 예이다. 참고로 드라마·영화에서는 특별한 감정과 분위기를 연출하기 위해 의도적으로 특정 색을 사용하기도 한다.

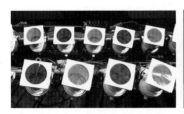

그림 8-45 색온도 변환 필터를 사용해 라이트가 발광하는 빛의 색을 변환시키는 예(1·2·3)

다음 표는 리 필터 사의 블루(C.T.B : color to blue), 오렌지(C.T.O : color to orange) 필터가 라이트의 색온도를 변환시키는 양과 빛 투과율을 나타낸 것이다. 참고로 실제 촬영 현장에서는 색온도 변환 필터를 사용해 라이트가 발광하는 빛의 색상을 변환시키는 방법은 흔하게 사용하지 않고, 대부분은 현장 상황에 맞게 텅스텐·데이 라이트를 선택해 사용한다.

블루(C.T.B) 필터의 종류		텅스텐 라이트를 데이 라이트로 변환(단위 : K)	빛 투과 량(단위 : %)
	281 (Three Qtr)	5,000	45.5
	201. (Full)	5,700	34
	202 1/2(Half)	3,200	4,300	55
	203 1/4(Qtr)	3,600	69
	218 1/8(Eightn)	3,400	81

표 8-2 조명용 C.T.B 필터의 색온도 보정 양과 빛 투과율

오렌지(C.T.O) 필터 번호		데이 라이트를 텅스텐 라이트로 변환(단위 : K)		빛 투과 량(단위 : %)
	287 (double)	6,500	2,147	41
	204. (Full)	6,500		55
	205 1/2(Half)	4,900		71
	206 1/4(Qtr)	4,000	3,200	79
	223 1/8(Eightn)	3,500		85

표 8-3 조명용 C.T.O 필터의 색온도 보정 양과 빛 투과율

③ ND 필터

젤라틴 소재로 만든 조명용 ND^{neutral density} 필터는 검은색 컬러를 사용한다. 라이트 앞에 ND 필터를 장착하면 라이트가 발광하는 빛이 필터를 투과하는 과정에 광량은 줄어들지만 색온도는 변하지 않는다. 필터가 빛을 감소시키는 양에 따라 0.3, 0.6, 0.9, 0.15, 1.2ND 등으로 나누어지지만 상황에 따라 겹쳐서 사용하기도 한다. 예를 들어 실내에서 촬영할 때 창문으로 자연광이 들어오면 실내와 실외의 밝기 차이가 커서 적정 노출로 촬영하기 어렵다. 이때 창문에 ND 필터를 부착하면, 실내로 들어오는 빛의 색온도는 변하지 않고 광량이 줄어들면서 실외와 실내의 밝기(노출)가 비슷하게 조절되므로 적정 노출로 촬영할 수 있다.

다음 표는 리 필터 사의 ND 필터가 빛을 투과하는 비율과 노출을 감소시키는 양을 나타낸 것이다.

ND 필터의 종류	빛 투과율(단위 : %)	노출 감소 양(단위: F-stop)
209. 0.3	50	1
210. 0.6	23.5	2
211. 0.9	13.9	3
298. 0.15	69	1/2
299. 1.2	7	4

표 8-4 조명용 ND 필터의 종류, 빛 투과 율, 노출 보정 양

④ 이펙트 필터

조명용 **이펙트 필터**^{effect filter}는 콘서트·쇼 프로그램 등을 제작할 때 좌우상하 방향으로 움직이는 **이펙트 라이트**^{effect light} 앞에 장착해 빛의 색·모양 등에 변화를 주며 시각적으로 특별한 효과를 표현할 때 주로 사용한다.

그림 8-46 이펙트 라이트(1·2·3)

다음 이미지들은 이펙트 라이트 앞에 장착하고 사용하는 다양한 종류의 이펙트 필터들이다.

그림 8-47 이펙트 필터

참고로 **쿠키**^{cookie}는 라이트 앞에 장착하거나 별도로 설치한 다음 라이트가 발광하는 빛이 필터를 투과하는 과정에 햇빛이나 달빛에 의해 나타나는 창문·구름·나뭇잎 등과 같이 다양한 그림자 효과를 만들 때 사용한다.

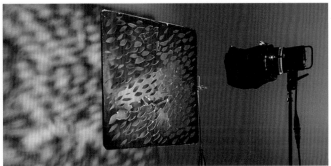

그림 8-48 라이트 앞에 장착하는 쿠키(1), 라이트 앞에 쿠키를 별도로 설치하고 그림자를 만드는 모습(2)

소리

소리는 물체에서 발생한 진동이 액체·기체·고체 등을 통해 퍼져나가는 현상이며 **음파**[1]라고도 한다. 공기가 없는 우주에서는 진동이 전달되지 않으므로 소리가 발생하지 않는다. 인간이 귀로 소리를 들을 수 있는 것은, 물체의 진동이 주위의 공기를 진동시키고 공기의 진동이 귀안의 고막을 진동시키면 고막의 진동이 청각신경을 통해 뇌로 전달되기 때문이다. 이와 같은 과정들을 통해 사람이 귀로 소리를 듣는 것을 **청각**이라 한다.

방송이나 영화에서 사용하는 동영상은 시각을 자극하는 영상(비디오video)과 청각을 자극하는 소리(오디오audio)를 동시에 사용해 시청자들에게 특정의 메시지를 전달한다. 동영상이 만들어지는 과정은 물체에서 반사된 빛이 렌즈를 통과해 이미지 센서에서 집광되면 전압으로 변환되어 영상신호가 만들어지고, 동시에 음원(소리가 나는 근원)에서 발생된 음파가 마이크에 의해 전류로 변환되어 오디오 신호가 만들어진다. 영상신호와 오디오 신호는 데이터 저장장치에 동시에 기록되고, 동영상을 재현하는 디스플레이 장치를 통해 눈으로는 영상을 보고 귀로는 소리를 듣게 된다.

동영상에서 사용되는 소리는 크게 음악·음성·음향 등으로 구성되며, 구체적으로는 자연계와 일상에서 들리는 다양한 현장음과 대화, 인공적으로 만들어내는 배경음악·효과음 등으로 나누어진다. 예를 들어 현장음은 시청자들에게 매우 다양한 메시지를 전달한다. 자동차 소음이 많이 들리면 도시, 파도소리가 들리면 해변이라는 장소를 연상하게 한다. 총·대포 소리 등이 들리면 전쟁터를 떠올리게 하며 특정의 상황을 표현하기도 한다. 부엉이 우는 소리는 밤이라는 시간을 표현하고, 매미가 우는 소리는 여름이라는 계절을 표현한다. 출연자가 하는 말(대화)은 시청자들에게 전개되는 이야기의 내용을 전달하면서 화면에 더욱 집중하게 한다.

---

1   음파란 물체의 진동이 균일하던 공기에 부분적으로 압력 변화를 일으켜서 종파의 형태로 고막을 진동시키는 것이다.

드라마·영화에서 자동차 급브레이크 소리, 무술 영화에서 칼을 휘두르는 소리 등의 효과음들은, 현실보다 과장된 소리지만 현실감을 더욱 증폭시키기 위해 사용한다. 예를 들어 귀신이 등장하는 장면 앞에 공포감을 주는 효과음과 천둥소리 등을 혼합 사용하면 시청자들이 느끼는 불안감은 더욱 증가한다. 흔하게 사용하는 배경음악은 시청자들이 특정의 상황에 더욱 몰입하게 한다. 이때 장면이 바뀌는 중에도 배경음악이 지속되면 하나의 이야기로 연결되고 있다는 것이다. 한편, 다큐멘터리에서 흔하게 사용하는 내레이션은 시청자들이 내용을 쉽게 이해하도록 도와주는 역할을 한다.

이와 같이 동영상에서 소리는 영상과 함께 시청자들에게 다양한 정보를 전달하는 매우 중요한 수단으로 사용되고 있지만, TV 방송에서는 촬영할 때 출연자가 말(대화)하는 소리가 잘못 수음되어 소리 대신 자막을 사용해 내용을 전달하는 것을 볼 수 있다. 이 방식은 시청자들이 눈으로 자막을 읽으며 동시에 출연자의 얼굴표정이나 행동을 보는 과정에 시선이 분산되므로 전개되는 이야기에 집중하기 어렵게 만든다. 시청자들은 귀로는 소리를 듣고 눈으로는 영상만 보는 것이 편하므로 전개되는 이야기에 대한 몰입도가 올라간다. 따라서 동영상을 촬영할 때 소리를 정상적으로 수음(녹음)하는 것은 매우 중요하다. 참고로 출연자들의 대화 소리가 잘 들릴 때 자막을 사용하는 목적은 소리를 듣지 못하는 시청자들이 내용을 이해할 수 있게 하기 위한 것이다.

이 장에서는 소리의 개념과 구성요소, 마이크 종류, 동시녹음, 스테레오 음향 수음, 서라운드 음향 등과 같이 제작 현장에서 실제로 응용되는 기초 이론을 설명한다.

소리의 구성요소와 변화 특성

동영상에서 영상과 함께 사용되는 소리는 높낮이·크기·음색 등으로 구성된다. 높낮이는 주파수 차이로 결정된다. 주파수는 음파가 산과 골 형태로 1초 동안 반복되는 횟수이며 단위는 Hz를 사용한다. 예를 들어 주파수가 산과 골 형태로 1초당 500회 반복하면 500Hz라 한다. 소리의 주파수가 높을수록 고음이고 낮을수록 저음이다. 사람별로 목소리가 다른 것도 주파수가 다르기 때문이다.

인간이 청각으로 들을 수 있는 소리의 최대 범위는 약 20~20,000Hz이다. 물리적으로는 소리가 존재하지만 사람이 귀로 들을 수 없는 20Hz 이하의 소리를 **저음파**, 20,000Hz 이상의 소리를 **초음파**라 한다. 초음파는 박쥐·돌고래 등과 같은 동물들이 내는 소리다.

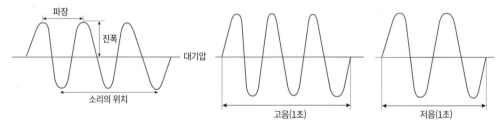

그림 9-1 주파수의 의미(1), 고음의 주파수(2), 저음의 주파수(3)

소리 크기(강약·음압)는 주파수의 진폭 차이로 결정된다. 진폭이 높을수록 큰 소리이고 낮을수록 작은 소리다. 예를 들어 같은 음정의 피아노 건반을 누를 때 힘의 차이를 주면 음정은 같지만 소리 크기가 달라진다. 이는 주파수는 같지만 진폭의 차이로 공기가 진동되는 양이 다르기 때문이다.

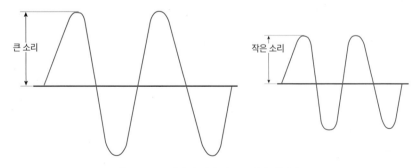

그림 9-2 큰 소리의 진폭(1), 작은 소리의 진폭(2)

음색은 주파수가 같아도 파형 차이에 따라 서로 다른 소리로 들리는 것이다. 예를 들어 피아노와 바이올린이 같은 음정의 소리를 내더라도 서로 다르게 들리는 것은 음색 차이 때문이다.

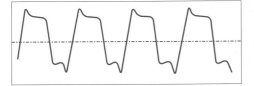 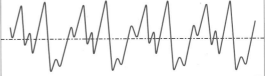

그림 9-3 피아노 소리의 주파수 형태(1), 바이올린 소리의 주파수 형태(2)

 소리의 진행과 변이

음원에서 발생된 소리는 진행 과정에 주변 환경의 영향을 받아 본질과 다르게 변화된다. 예를 들어 장애물이 있으면 돌아서 진행하고 구멍이 있으면 통과하는 과정에 확산된다. 온도가 높은 곳에서는 빠르게 진행하고 차가운 곳에서는 느리게 진행하므로, 온도가 높은 곳에서 낮은 곳으로 굴절된다. 그와 같은 현상들에 의해 사람이 귀로 소리를 들을 때 직접 들리는 소리와 반사된 소리가 시간 차이를 두고 들리는 것을 **잔향**reverb이라 한다. 참고로 TV 방송에서 음악 프로그램을 제작할 때 가수가 노래를 부르는 목소리의 울림을 좋게 하기 위해 기계적으로 0.3~0.6초간 잔향 효과를 만들기도 한다. 일반적으로 제작되는 프로그램에서는 잔향효과를 사용하지 않는다.

동영상을 촬영하면서 마이크로 양질의 소리를 수음하려면, 음원에서 발생한 소리가 진행 과정에 주변 환경의 영향을 받아 본질과 다르게 변화되는 다양한 현상들에 대해 이해하고 있어야 한다.

① 반사·흡수(흡음)

소리가 진행하다가 물질의 경계면에 부딪친 뒤 진행 방향이 바뀌는 현상을 반사·굴절이라 한다. 밀도가 높은 단단한 나무·유리·금속판 등은 소리를 잘 반사시킨다. 반대로, 소리가 진행하는 과정에 물질에 흡수되는 것을 흡수·흡음이라 한다. 예를 들어 밀도가 부드러운 스펀지나 발포성 우레탄은 소리를 흡수하므로 녹음실 벽에 부착해 소리가 반사되어 나타나는 공명현상을 방지하기 위한 목적으로 사용하기도 한다.

② 회절

소리가 진행 과정에 물체가 가로막고 있을 때 물체를 돌아서 진행하는 현상을 회절이라 한다. 주파수가 낮은 저음일수록 회절 현상이 약하고, 주파수가 높은 고음일수록 회절 현상이 강하게 나타난다.

③ 공명(공진)

소리가 진행 과정에 공간 속에서 울리며 크기가 확장되거나 음색이 달라지는 현상을 **공명·공진**이라 한다. 이 원리를 효과적으로 이용하면 음량이 풍부해지므로 다양한 종류의 어쿠스틱 악기와 음향 시스템에서 사용한다.

④ 마스킹 효과

사람이 귀로 어떤 소리를 듣고 있을 때 그보다 큰 소리가 전달되면 듣고 있던 소리가 들리지 않는 것을 **마스킹**masking 효과라 한다. 조용한 상태에서는 작은 소리도 잘 들리지만 주위의 소음이 크면 큰 소리라도 잘 들리지 않는다.

⑤ 도플러 효과

사람이 귀로 소리를 들을 때, 음원과 거리가 가까울수록 크고 선명하게 들리고 멀어질수록 작고 흐리게 들린다. 이와 같이 소리를 듣는 위치에 따라 거리감이 다르게 느껴지는 현상을 **도플러**doppler 효과라 한다.

⑥ 바이노럴 효과

사람이 좌우 2개의 귀로 소리를 들을 때, 각각 귀에 도달하는 시간 차이로 입체감이 느껴지는 현상을 **바이노럴**binaural 효과라 한다. 이 원리는 스테레오 오디오 시스템에서 사용한다.

⑦ 하스 효과

스테레오 오디오 시스템에서 같은 소리를 2개의 스피커로 동시에 재생하면 사람의 귀는 정중앙에서 들리는 것으로 인식한다. 하지만 어느 한쪽의 소리가 재생되는 시간을 지연시키면, 소리가 먼저 들리는 쪽으로 중심이 옮겨간다.

이와 같은 현상을 **하스**haas 효과라 한다. 이때 소리가 재생되는 시간 차이가 $1\sim30\text{ms}^2$ 범위 내에 있으면 하나의 소리로 들리지만, 50ms 이상이면 2개의 소리로 분리되어 들린다. 이 원리는 서라운드 오디오 시스템에서 응용하고 있으며 소리를 듣는 사람에게 입체감을 느끼게 한다.

---

2 밀리세컨드(millisecond)의 약자이고 1밀리세컨드는 1/1000초이다.

마이크[mike, microphone]는 소리를 전류로 변환하는 기구이다. 동영상을 촬영하면서 소리를 수음(녹음)하기 위해 마이크를 선택할 때는 마이크의 종류별 특성 및 사용 방법 등을 정확히 이해하고 있어야 한다. 마이크는 전원공급과 소리가 전류로 변환되는 방법에 따라 다이나믹·콘덴서 마이크로 분류된다.

콘덴서 마이크[condenser microphone]는 다음 1번 그림과 같이 마이크 내부에 설치된 진동판이 소리에 의해 진동할 때 진동판과 고정판 사이의 거리가 변하며 발생하는 전류를 출력한다. 장점은, 작은 소리에도 민감하게 반응하므로 섬세한 소리를 수음하기 좋으며 잡음이 적고 음질이 좋다는 것과, 주파수 범위를 넓게 사용할 수 있고 크기가 매우 작은 핀 마이크를 제작할 수 있다는 것이다. 단점은, +48V 팬텀 파워[3] 전원을 공급해야 작동한다는 것이다. 참고로 TV 방송용 ENG 카메라에 콘덴서 마이크를 연결해 사용할 때는 카메라에서 오디오 라인을 통해 마이크로 +48V 전원을 공급한다. 콘덴서 마이크는 감도가 높아 사람 목소리를 수음할 때 치찰음[4]에 민감하고, 야외에서 사용할 때 바람 소리에 의해 쉽게 잡음이 발생하므로 주의해야 한다.

다이나믹 마이크[dynamic microphone]는 다음 2번 그림과 같이 마이크 내부에 설치된 진동판이 소리에 의해 진동할 때 자석에 감겨 있는 코일이 진동되면서 발생하는 전류를 출력한다. 장점은, 마이크 자체에 발전 기능이 있어 별도로 전원을 공급하지 않으며, 감도가 낮아 저음을 수음하는 범위가 넓고, 소리에 대한 반응 속도가 느려 큰 소리도 잘 받아들이므로 마이크를 입과 가깝게 사용하는 조건에서 사용하기 편리하다는 것이다. 단점은, 감도가 낮아서 음원과 마이크의 거리를 가깝게 사용해야 하며 정밀한 소리를 수음하지 못하고 소형화할 수 없다는 것이다.

---

3 phantom power. 콘덴서 마이크 전원공급 시스템이다. 대부분의 콘덴서 마이크들은 외부 전원으로 9V~48VDC를 사용한다. XLR 케이블의 3개의 선 가운데 두선에 +전압을 서로 다른 위상으로 공급하여 전원이 필요한 마이크만 그 전압을 사용하고 필요하지 않은 마이크에는 아무 영향을 끼치지 않는다.

4 혀끝과 윗잇몸의 뒷부분이 닿은 닿소리를 발음할 때 공기가 치아 사이의 좁은 틈을 통과하면서 마찰 때문에 발생하는 소리다.

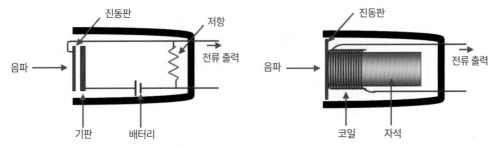

그림 9-4 콘덴서 마이크의 내부 구조(1), 다이나믹 마이크의 내부 구조(2)

마이크는 소리에 반응하는 주파수가 높을수록 고음이 수음되는 범위가 넓어지고 주파수가 낮을수록 저음이 수음되는 범위가 넓어지므로, 전체적인 주파수 범위가 넓을수록 인간이 귀로 들을 수 있는 고음과 저음의 소리를 자연스럽게 수음할 수 있다. 이와 같이 마이크가 소리에 반응하는 척도를 감도라 하며 단위는 **데시벨**(db)[5]을 사용한다. 사람의 귀는 약 120db를 조금 상회하는 정도까지 들을 수 있지만 고통스러워진다. 일반적으로 콘덴서 마이크는 최대 130~135db의 소리를 받아들일 수 있고, 다이나믹 마이크는 150db 이상의 소리도 받아들일 수 있다.

참고로 마이크의 감도를 지나치게 올리고 사용하면, 고음은 잘 수음되지만 동시에 잡음(소음)이 증가하면서 주음을 듣는 데 방해를 준다. 반대로, 감도를 지나치게 낮추고 사용하면, 고음이 잘 수음되지 않고 저음 중심으로 수음되므로 잡음은 줄어들지만, 수음된 소리를 재현할 때 듣는 사람들에게 답답함 느낌을 준다. 따라서 소리를 수음한 후 재생할 때 원음과 오차가 +-3db이며 사람이 귀로 듣는 것과 가장 비슷하게 녹음되는 적절한 감도(db)를 설정하고 사용한다.

다음 그림은 마이크 2개의 특성을 서로 비교한 것이다. 붉은색·푸른색 그래프는 마이크가 고음·저음 등에 반응하는 특성을 나타낸 것이다.

---

5   데시벨(decibel)은 소리의 크기를 표준음의 크기와 비교해 표시하는 단위이다. 10의 배수를 의미하는 'deci'와 전화기를 발명한 알렉산더 '벨'(Bell)의 합성어이다. 0dB을 기준으로 10배 강한 소리가 10dB, 100배 강한 소리가 20dB, 1,000배 강한 소리가 30dB이다. 생활소음은 약 40dB, 대화는 약 60dB, 음악 감상은 약 85dB, 록밴드는 약 110dB, 제트엔진은 약 150dB이다. 120~140dB의 소리는 사람이 듣기에 고통스럽다. 예를 들어 자동차들이 달리는 도로의 소리는 약 70dB이며, 40dB에 비해 1,000배 크다.

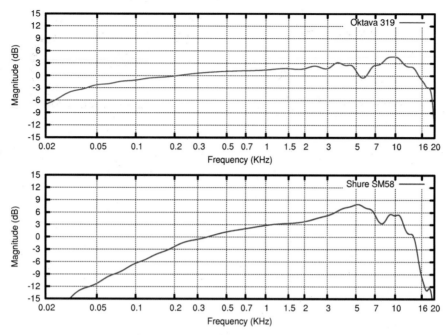

그림 9-5 마이크가 소리에 반응하는 감도의 차이 비교

2-1 소리 수음범위와 사용 방법에 따른 마이크 분류

카메라의 위치가 고정된 상태로 인물을 촬영할 때 렌즈 화각에 변화를 주면, 카메라와 피사체의 거리는 변하지 않지만 인물이 크거나 작게 조절되며 강조·약화된다. 하지만 카메라에 장착된 마이크로 수음되는 사람의 목소리는 카메라와 인물 사이의 거리가 변하지 않아서, 먼 곳에서 들리는 느낌을 주므로 강조되지 않는다. 이와 같은 단점을 보완하기 위해 별도의 마이크를 사용하면서 사람의 목소리가 잘 들리도록 수음한다.

마이크는 소리가 수음되는 범위에 따라 무지향성·지향성으로 나누어진다. 마이크와 카메라를 연결하는 케이블의 사용 여부에 따라 유선·무선 마이크로 분류되고, 사용 방법에 따라 핸드hand, 핀pin, 스탠드stand, 붐boom 마이크 등으로 나누어진다.

2-1-1 무지향성 마이크

무지향성 마이크는 여러 방향에서 들리는 소리를 같은 크기로 수음하므로, 여러 출연자들이 말하는 소리를 모두 수음할 수 있다는 것이 장점이지만, 주음과 주변의 소음이 혼합 수음되어 주음이 잘 강조되지 않는다는 것이 단점이다. 출연자 수가 많으면 각 출연자별로 마이크를 사용하면서 수음되는 소리 크기와 거리감을 일정하게 맞춰야 한다. 다음 그림에서 두꺼운 검은색 선으로 표시한 것은 무지향성 마이크가 소리를 수음하는 범위다.

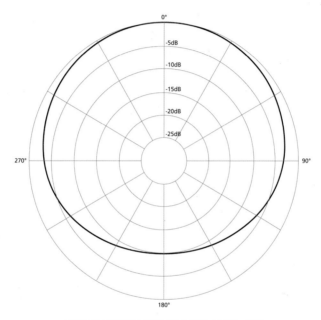

그림 9-6 무 지향성 마이크가 소리를 수음하는 범위

2-1-2 지향성 마이크

지향성 마이크는 양지향성, 단일지향성, 초지향성 등이 있다. 이 마이크 들은 특정 방향의 소리만 수음하고 나머지 방향의 소리는 차단하므로 마이크의 방향을 음원에 잘 맞춰야 한다. 다음 그림들에서 두꺼운 검은색 선으로 표시한 것이 지향성 마이크가 소리를 받아들이는 범위이다.

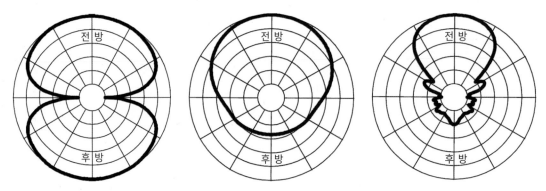

그림 9-7 양지향성 마이크(1), 단일 지향성 마이크(2), 초지향성 마이크(3)

① 양지향성 마이크

양지향성 마이크는 전·후면 방향의 소리와 좌우측 방향의 소리를 동시에 받아들이는 두 종류가 있으며, 두 사람이 서로 마주보고 대화를 나눌 때 주로 사용한다(제작 현장에서 흔하게 사용하지 않음).

② 단일 지향성 마이크

단일 지향성 마이크는 측·후면 방향의 소리는 차단시키고 전면 방향의 소리만 수음하므로 비교적 잡음이 적다. 소음이 많은 장소에서 주음에 마이크의 방향을 맞추면 주음이 크게 수음된다(제작 현장에서 흔하게 사용함).

③ 초지향성 마이크

초지향성 마이크는 소리를 수음하는 범위가 10~20° 정도로 매우 좁아서 3~4m까지는 선택한 소리만 수음되고, 주파수 범위가 넓어 높고 낮은 소리를 모두 잘 수음할 수 있다는 것이 장점이다. 수음할 때 마이크의 방향을 주음에 정확하게 맞추지 않으면, 주음이 수음되지 않고 마이크가 향한 방향의 소리가 수음되므로 매우 주의해야 한다.

일반적으로 초지향성 마이크는 소리 수음의 전문가인 동시녹음팀이 참여하는 드라마·영화·다큐멘터리·예능 프로그램 등을 촬영할 때 흔하게 사용한다. 마이크를 붐 대에 장착하고 사용하므로 **붐 마이크**boom mike라고도 한다. 제작 현장에서 흔하게 사용하는 초지향성 마이크는 Sennheiser MKH-416·816, Shure SM-85·87 등이다.

그림 9-8 Sennheiser 초지향성 마이크와 거치대(1), 마이크에 윈드스크린(windscreen)을 장착한 모습(2),
마이크를 붐 대에 장착한 모습(3), 마이크 전원공급 장치(4)

2-1-3 유·무선 마이크

마이크에서 수음되는 소리를 카메라로 전달하는 케이블의 사용 여부에 따라 유·무선 마이크로 나누어진다.

① 무선 마이크

무선 마이크(와이어리스 마이크wireless microphone**)**는 TV 방송 프로그램 제작 현장에서 매우 흔하게 사용하며 송·수신기 1세트로 구성된다. 송신기는 마이크로 수음되는 소리를 FM 주파수로 변환시키고 전파를 내보내는 역할을 한다. 수신기는 송신기가 보내는 FM 주파수를 수신하고 카메라로 입력시켜주는 역할을 한다. 따라서 송·수신기의 주파수가 서로 동일하게 설정되어 있는지 반드시 확인해야 한다. 주파수가 다르면 카메라로 소리가 입력되지 않는다.

무선 마이크 여러 개를 동시에 사용할 때는 각각 다른 주파수를 사용해야 한다. 같은 주파수를 사용하면 서로 혼선되며 정상적으로 작동하지 않는다. 전파를 많이 사용하는 군사지역에서 사용할 때는 전파에 의해 마이크의 주파수가 영향을 받아 정상적으로 작동하지 않을 수 있으므로 주의가 필요하다.

무선 마이크는 출연자의 가슴에 부착하고 사용하는 핀 마이크와 손으로 들고 사용하는 핸드 마이크가 있으며, 마이크와 카메라를 연결하는 케이블이 없어 출연자가 자유롭게 움직이면서 촬영할 수 있다는 것이 장점이다. 상황에 따라 마이크가 소리에 반응하는 감도(db)를 조절하면서 높고 낮은 소리가 수음되는 범위에 변화를 줄 수 있지만, 감도를 과도하게 내리면 높은 소리보다 낮은 소리를 중심으로 수음하므로 수음된 소리를 들을 때 답답한 느낌을 준다. 반대로, 감도를 과도하게 올리고 사용하면 높고 낮은 소리가 폭넓게 수음되지만 잡음이 증가하므로 주음을 듣는 데 방해를 준다.

대부분의 TV 방송용 ENG 카메라는 무선 마이크가 기본적으로 장착되어 있으며 수신기의 전원을 카메라에서 공급한다. 송신기의 전원은 건전지를 사용하므로 사용하기 전에 잔량이 충분한지 반드시 확인해야 한다. 건전지의 잔량이 부족하면 소리가 끊기는 현상이 발생하고, 잔량이 없을 경우 전원이 꺼지며 소리가 수음되지 않으므로 매우 주의해야 한다. 송·수신기 둘 모두의 전원을 건전지로 공급할 때에도 사용하기 전에 반드시 잔량을 확인해야 한다.

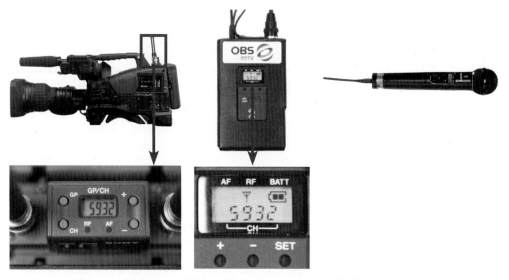

그림 9-9 TV 방송용 ENG 카메라의 무선 마이크와 주파수 설정 이미지(1·2), 무선 핸드 마이크(3)

② 유선 마이크

유선 마이크는 수음되는 소리를 카메라로 보내주기 위해 케이블을 사용한다. 종류에는 출연자가 손에 들고 사용하는 핸드 마이크, 가슴에 부착하고 사용하는 핀 마이크, 테이블 위에 고정시켜두고 사용하는 스탠드 마이크 등이 있다. 이 마이크들은 출연자와 카메라가 멀리 떨어져 있으면 라인을 길게 사용해야 하는 불편함이 있고 출연자가 자유롭게 움직일 수 없으므로, 카메라와 출연자의 거리가 짧고 움직임이 없는 상황에서 주로 사용한다.

그림 9-10 유선 핀 마이크(1·2), 유선 핸드 마이크(3), 유선 스탠드 마이크(4), 유선 핸드 마이크 사용 모습(5)

2-2 볼륨 조절 방식과 포터블 오디오 믹서

TV 방송용 ENG 카메라로 촬영하면서 소리를 수음할 때는 전체 4개 오디오 채널 중에서 2개 채널만 사용하는 것이 일반적이다. 이때 주 피사체가 내는 주음은 붐·와이어리스·핸드 마이크 등을 별도로 사용해 수음하며 1채널에 기록하고, 주 피사체 주변에서 들리는 현장음은 카메라 자체 마이크로 수음하며 2채널에 기록한다. 촬영 후 편집 과정에 주음이 기록된 1채널만 사용하면서 소리의 전달력을 높이는 것이 일반적이다.

2개 채널에 기록되는 소리 크기를 결정하는 **볼륨** 조절 방식은 자동·수동으로 나누어지지만 대부분 수동 조절 방식을 사용한다. 상황에 따라 주음을 기록하는 1채널은 수동, 현장음을 기록하는 2채널은 자동 조절 방식을 사용한다. 참고로 소리 수음의 전문가인 동시녹음팀이 촬영에 참여할 때에는 초지향성 붐 마이크, 와이어리스 마이크 등을 사용해 주음을 수음하고 2개 채널에 모두 기록하는 방식을 사용한다.

2-2-1 자동 볼륨 조절 방식

마이크를 통해 카메라로 입력되는 소리 크기를 조절할 때, 자동 볼륨 조절 방식은 주음이 연속되지 않고 소리와 소리 사이에 조금이라도 시간 간격이 벌어지면 그 사이사이에 주변 소음(배음)이 본질보다 크게 수음되므로, 녹음된 소리를 재현할 때 소음이 크게 들리며 주 소리를 듣는 데 방해를 준다. 이와 같은 현상이 나타나는 이유는 카메라가 주음과 소음을 일정한 크기가 되도록 자동으로 조절하기 때문이다. 이 방식은 사용하지 않는 것이 기본이지만, 콘서트와 같은 각종 공연장에서 촬영할 때 소리가 매우커서 수동 방식으로 볼륨을 조절하기 어려울 때 제한적으로 사용하기도 한다.

2-2-2 수동 볼륨 조절 방식

수동 볼륨 조절 방식은 큰 소리는 크게 작은 소리는 작게 수음된다. 녹음된 소리를 재현하면 사람이 귀로 직접 듣는 것과 같은 느낌을 주므로 이 방식을 사용하는 것이 기본이지만, 카메라로 소리가 입력되는 크기(볼륨)를 지속적으로 확인하면서 기준에 맞도록 조절해야 하는 불편함이 있다.

2-2-3 적정 볼륨의 기준

마이크를 통해 카메라로 입력되는 소리 크기가 적정 기준보다 매우 작게 수음되면 편집 과정에서 인위적으로 키우더라도 노이즈가 발생하고, 적정 기준보다 너무 크게 수음되면 줄여도 깨지는(찢어지는) 현상이 나타나므로 카메라로 입력되는 소리 크기를 지속적으로 확인하면서 기준에 맞도록 조절해야 한다.

TV 방송용 ENG 카메라는 카메라로 입력되는 소리 크기를 나타내는 오디오 볼륨 조절용 디스플레이 장치에 ∞~0db까지 표시되어 있다. ∞는 사람이 들을 수 있는 최소 크기의 소리이고 0db는 사람이 들을 수 있는 최대 크기의 소리다. 따라서 볼륨이 0db까지 올라가면 수음된 소리를 재생할 때 깨지는(찢어지는) 현상이 발생하므로, 0db보다 조금 다음 단계인 -10db를 가장 큰 소리의 기준으로 사용한다. 갑자기 큰 소리가 날 때 순간적으로 -10db를 지나 0db 부근까지 올라가기도 하지만 0db까지 도달한 것이 아니므로 깨지는 현상이 나타나지는 않지만 위험한 단계이다. 지속적으로 0bd까지 올라가면 -10db가 되도록 볼륨을 낮춘다.

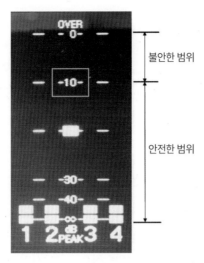

그림 9-11 TV 방송용 ENG 카메라의 오디오 볼륨 조절용 디스플레이 장치

2-2-4 포터블 오디오 믹서

일상적인 TV 방송 프로그램을 촬영할 때 소리는 촬영감독이 현장의 상황에 따라 와이어리스·붐·카메라 자체 마이크 등을 사용해 수음하지만 드라마·다큐멘터리·예능 프로그램 등은 소리 수음의 전문가로 구성된 동시녹음팀이 촬영에 참여해 초지향성 마이크와 **포터블 오디오 믹서**portable audio mixer를 사용해 소리를 수음한다.

동시녹음팀은 촬영하기 전에 카메라로 입력되는 소리 크기의 적정 기준을 잡기 위해 포터블 오디오 믹서에서 카메라로 1Khz의 **오디오 톤**audio tone을 입력시키면서 최대 볼륨이 −10db가 되도록 조절하고, 촬영 중에 실수로 볼륨 조절용 레버가 돌아가는 것을 방지하기 위해 테이프로 고정시킨다. 이는 오디오 믹서는 가장 큰 소리를 1Khz, 카메라는 −10db로 사용하도록 카메라와 오디오 믹서의 기준을 서로 일치시키는 것이다.

이와 같은 방식으로 촬영할 때는, 음원에서 발생된 소리가 마이크로 수음되어 포터블 오디오 믹서로 입력되면 동시녹음 감독이 소리 크기나 음질을 조절하고 2개 채널로 나누어 카메라로 보낸 다음 영상과 함께 기록하는 과정을 거친다. 포터블 오디오 믹서에 소리만 별도로 기록하고 편집 과정에서 영상과 소리를 합치는 방법을 사용할 수도 있지만 사용빈도가 매우 낮다.

그림 9-12 포터블 오디오 믹서 SONY-DMX P0-1(1·2·3)

2-3 소리 수음 방법과 주의 사항

촬영하면서 소리를 수음할 때는 어떤 상황이라도 주음이 잘 들리게 하는 것이 기본이다. 음원과 마이크 사이의 거리에 의해 나타나는 거리감도 연속 촬영되는 전후 커트에서 일정하게 유지되어야 한다. 이와 같이 소리 크기·거리감·음색 등을 연속적으로 통일시키는 목적은 시청자들에게 전달력을 높이고 안정감을 주기 위함이다. 연속되는 장면에서 소리 크기·거리감·음색 등에 차이가 있으면, 시청자들은 자연스럽게 연결되지 않으므로 불안하게 받아들인다.

방송국 스튜디오에서 소리를 수음할 때는 방음장치에 의해 외부 소리가 차단되고 공명현상이 없어 주음이 잘 강조되지만, 방송국을 벗어나 외부에서 촬영할 때는 주변에서 들리는 소음이나 바람에 의한 잡음 등이 주음과 함께 수음되면서 주음이 잘 강조되지 않을 수 있다. 그와 같은 환경에서는 주변을 조용히 시키거나 바람의 영향을 최소화시키고 수음해야 한다.

2-3-1 음원과 마이크의 거리에 따른 시점 차이

소리를 수음할 때 마이크와 음원의 거리에 따라 메시지 전달력에 차이가 있다. 예를 들어 가수가 노래를 부르거나, 성우가 내레이션을 더빙하거나, 라디오 방송 진행자는 마이크와 입의 거리를 좁게 사용한다. 이는 소리를 듣는 사람들(시청자들)과 거리감을 좁히면서 메시지 전달력을 최대한 높이기 위함이다.

이와 같이 음원과 가까운 거리에서 수음하면, 주음은 크고 잡음이 작게 수음되어 주음이 잘 들리므로 메시지 전달력이 높은 주관적 시점이 형성된다. 반면 음원과 거리가 먼 곳에서 수음하면, 주음이 공간에서 반사되어 공명현상이 나타나고 잡음이 혼합되어 주음이 잘 들리지 않으므로 메시지 전달력이 낮은 객관적 시점이 형성된다.

제작 현장에서는 주음이 잘 강조되는 주관적 시점으로 수음하기 위해 초지향성 마이크를 사용하거나, 유·무선 핀 마이크 등을 말하는 사람의 입과 약 20~30cm 거리를 띄우고 가슴에 부착하는 것이 일반적이다.

다음 사진에서 붉은색 원으로 표시한 것이 주관적 시점으로 주음을 수음하는 와이어리스 핀 마이크이다. 동일 조건에서 인물과 거리가 떨어진 카메라 자체 마이크로 수음되는 소리는, 주음이 마이크로 들어가는 과정에 공간 속에서 울리면서 주변 소음과 혼합되고 거리감도 멀게 느껴지므로 메시지 전달력이 떨어지는 객관적 시점이 형성된다.

그림 9-13 와이어리스 핀 마이크를 입과 가까운 거리에 부착한 모습

2-3-2 잡음제거 보조 장비
야외에서 촬영하면서 소리를 수음할 때 마이크에 가장 많은 영향을 주는 것이 바람이다. 이때 바람에 의해 발생하는 잡음을 최대한 줄이고 양질의 소리를 수음하기 위해 보조로 사용하는 것이 **윈드 브러시**^{wind brush}, **윈드 스크린**^{wind screen}이다.

그림 9-14 붐 마이크의 윈드 스크린, 브러시(1·2), 방송용 ENG 카메라 마이크의 윈드 브러시(3)

참고로 라디오 방송을 진행하는 DJ, 내레이션을 녹음하는 성우, 가수가 음반을 녹음할 때는 마이크를 입과 매우 가까운 거리에 두고 사용하므로, 억양이 높은 ㅍ·ㅌ 등이 포함된 강한 발음들은 "칙

칙", "퍽퍽" 소리가 나면서 잡음으로 들린다. 이때 마이크와 사람의 입 사이에 **팝 필터**pop filter를 설치하면 잡음이 발생하는 것을 방지해준다.

그림 9-15 마이크에 팝 필터를 설치한 모습(1·2), 내레이션 더빙 모습(3)

2-3-3 공연장 촬영에서 소리 수음 방법

TV 방송 프로그램 제작을 위해 콘서트와 같은 각종 공연장에서 촬영하면서 소리를 수음할 때, 카메라 자체 마이크는 현장음을 수음하고 별도로 사용하는 와이어리스 마이크는 현장에서 사용하는 모든 마이크의 소리가 나오는 스피커 주변에 설치한 다음 주음을 수음하는 것이 일반적이지만 소리의 품질에 한계가 있다.

가장 좋은 방법은 현장에서 사용하는 모든 마이크를 통제하는 **오디오 콘솔**audio console에서 케이블을 통해 카메라로 주음을 입력하고, 카메라 자체 마이크는 현장음을 수음하는 것이다. 촬영이 끝나고 편집 과정에 오디오 콘솔에서 들어온 소리만 사용하거나, 카메라 자체 마이크로 수음된 소리와 오디오 콘솔에서 들어온 소리를 적절히 혼합해 사용하면, 현장의 분위기가 잘 표현되면서도 주음이 잘 강조된다. 하지만 이 방법은 카메라가 위치를 옮겨가며 촬영하므로 케이블을 지속적으로 사용할 수 없고, 오디오를 통제하는 팀과 협조가 잘 이루어지지 않기 때문에 실용성이 떨어진다.

2-3-4 동시에 여러 사람이 출연할 때 오디오 수음 방법

TV 방송국 내부 스튜디오에서 동시에 여러 사람이 출연하는 프로그램을 제작할 때는, 출연자별로 마이크를 가슴에 부착하고 오디오 콘솔을 통해 각각 마이크로 입력되는 소리 크기와 음질을 조절하면서 수음하므로 말하는 내용이 잘 강조된다. 출연자가 1명일 때에도 같은 방식을 사용한다.

방송국 밖에서 촬영할 때도 출연자가 1명이면 와이어리스 핀 마이크를 가슴에 부착하고 수음하므로 말하는 내용이 잘 전달된다. 동시에 여러 사람이 출연하더라도 각각 출연자의 목소리를 같은 크기로 수음해야 하지만 장비 사용에 한계가 있어 양질의 소리를 수음하기 어렵다. 예를 들어 와이어리스 핀 마이크 1개를 출연자 1명에게 부착하고 여러 출연자들의 목소리를 수음하면, 각 출연자와 마이크의 거리가 모두 다르므로 수음되는 목소리 크기·거리감 등에 차이가 생긴다. 따라서 촬영을 끝내고 각 장면들을 연속적으로 편집하면 출연자별로 목소리 크기·거리감 등에 차이가 있어 편집할 수 없다.

이와 같은 문제점을 해결하기 위해, 다음 2번 사진에서와 같이 초지향성 붐 마이크를 사용해 말하는 사람에게 마이크의 방향을 맞춰 주면서 목소리 크기와 거리감을 동일하게 수음한다. 이때 마이크의 거리나 각도를 일정하게 유지하면서 말하는 사람의 시선 방향 앞쪽에서 수음한다. 머리 위에서 수음하면 고음이 저음으로 변형되어 시청자들이 듣기에 답답한 느낌을 준다(마이크의 종류 항목 참고).

그림 9-16 오디오 콘솔(1), 야외촬영에서 초 지향성 붐 마이크로 여러 사람의 목소리를 수음하는 모습(2)

2-3-5 소리 수음과 샷 나누기

카메라로 동영상을 촬영할 때 시청자들에게 벌어지는 상황을 구체적으로 보여주기 위해서는 커트(샷)를 나누면서 다양한 장면들을 연속적으로 촬영한다. 이때 출연자가 말하는 내용을 잘 경청하고 문맥에 맞게 말의 시작점과 끝나는 지점에 조금의 여유를 주어야 촬영이 끝나고 편집할 때 필요한 부분만 잘라서 사용할 수 있다.

예를 들어 휴먼 다큐멘터리는 출연자가 말하는 내용을 잘 듣고 문맥에 맞게 화면 크기와 커팅 시점을 결정한다. 각종 공연 촬영(콘서트·패션쇼·연극 등)은 카메라 2대를 동시에 사용하면서, 1대는 전체 상황이 보이는 풀 샷이나 타이트 풀 샷을 연속적으로 촬영하고, 나머지 1대는 클로즈업, 관객들의 반응 등을 촬영하고 편집 과정에 혼합 사용하는 것이 효과적이다.

카메라 1대를 사용하면서 공연을 촬영할 때는 벌어지는 상황을 잘 분석하고 편집점이 만들어지도록 커트를 나누어야 한다. 예를 들어 콘서트 촬영은 사전에 필요한 곡을 선택한 다음, 가수가 노래를 부르는 상황을 클로즈 업 샷으로 길게 촬영한다. 나머지 시간에는 풀 샷, 타이트 샷, 관객들의 반응 등을 촬영하고 편집 과정에 혼합해 사용한다(화면 크기 항목 참고).

2-3-6 스테레오 음향 수음 방법

사람은 좌우 2개의 귀로 소리를 들을 때 소리가 귀에 도달하는 시간 차이로 입체감을 느끼므로 **스테레오**stereo 방식이라 할 수 있다. 카메라로 동영상을 촬영하면서 소리를 수음할 때도, 사람이 2개의 귀로 듣는 것과 같은 입체감이 잘 표현되도록 사람의 귀와 같은 역할을 하는 마이크 2개를 동시에 사용해 수음하면서 2개 채널에 각각 나누어 기록하고, 디스플레이 장치에서 소리를 재생할 때 좌우로 나누어 들리게 하는 것을 스테레오 음향stereo sound이라 한다.

스테레오 음향은 전문가들이 수음하는 것이 효과적이다. 이때 소리를 카메라에 기록하지 않고 녹음기에 기록할 경우 카메라에서 출력되는 타임코드[6]를 동시에 기록해주면, 촬영 후 편집 과정에 영상과 소리가 진행되는 시간을 일치시킬 때 매우 편리하다.

스테레오 음향을 수음할 때는 마이크 2개를 동시에 사용하는 동축형·스피드·준 동축형 방식과, **스테레오 마이크**stereo mike 1개를 사용하는 원 포인트 스테레오 방식 등을 사용한다.

① 원 포인트 스테레오 방식

원 포인트 스테레오one point stereo 방식은 특성이 같은 소형 마이크 2개를 하나의 케이스에 넣은 스테레오 마이크 1개를 사용해 스테레오 음향을 수음하지만 마이크 사이의 간격이 좁아 스테레오 효과가 크지 않다.

---

6 time code. 카메라로 촬영되는 각각의 프레임을 시간 단위로 나누어 수자로 표시하는 부호이며, 00(시간): 00(분): 00(초): 00(프레임) 방식으로 표시된다.

그림 9-17 SONY 스테레오 마이크 : ECM-990F(1·2), ECM-DS70P(3), ECM-MS2 Stereo(4)

② 동축형 스테레오 방식

동축형 스테레오 방식은 하나의 위치에 마이크 2개를 배치하고 각각 마이크로 들어오는 소리 크기 차이로 스테레오 효과를 만들지만, 마이크와 음원 사이의 거리가 같아서 스테레오 효과가 크지 않다. 마이크 2개를 배치하는 방법에 따라 XY·MS 방식 등으로 나누어진다.

XY 방식은 같은 종류의 지향성 마이크 2개를 60~135°로 배치하고 가운데 방향으로 소리를 수음한다. 마이크의 각도가 많이 벌어질수록 스테레오 효과가 잘 나타나지만, 각도가 너무 넓으면 공간에서 반사되는 소리가 수음되거나, 가운데 부분의 소리가 없는 것처럼 들리는 **공동화 현상**이 나타날 수 있다. 그와 같은 현상들이 발생하면 마이크의 각도를 좁혀준다.

MS^{mid side} 방식은 한쪽 마이크는 단일 지향성이나 무지향성, 또 다른 한쪽은 양지향성 마이크를 사용해 90°로 배치하고 소리를 수음하지만 스테레오 효과가 크지 않다.

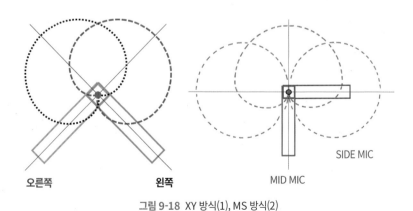

오른쪽   왼쪽   MID MIC   SIDE MIC

그림 9-18 XY 방식(1), MS 방식(2)

③ 스피드 스테레오 방식

스피드 스테레오spaced stereo 방식은 소리가 각각 마이크에 도달하는 시간 차이를 이용해 스테레오 효과를 만든다. 대부분 무지향성 마이크 2개를 17~150cm 간격을 두고 설치하지만 2개 마이크 사이에 마이크 1개를 추가로 설치하거나 양쪽 측면에 마이크 2개를 추가로 설치하는 방법을 사용하기도 한다. 이 방식은 2개 마이크 사이의 간격이 넓어서 동축형 방식에 비해 스테레오 효과가 잘 나타나지만, 2개 마이크의 간격을 좁힐수록 스테레오 효과가 떨어지면서 공간감·입체감 등이 감소한다. 반대로 2개 마이크의 간격이 넓어질수록 공간감·입체감 등이 잘 나타나지만, 지나치게 넓으면 공동화 현상이 나타나거나, 좌우 소리가 과도하게 분리되면서 어느 한쪽의 소리가 다른 쪽 소리에 영향을 주어 공명현상이 나타난다.

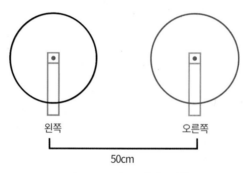

그림 9-19 스피드 스테레오 방식

④ 준 동축형 스테레오 방식

준 동축형 스테레오 방식은 동축형·스피드 스테레오 방식을 혼합한 ORTF·OSS 방식 등이 있다. **ORTF**[7] 방식은 단일 지향성 마이크 2개를 사람의 귀와 귀 사이의 평균 거리와 같이 약 17.5cm의 간격을 두고 110°로 설치한다. 이 방식은 소리가 마이크에 도달하는 크기·시간 차이 등이 동시에 작용해 스테레오 효과가 매우 잘 나타나지만, 크기 차이가 더 많은 영향을 준다. 참고로 ORTF 방식에서 변형된 NOS 방식은 마이크 2개를 30cm 간격으로 배치하고 90°로 설치한다. DIN 방식은 2개 마이크를 20cm 간격으로 배치하고 90°로 설치한다. Olsan 방식은 초지향성 마이크 2개를 5cm 간격으로 배치하고 135°로 설치한다.

OSSoptimal stereo signal 방식도 사람의 청각 구조를 모방한 것이며, 무지향성 마이크 2개를 36cm 간

---

7 office de radiodiffusion television française. 프랑스 방송협회의 약칭이다.

격으로 배치하고 그 사이에 직경 28cm인 원반 형태의 음향 차폐 판(재클린 원반)을 설치한다.

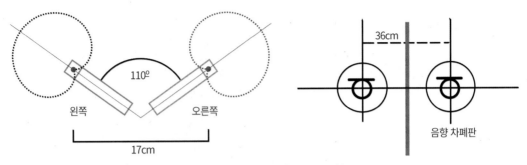

그림 9-20 ORTF 방식(1), OSS 방식(2)

2-3-7 서라운드 입체 음향

동영상을 촬영할 때 스테레오 방식으로 소리를 수음해도 사람이 귀로 직접 듣는 것보다 입체감·공간감 등이 떨어진다. 그와 같은 단점을 보완하기 위해 스테레오 방식으로 소리를 수음한 다음, **음상 정위**[8], 사운드 믹싱 과정 등을 거쳐 4, 5.1, 7.1 채널 등으로 만들어서 소리가 상하·좌우·전후 방향으로 움직이며 시청자들이 현장에서 소리를 직접 듣는 것과 같이 입체감과 공간감을 느끼도록 기계적으로 가공한 것을 **서라운드**surround 입체 음향이라 한다.

다음 4개의 그림은 서라운드 입체 음향을 재현할 때 사용하는 **돌비 서라운드 오디오 시스템**dolby surround audio system에서 스피커를 설치하는 위치와 수를 설명한 것이다. 1번 그림과 같이 돌비 서라운드 오디오 시스템은 스피커 4개를 설치하는 것이 기본이다. 2번 그림은 HD 방송에서 음향 규격으로 사용하던 **5.1채널 돌비 서라운드 오디오 시스템**(AC-3 5.1로 표기하기도 함)이다. 메인 2, 센터 1, 리어 2, 서브우퍼 0.1 채널 등을 포함해 전체 5.1채널을 사용한다. 3·4번 그림은 5.1채널 방식에 스피커 2개를 추가로 설치해 사운드를 더 확장시킨 7.1채널이다. 이 방식은 UHDTV에서 사용한다.

---

8 재생음의 음장에서 음원의 방향이나 거리 등을 포착하는 것이다.

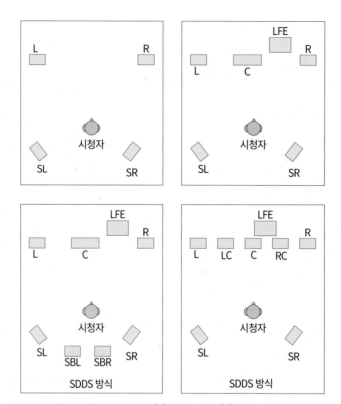

그림 9-21 돌비 서라운드 기본 4채널(1), 돌비 5.1채널(2), 돌비 7.1채널 시스템(3·4)

영상과 미학

텔레비전^{television}의 텔레^{tele}는 '멀리'라는 의미를 담고 있는 그리스어이다. 비전^{vision}은 라틴어이며 '본다'는 뜻이다. 따라서 텔레비전 방송은 현실에서 진행되는 실제 상황이나 사전에 제작된 영상물을 멀리 떨어져 있는 시청자들에게 전파를 통해 전달하는 통신 방식이라 할 수 있다.

텔레비전 방송은 1931년 미국에서 첫 시험방송 후, 1937년 영국의 BBC가 세계 최초로 필름으로 촬영하고 흑백 텔레비전 방송을 시작했다. 그 후 1953년에 카메라에서 생성되는 전기적 방식의 영상 신호를 자기 테이프^{magnetic tape}에 기록하는 아날로그 방식의 컬러 텔레비전으로 발전했다. 한국은 1956년 5월 흑백 텔레비전 방송 시작 후 1980년 12월 컬러 텔레비전 방송으로 변환되었고, 1997년 디지털 방식으로 변환된 후 SDTV·HDTV·UHDTV 등으로 진화해왔다.

텔레비전 방송의 특징은 눈으로 보는 영상(비디오)과 귀로 듣는 소리(오디오)가 혼합된 동영상을 사용해, 뉴스·정보·지식·의견·사상·감정 등과 같이 시청자들의 정신을 지배하는 내용^{content}을 만들고, 불특정다수의 시청자들에게 동시에 전파하므로 파급 효과가 매우 크다는 것이다. 방송되는 프로그램의 종류는 실시간으로 진행하는 생방송과 사전에 제작한 프로그램으로 나누어지며, 다음과 같은 과정들을 거쳐 시청자들에게 전파된다.

1 카메라와 마이크를 사용해 동영상을 촬영한다.

2 제작자가 전파하려는 내용을 중심으로 편집해 프로그램을 만든다.

3 완성된 프로그램을 전파를 통해 송출한다.

4 각 가정에서 안테나·케이블·인터넷 등을 통해 프로그램을 수신한다.

5 TV수상기에서 영상과 소리를 재현한다.

6 시청자들이 눈으로 화면을 보고 귀로는 소리를 들으며 프로그램을 시청한다.

위와 같은 과정들을 거쳐 제작진들이 시청자들에게 특정의 **메시지**message를 전달할 때, 같은 장소에서 같은 프로그램을 시청하더라도 시청자 개개인의 문화수준·나이·가치관 등의 차이에 따라, 메시지가 정확하게 전달되기도 하지만 본질과 다르게 전달되기도 한다.

이 장에서는 동영상으로 만든 다양한 종류의 TV 방송 프로그램을 통해 제작진들과 시청자들이 커뮤니케이션할 때 각각의 장면이 시청자들의 심리에 형향을 주는 시지각적 특성과 인물을 촬영할 때 기본적으로 활용되는 영상미학을 설명한다.

카메라로 영상을 촬영할 때 기본적으로 사용되는 **영상미학**(영상문법)은, 피사체에서 반사된 빛이 렌즈로 유입되어 형성된 이미지(영상) 속에서 특정의 주제를 명료화·강조시키거나, 사물의 아름다운 현상이나 가치 등을 적절히 이용해 미(美)의 본질을 형이상학적으로 잘 표현하는 방법을 정리한 것이다. 카메라로 촬영된 영상을 디스플레이 장치를 통해 재현할 때 영상미학은 화면 속에 보이는 다양한 시지각적 요소들이 시청자들의 심리에 어떤 영향을 미치는지를 이해하는 근본 원리다.

제작진들은 다양한 TV 방송 프로그램을 제작하고 방송하는 과정에 영상미학을 응용해 자신들의 주장을 강하게 개입시키며 특정의 메시지를 전달한다. 대부분의 시청자는 메시지를 자연스럽게 받아들이며 자신의 의식(지식·의견·사상·감정 등)이 제작진들에 의해 조종당한다는 사실을 인식하지 못하므로 TV를 바보상자로 표현하기도 한다. 그와 같은 역기능 때문에 공적인 성격이 강한 방송사가 만들어내는 프로그램 수준(품질)에 대해서도 많은 논란이 있지만, 이 책에서는 순기능적인 측면에서 TV 방송에 사용되는 영상미학에 대해 설명한다.

심리학에 따르면 사람의 시각은 어떤 형태를 볼 때 과거에 학습된 모양과 연관시킬 수 있으면 해석이 분명해지지만 연관시킬 수 없으면 해석이 불분명해진다고 한다. 따라서 익숙하지 않은 형태는 관찰할 시간이 필요하며 이때 원·삼각형·사각형 등과 같이 단순한 형태들이 복잡한 형태보다 더 쉽게 지각된다.

형태를 만드는 기초 단위는 점·선·면 등이다. 점은 선을 이루는 기본 단위이다. 선은 직선·곡선으로 나누어진다. 직선은 수평선·수직선·사선 등이 있다. 곡선은 기하·자유 곡선이 있다. 다양한 종류의 선들은 모든 사물의 형태를 나타내기도 하고, 강약·방향·굵기·길이·속도·힘·리듬 등에 의해 개성이나 감정을 표현하기도 한다. 따라서 카메라로 영상을 촬영할 때 선은 구도를 구성할 때 많은 영향을 준다. 촬영된 영상 속에서 다양한 종류의 선들이 표현하는 분위기를 살펴보면 다음 표와 같다.

선의 종류	선의 분위기
수평선	안정·휴식·조용함
수직선	상승·엄숙·길이가 길다

대각선	원근감·집중·확산
사선	불안정·방향감·운동감·속도감
곡선	변화·움직임·자유로움·부드러움·아름다움

표 10-1 선의 종류에 따른 시선의 이동 방향과 분위기

면은 선에 의해 폐쇄될 때 만들어지고 형태를 만드는 기본적 요소이며 크기는 상대적인 비교에 의해 구분된다. 면이 모여서 형태가 만들어질 때 복잡한 형태보다 단순한 형태가 강한 느낌을 준다.

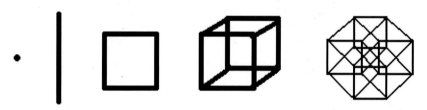

그림 10-1 점·선·면 등이 모여 형태와 입체감을 만들어내는 원리

인간이 일상에서 시각을 통해 바라보는 물체는 형태와 배경이 존재함으로 구분된다. 다음 그림은 형태와 배경이 만들어지는 근본 원리를 설명하기 위해 쿠르트 코프카[1]가 그린 것이다. 8개 수직선 중에서 서로 가까이 있는 선 2개가 모여 4개의 기둥이 만들어지면서 형태가 되고 나머지는 배경이 되는 것을 볼 수 있다. 이는 서로 가까이 있을수록 그룹 지어지며 형태로 보일 가능성이 커진다는 것이다. 이 그림에서 4개의 기둥과 기둥 사이에 있는 또 다른 3개의 기둥을 동시에 보기는 어렵다.

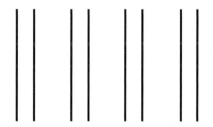

그림 10-2 형태와 배경이 구분되는 원리

---

1 Kurt Koffka. 독일의 심리학자이다. 형태심리학(게슈탈트심리학) 창시자 중 한 사람이며, 지각, 기억의 연구가 있다. 이 학파의 업적을 영어권으로 소개하는 데 공헌하였고, 그의 주저로 '게슈탈트 심리학 원론'이 있다.

다음 2개의 그림은 덴마크의 심리학자 루빈[2]이 배경과 형태의 관계를 설명하기 위해 그린 것이다. 1번 그림은 검은색 컵이 차지하는 면적이 커서 경계선을 소유하며 형태로 인식되고 컵 주변의 흰색은 배경이 된다. 2번 그림은 배경으로 보이는 흰색의 면적이 커지면서 경계선을 소유해 형태가 반전되어 보이는 현상이 나타난다.

그림 10-3 검은색 컵이 형태(1), 형태가 반전된 이미지(2)

1-1 게슈탈트 이론

게슈탈트gestalt는 형태나 모양을 의미하는 독일어이지만, 사람이 시각으로 형태를 지각할 때 나타나는 심리적인 작용과 특성을 의미하는 용어로 사용되기도 한다. 사람이 눈으로 형태를 바라볼 때, 눈은 형태가 주는 자극을 받아들이고 뇌는 각각 분절된 게슈탈트들 속에서 공통점을 찾아 그룹화시키며 빨리 인식할 수 있는 간단한 형태로 단순화시킨다. 이때 주변 환경이나 개인에 따라 조금씩 차이가 있지만 유사성·근접성·연속성·폐쇄성 등의 법칙들이 사용된다.

근접성 법칙은 인간의 시각이 서로 근접해 있는 것을 밀접하게 연관시키며 그룹화시려는 심리가 강해서 형태로 보일 가능성이 크다는 것이다. 다음 2장의 그림은 전체적으로 사각형으로 보이지만 각 점들은 근접성 법칙에 의해 하나의 선으로도 인식된다.

---

2   Edgar John Rubin(1886~1951). 덴마크의 심리학자이다. 독일 괴팅겐대학에서 시 지각 도형에 관한 고전적 실험을 실시하여 1915년에 학위를 받았다. 시 지각 도형에 관한 그의 연구는 1921년 형태심리학에 채용되어, 심리학에 큰 영향을 주었다.

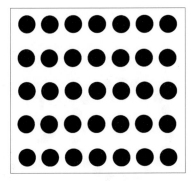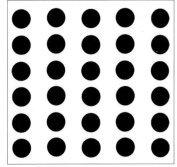

그림 10-4 근접성 법칙의 예(1·2)

유사성 법칙은 사람의 시각이 형태·색상·질감·명암·크기·운동성 등과 같은 공통점이 있는 요소들끼리 서로 군집화시키며 하나의 통폐합 패턴으로 인식하려는 것이며, 근접성보다 강한 군집화를 만든다.

다음 1번 그림은 유사성에 의한 군집화로 전체가 사각형으로 보인다. 2번 그림은 전체적으로는 사각형으로 보이지만, 유사성에 의한 군집화에 의해 사각형은 수평으로 구별되며 3줄로 보이고, 원은 수평으로 구별되며 4줄로 보인다. 3번 그림은 유사성에 의한 군집화 과정에 대칭 에너지가 작용하는 것을 보여주는 것이다. 그림에서 대칭으로 보이는 1·3·5 부분은 쉽게 형태로 인식된다. 반면 비대칭으로 보이는 2와 4부분은 형태로 인식하기 어렵다. 이와 같이 대칭은 에너지가 군집되고 비대칭은 에너지가 분리되는 것이 특징이다.

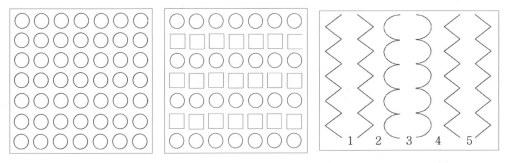

그림 10-5 전체가 사각형으로 보임(1), 사각형과 원이 분리되어 보임(2), 대칭에 의한 군집화 현상(3)

폐쇄성 법칙은 인간의 시각이 불완전한 형태를 볼 때 과거에 학습된 경험에 의해 완전한 형태로 인식하려는 경향이다. 이때 폐쇄된 형태가 개방된 형태보다 더 쉽게 형태로 인식된다. 다음 1·2·3번 그림은 불완전한 사각형·삼각형·원이지만 폐쇄성 법칙에 의해 완전한 사각형·삼각형·원으로 보인다. 4번 그림은 폐쇄성 법칙에 의해 중앙의 흰색 사각형, 검은색 사각형, 흰색 사각형을 둘러싸고 있는 검은색 원의 순서로 보게 된다.

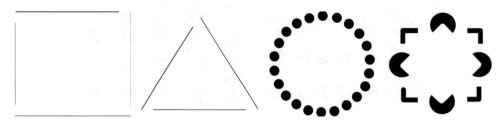

그림 10-6 불완전한 사각형(1), 불완전한 삼각형(2), 불완전한 원(3),
중앙의 흰색 사각형, 검은색 사각형, 흰색 사각형을 둘러싸고 있는 검은색 원의 순서로 보이는 이미지(4)

연속성 법칙은 사람의 시각이 연속되는 것을 좋아하고 급격하게 변화되는 것을 좋아하지 않는다는 것이며, 이와 같은 현상은 형태를 만드는 고유한 특성이 될 수 있다는 것이다.

다음 그림에서는 여러 점이 선으로 인식되면서 형태를 만들지만 X 자 두 개를 제일 먼저 보게 된다. 이는 사람의 시각이 연속되고 변화되지 않는 직선을 우선적으로 보기 때문이다. 다음은 폐쇄성 법칙에 의해 중앙의 다이아몬드 형태를 보게 된다. 더 집중해서 보면 W·M·V 등도 볼 수 있다. 이는 W·M·V 등이 직선으로 이루어지지 않고 진행 중에 방향이 바뀌어 직선으로 이루어진 X에 비해 인식되는 속도가 느리기 때문이다.

그림 10-7 연속성 법칙의 예

1-1-1 화면의 구도를 구성할 때 게슈탈트 이론을 응용하는 방법

앞서 설명한 근접성·유사성·연속성·폐쇄성 법칙들의 공통점은 사람의 시각이 형태들이 복잡하게 구성되어 있어도 단순화·안정화시켜보려는 심리적 경향이라는 것이다.

TV 방송 프로그램을 제작하기 위해 카메라로 촬영할 때도, 각 장면이 시청자들에게 분명한 메시지를 전달하려면 화면 속에 피사체들을 적절하게 배치하는 구도라는 회화적 요소를 사용해 특정의 주제(형태)를 명료화·단순화시키며 시각적으로 강조되게 한다. 예를 들어 게슈탈트 이론을 응용해 주 피사체를 먼저 바라보게 되는 구도를 사용하면 시청자들도 자연스럽게 주 피사체에 관심을 가지게 되고 심리적으로 어떤 느낌을 받는다. 이와 같은 영상 인식에 대한 게슈탈트 이론은 독일의 심리학자 막스 베르트하이머[3], 쿠르트 코프카Kurt Koffka 등에 의해 발전했고, 그것을 바탕으로 루돌프 아른하임[4]이 예술과 시지각의 관계를 설명했다.

게슈탈트 이론은 사진·일러스트·동영상·사운드 등의 다양한 분야에 적용되며, 그것을 보고 듣는 사람들이 심리적으로 어떤 영향을 받는지를 설명하는 기본 원리로 사용되고 있다. 다음 내용은 카메라로 영상을 촬영할 때 게슈탈트 이론을 응용해 시각적으로 주제가 분명해지는 구도를 구성하는 방법론에 대해 간략히 요약한 것이다.

- 인간의 시각은 처음 보는 형태보다 익숙한 형태를 쉽게 인식한다.
- 복잡한 형태보다 단순한 형태를 좋아한다.
- 시야의 중앙을 차지하는 것이 형태가 되기 쉽다.
- 수평·수직 방향으로 있는 것이 사선 방향으로 있는 것보다 형태가 되기 쉽다.
- 경계선으로 둘러싸인 영역이 형태가 된다.
- 군집화되면 형태가 된다.
- 비대칭보다 대칭이 형태가 되기 쉽다.
- 연속성은 형태를 만드는 특성으로 작용한다.

---

3 Max Wertheimer. 대상을 지각할 때 일정불변하게 지각되지 않고 인간의 심리 상태, 주의(attention)의 상태, 흥미의 정도, 관심의 정도, 과거의 경험과 기억 등이 복합된 적극적 활동에 좌우된다는 이론을 만들었다.

4 Rudolph Arnheim. 독일의 미술 비평가이며 예술심리학자이며, 형식면에서 영화의 예술성을 논하였다. 몽타주 이론을 미학적으로 뒷받침한 저서인 예술로서의 영화가 있는데, 영상의 형식과 예술적 효과를 분석한 내용이다.

1-1-2 착시 현상

게슈탈트 이론에 사용되는 근접성·유사성·연속성·폐쇄성 등의 법칙들은 사람의 뇌가 각각 분절된 게슈탈트들을 단순화·안정화시키는 과정에 나타나는 **착시 현상**의 일종이다. 카메라로 영상을 촬영할 때 착시 현상은 원근감, 밝기 대비, 색 대비, 기하학적, 가현운동, 유도운동 등과 같이 매우 다양한 요인에 의해서 나타난다. 그중 기하학적, 가현운동, 유도운동 등을 제외한 나머지는 원근법·색·조명 항목 등에서 별도로 설명한다.

① 기하학적 착시

기하학적 착시는 사람의 시각이 도형이나 색을 인식할 때 단순화·안정화시키는 과정에 시각적으로 잘못보거나 빈곳을 채우는 과정에 나타난다.

② 가현운동

가현운동은 어떤 불빛이 0.06초 간격을 두고 연속적으로 깜박이면 인간의 시각이 계속 켜져 있는 것으로 착각하는 현상이다. 이는 사람의 눈이 불빛을 바라보고 난 다음 망막에서 이미지가 아주 짧은 시간 동안 남아 있는 잔상 때문이다(동영상의 생성 원리 항목 참고).

③ 유도운동

유도운동은 사람의 눈이 정지해 있는 것을 움직이는 것으로 느끼거나, 반대로 움직이고 있는 것을 정지된 것으로 착각하는 현상이다. 예를 들어 도로에 자동차가 밀려 줄지어 정차해 있을 때 눈에 보이는 차가 움직이는 것인데도 불구하고 자신이 타고 있는 차가 움직이는 것처럼 착각하기도 한다. 참고로 이와 같은 원리를 응용해주 피사체는 정지해 있고 주 피사체 배경에 스크린을 설치한 다음 움직이는 동영상을 디스플레이하면서 주 피사체가 움직이는 것처럼 촬영하는 것을 **스크린 프로세스**screen process 기법이라 한다.

1-2 원근법

원근법은 인간이 눈으로 보는 3차원의 현실을 2차원의 평면 위에 그림으로 묘사할 때 원근감·깊이감·입체감 등을 표현하는 회화기법이며, 선·대기 원근법으로 나누어진다. 카메라로 영상을 촬영하고 다양한 종류의 디스플레이 장치로 재현할 때도 원근법은 2차원의 평면에서 원근감·깊이감·입체감 등을 표현하는 가장 핵심적인 요소이다.

선 원근법은 선에 의해 원근감을 표현하는 것이다. 다음 2번 사진에서는 수평과 수직선이 거리가 멀어지면서 점진적으로 길이가 줄어들다가 서로 가까워지며 무한대의 거리에서 점으로 만나 소실되는 것을 볼 수 있다. **대기 원근법**은 공기 또는 빛의 작용으로 생기는 색상·채도·선명도 등의 차이로 원근감을 표현하는 것이다. 다음 3번 사진에서는 거리가 멀어질수록 피사체가 점점 푸른색으로 변하며 채도가 감소하고 선명도가 떨어지면서 흐릿하게 보이는 현상이 나타나는 것을 볼 수 있다.

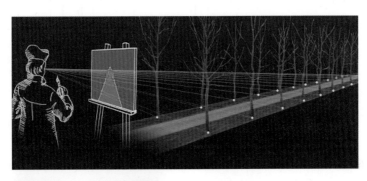

그림 10-8 원근법을 이용한 회화기법(1), 선 원근법과 소실점(2), 대기 원근법(3)

다음 2장의 그림은 2차원의 평면 위에 그려진 도형 크기로 원근감이 만들어지는 원리를 설명한 것이다. 도형이 클수록 가까이 있고 작을수록 멀리 있다고 느낀다. 카메라로 3차원의 현실을 촬영하고 2차원의 평면 디스플레이 장치에서 재현할 때도 이와 같은 원리가 적용되며, 가까이 있고 크게 보일수록 강조되므로 주제가 된다(선 원근법과 같은 원리).

 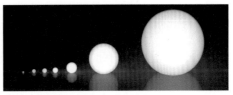

그림 10-9 도형의 상대적 크기에 의한 원근감 표현의 원리(1·2)

다음 2장의 그림은 2차원의 평면 위에서 면의 중첩에 의해 원근감이 나타나는 원리를 설명한 것이다. 1번 그림에서는 A가 B의 앞쪽에 위치한다. 2번 그림에서는 B가 A의 앞쪽에 위치한다. 이는 형태가 서로 중첩되어보일 때 경계선을 소유하면서 완전한 형태로 보이는 것이 가까이 있고, 형태가 가려지면서 경계선을 소유하지 못해 완전한 형태로 보이지 않는 것이 멀리 있다는 것이다.

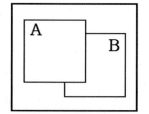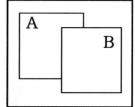

그림 10-10 A가 B보다 앞에 있음(1), B가 A보다 앞에 있음(2)

카메라로 현실의 3차원 공간을 촬영하고 2차원의 평면 디스플레이 장치에서 재현할 때도, 카메라가 촬영하는 각도·높이 등의 차이로 달라지는 면의 중첩효과에 의해 원근감이 나타난다. 다음 1번 사진은 카메라가 높은 곳에서 촬영해 컵과 귤이 쟁반 위에 있고 서로 떨어져 있다는 것이 잘 나타난다. 2번 사진은 카메라가 피사체와 같은 높이에서 촬영해 컵과 귤 사이의 거리감은 잘 나타나지 않지만, 면의 중첩 효과로 컵과 귤이 쟁반 위에 있다는 것이 표현된다.

그림 10-11 카메라가 피사체보다 높은 곳에서 촬영(1), 카메라가 피사체와 같은 높이에서 촬영(2)

1-2-1 화면 속 피사체 크기 인식과 주제 변화의 상관관계

시청자들이 카메라로 촬영된 영상을 보면서 화면 속 피사체의 객관적인 크기를 인식할 때는 일상에서 경험으로 형성된 학습에 의해 주 피사체와 주변 물체들을(사람·건물 등) 서로 비교하면서 판단한다. 다음 1번 사진의 나비가 2번 사진의 새보다 더 크게 보여도 시청자들은 새를 더 크다고 인식한다. 3번 사진에서는 화면 하단에 보이는 옹기들이 화면 상단에 보이는 집보다 크게 보여도 집이 더 큰 것으로 인식한다. 4번 사진에서는 사람과 개의 상대적인 비교에 의해 사람과 개 주변에 있는 바위들 크기를 인식한다.

그림 10-12 나비(1), 새(2), 집과 옹기(3), 사람과 개(4)

앞서 게슈탈트 이론에서 설명한 바와 같이, 형태는 클수록 면적을 많이 차지하므로 세력이 우세해 주제가 되고 작을수록 면적을 적게 차지해 세력이 약해지며 부제가 된다. 예를 들어 다음 3장의 사진과 같이 인물 촬영도 화면 속에서 인물이 차지하는 면적이 클수록 강조되며 주제가 되고 인물이 차지하는 면적이 적을수록 약화되며 부제가 된다(형태와 배경 항목 참고).

그림 10-13 화면 속에서 인물 크기 차이에 따른 강조의 예(1·2·3)

1-2-2 화면 가장자리가 주 피사체에 미치는 영향

카메라로 영상을 촬영할 때 주 피사체는 화면의 가장자리들이 끌어당기거나 밀어내는 에너지의 영향을 받아 시각적·심리적으로 각각 다르게 표현된다. 다음 1번 사진에서는 종이컵이 화면 가장자리들이 끌어당기는 에너지의 영향을 받아 실제보다 크게 보여서 더욱 강조된다. 2번 사진에서는 종이컵이 화면 가장자리들이 안쪽으로 밀어내는 에너지의 영향을 받아 실제보다 작아 보여서 더욱 약화된다.

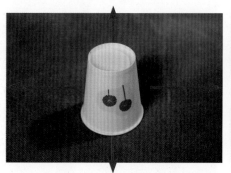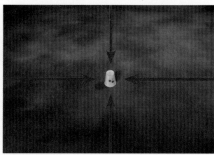

그림 10-14 컵이 실제보다 크게 보임(1), 컵이 실제보다 작게 보임(2)

주 피사체가 화면 속에서 차지하는 위치 차이에 따라서도 시각적·심리적으로 각각 다른 느낌을 표현한다. 이는 화면 가장자리가 끌어당기거나 밀어내는 에너지가 작용하기 때문이다.

① 가운데 부분

화면 속에서 가운데 부분은 주제를 위치시키는 곳이다. 참고로 가운데를 중심으로 피사체가 대칭으로 배치되면 서로 끌어당기는 에너지가 작용해 더욱 강조된다.

② 위 부분

화면의 위 부분에 배치된 피사체는 높은 곳에 있다는 느낌을 주며 힘·열망·권위·지배·성스러움 등을 상징적으로 표현한다. 하지만 화면의 가장자리와 매우 가까운 곳에 위치하면 가장자리가 끌어당기는 에너지의 영향을 받아 화면 밖으로 벗어날 것 같은 느낌을 주므로 불안정하게 보인다.

③ 아래 부분

화면의 아래 부분에 배치된 피사체는 낮은 곳에 있으며 굴종·취약성·무력함(나약함) 등을 표현한다. 하지만 화면의 가장자리와 매우 가까운 곳에 위치하면, 가장자리가 끌어당기는 에너지의 영향을 받아 화면 밖으로 벗어날 것 같은 느낌을 주므로 불안정하게 보인다.

④ 좌우 가장자리 부분

화면의 좌우 가장자리 부분은 주 피사체 주변의 물체들이 배치되는 곳이다.

⑤ 모서리 부분

모서리 부분에 주 피사체가 위치하면 고립되고 소외된 느낌을 준다.

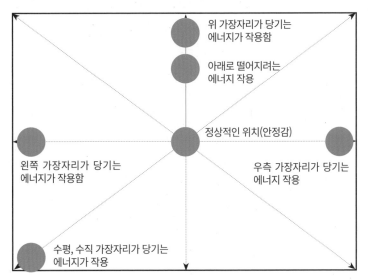

그림 10-15 화면 속에서 주 피사체가 차지하는 위치에 따른 시각적 느낌의 차이

다음 사진 2장은 같은 상황에서 화면 속에 주 피사체가 차지하는 위치 차이로도 각각 다른 느낌을 표현하는 예이다. 1번 사진의 인물은 화면 상단에 위치해 2번 사진에 비해 더 높은 곳에서 촬영하는 것처럼 보여서 위험하게 보인다. 2번 사진의 인물은 화면 하단에 위치해 1번 사진보다 낮은 곳에서 촬영하는 것처럼 보여서 안정감 있게 보인다. 이와 같이 화면 가장자리가 화면 속 피사체에 영향을 주고, 그로인해 화면을 바라보는 시청자들의 심리에도 어떤 영향을 주는 에너지를 벡터라 한다(구도 항목 참고).

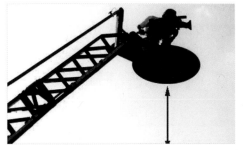

그림 10-16 화면 속에서 주 피사체가 높은 곳에 위치(1), 화면 속에서 주 피사체가 낮은 곳에 위치(2)

TV 방송 프로그램이나 영화는 다양한 장면들이 연속적으로 나열되며 이야기를 만든다. 이때 각각 의미를 담고 있는 하나하나의 장면을 샷(쇼트)·컷·커트라 한다. 그보다 길이가 긴 영상의 단위에는 씬·시퀀스가 있다. 예를 들어 TV드라마나 영화는 여러 개의 샷이 연결되면서 하나의 씬이 만들어 지고, 여러 개의 씬이 연결되면서 하나의 시퀀스를 만들며, 여러 개의 시퀀스가 연결되면서 1편의 작품으로 완성된다.

샷shot은 카메라로 영상을 촬영하거나 촬영된 영상을 편집할 때 공통적으로 사용하는 용어다. 인물을 촬영할 때는 화면 속에 보이는 인물 수에 따라 원 샷1 shot, 투 샷2 shot, 쓰리 샷3 shot, 그룹 샷group shot 등으로 사용한다. 사람의 몸을 자르는 위치에 따라서는 풀 샷full shot, 니 샷knee shot, 웨이스트 샷waist shot, 바스트 샷bust shot, 클로즈업 샷close up shot 등으로 사용한다. 풍경이나 특정의 피사체를 촬영할 때는 화면 속에 보이는 풍경의 범위나 피사체 크기에 따라 롱 샷long shot, 풀 샷full shot, 클로즈업 샷close up shot 등으로 사용한다. 촬영된 영상을 편집할 때는 여러 장면 중에서 특정의 장면만을 지칭하는 용어로 사용한다.

컷·커트cut는 촬영과 편집할 때 공통적으로 사용하는 용어다. 촬영할 때는 카메라의 녹화 버튼을 누르고 끝내기 위해 다시 버튼을 누르는 순간까지 기록되는 영상의 단위다. 편집할 때는 많은 장면 중에서 특정의 장면을 지칭하거나, 한 장면에서 필요한 부분과 불필요한 부분을 잘라내는 시작점과 끝나는 지점을 의미한다. 대사·동작·음악 등이 끝나는 것을 의미하는 용어로도 사용한다. 참고로 제작 현장에서는 **큐**cue·**액션**action이라는 용어도 흔하게 사용한다. 큐는 대사·동작·음악 등의 시작을, 액션은 사람의 움직임을 지시하는 신호로 사용한다.

씬scene은 카메라로 영상을 촬영하거나 촬영된 영상을 편집할 때 공통적으로 사용하며, 특정 장소에서 같은 시간에 진행되는 액션이나 대사로 만들어지는 작은 이야기의 단위이다. 영화나 드라마에서 **롱 테이크**5로 촬영하는 하나의 장면은 한 컷이면서 한 씬의 역할을 하는 경우도 있다.

---

5 long take. 테이크는 한 씬이나 한 쇼트의 촬영이 길이가 긴 것을 의미한다. 즉 카메라의 작동 스위치가 작동하여 중단 없이 촬영된 하나의 연속적인 화면 단위이며, 영화 촬영에서 많이 사용하고 쇼트와 같은 의미다. 하나의 쇼트는 한 번의 테이크에 의해 만들어지는데, 한 컷의 길이가 길게 진행 되는 것을 롱 테이크라 표현한다.

시퀀스^{sequence}는 몇 개의 씬이 모여 만들어지는 이야기의 단위이며, 대부분의 경우 **페이드인**[6]으로 시작되어 **페이드아웃**[7]으로 끝난다.

2-1 화면의 여백

인물을 촬영할 때 대부분의 경우 인물이 화면 전체를 채우지 못하므로 좌우상하 지역에 여백(공간)이 생긴다. 이때 여백을 잘못 사용하면 인물이 가진 에너지와 화면 가장자리들이 끌어당기거나 밀어내는 에너지(벡터)에 의해, 화면을 바라보는 시청자들의 심리에도 영향을 준다. 정상적으로 사용되는 여백은 화면 가장자리들에 의해 작용하는 에너지의 양을 적절히 조절하면서 시청자들이 심리적으로 안정감을 느끼게 한다. 인물이나 카메라가 움직이는 중에도 여백은 지속적으로 유지되어야 하며, 화면 속에서 여백이 차지하는 위치에 따라 헤드 룸·아이 룸·리드 룸·룩킹 룸 등의 용어를 사용한다.

2-1-1 헤드 룸

헤드 룸^{head room}은 인물의 머리와 화면 상단 프레임 사이의 여백이며 인물 크기에 따라 여백을 사용하는 양도 다르다. 다음 1번 사진은 헤드 룸이 없어서, 화면 위쪽 가장자리가 인물을 위로 끌어당기므로 시청자들에게 불안한 느낌을 준다. 2번 사진은 헤드 룸이 너무 많아서, 화면 아래쪽 가장자리가 인물을 아래로 끌어당기며 화면을 벗어나게 할 것 같은 느낌을 주므로 시청자들은 불안하게 보인다. 3번 사진은 헤드 룸이 적당해, 화면 위쪽 가장자리가 인물을 끌어당기는 장력을 적절히 조절하므로 시청자들에게 안정감을 준다. 참고로 **풋 룸**^{foot loom}은 인물의 발과 화면 아래쪽 가장자리 사이의 여백이며 헤드 룸 양의 1/2을 사용하는 것이 일반적이다.

그림 10-17 헤드 룸 없음(1), 헤드 룸 과다(2), 헤드 룸 적정(3)

---

6 fade in(F.I)은 어두운 블랙 레벨 상태에서 점진적으로 화면이 밝아지면서 정상적인 비디오 레벨이 되는 과정을 의미한다.

7 fade out(F.O)은 정상적인 밝기의 화면이 점차 어두워지면서 완전히 암흑으로 바뀌는 과정을 의미하는 용어다.

2-1-2 아이 룸, 리드 룸

화면 속에서 인물의 시선 방향으로 사용하는 여백을 **아이 룸**^{eye room}, **룩킹 룸**^{looking room}, **노우즈 룸**^{noseroom}이라 한다. 다음 1번 사진은 인물의 시선 방향으로 여백이 부족해 화면 우측 가장자리가 인물을 강하게 끌어당기므로 시청자들에게 답답하고 불안한 느낌을 준다. 2번 사진은 인물의 시선 방향으로 여백이 넉넉해, 화면 좌측 가장자리가 끌어당기는 에너지가 약해지므로 시청자들에게 안정감을 준다.

그림 10-18 잘못 사용된 아이 룸(1), 올바르게 사용된 아이 룸(2)

인물을 촬영할 때, 화면 속에서 인물의 시선이 좌우 방향으로 변화함에 따라 아이 룸을 사용하는 양도 달라진다. 다음 1번 사진과 같이 인물이 정면을 바라보면 화면 좌우의 여백을 동일하게 사용한다. 2·3번 사진과 같이 인물의 시선이 이동하면 이동하는 방향으로 여백을 더 많이 사용한다.

그림 10-19 인물의 시선이 정면을 바라봄(1), 인물의 시선이 좌측으로 이동(2), 인물의 시선이 좌측으로 이동(3)

리드 룸^{lead room}은 사람이나 물체가 움직이는 것을 촬영할 때 움직이는 방향으로 여백을 더 많이 사용하는 것이다. 다음 1번 사진은 리드 룸이 부족해 인물이 화면 좌측 가장자리에 부딪힐 것 같은 느낌을 주므로 시청자들이 불안하고 답답한 느낌을 받는다. 2번 사진은 리드 룸에 여유가 있어 시청자들이 안정된 느낌을 받는다. 3·4번 사진과 같이 움직이는 피사체들을 촬영할 때도 움직이는 방향으로 여백을 더 많이 사용한다.

그림 10-20 잘못 사용된 리드 룸(1), 올바르게 사용된 리드 룸(2), 움직이는 피사체의 리드 룸(3·4)

2-2 화면 크기

TV수상기를 통해 다양한 TV 방송 프로그램을 장시간 동안 시청해온 대부분 시청자들은 전문가들이 영상미학(영상문법)을 잘 지키면서 촬영한 화면 크기에 익숙해져 있다. 따라서 인물을 촬영하면서 인물의 신체를 자를 때는 미학적으로 정해진 기준을 사용하면서 전문가들과 비슷한 화면 크기를 사용해야 시청자들에게 안정감을 준다. 예능 프로그램 촬영은 규정된 화면 크기를 무시하는 경우도 있지만 예능 프로그램에 한정된 것이다. 그 이외에 대부분의 프로그램들은 규정된 화면 크기를 잘 지키면서 촬영하는 것이 기본이다.

화면 크기는 설명의 편의성을 위해 크게 롱 샷, 미디엄 샷, 클로즈업 샷 등으로 나눈 다음 각각 세분화시켰다. 풍경 촬영은 주로 특정 장소의 시간적·공간적 분위기를 설명하는 것이 목적이므로 상황에 맞는 화면 크기를 선택해 사용한다. 인물 촬영은 신체를 자르는 위치에 따라 화면 크기가 다양하게 나누어지지만, 인물의 표정을 강조할 때는 클로즈업, 벌어지는 상황을 보여줄 때는 풀 샷, 롱 샷 등을 사용한다. 카메라나 인물이 움직이면 인물 크기가 변하지만 움직임의 시작과 끝나는 부분은 미학적으로 규정된 화면 크기를 사용한다. 참고로 인물을 촬영할 때 렌즈의 화각이 화면 크기에 매우 큰 영향을 미치므로 상황에 맞는 렌즈를 선택해 사용한다.

2-2-1 롱 샷

롱 샷long shot, L.S은 어떤 장소의 규모나 공간의 분위기, 인물 수나 움직임을 보여줄 때 주로 사용하며 익스트림 롱 샷, 롱 샷, 풀 샷 등으로 나누어진다. 일반적으로 와이드 렌즈를 주로 사용한다.

① 익스트림 롱 샷

익스트림 롱 샷extreme long shot, E.L.S은 특정 지역(장소)을 매우 넓게 보여주면서 공간적·시간적 분위기를 잘 표현하므로, 이야기의 시작이나 끝부분에 사용하는 경우가 많다(상황을 설명하는 구축 샷). 다음 2장의 사진들은 어떤 도시의 분위기와 규모를 보여주는 익스트림 롱 샷이다.

그림 10-21 익스트림 롱 샷(1·2)

익스트림 롱 샷은 헬리콥터나 드론을 이용해 화면 속에 유동성이 잘 표현되도록 항공 촬영을 하는 경우가 많다. 헬리콥터는 기체 외부 **짐벌**gimbal(흔들림 보정장치)에 카메라를 장착하고, 내부에서 카메라가 출력하는 화면을 모니터로 보면서 리모트 컨트롤을 이용해 카메라를 조절하며 촬영한다. 이 방식은 비교적 바람의 영향을 덜 받는다는 것이 장점이지만 많은 비용이 발생하고 매우 낮은 저공 촬영이 어렵다는 것이 단점이다.

드론은 저렴한 비용으로 항공 촬영을 할 수 있고 아주 낮은 고도의 저공 촬영도 쉽게 할 수 있다는 것이 장점이지만, 바람이 강하게 불 때 촬영할 수 없다는 것이 단점이다. 참고로 헬리콥터나 드론을 이용하지 않을 때에는 건물 옥상이나 산 정상 등과 같이 높은 곳에서 촬영하는 경우도 있다.

그림 10-22 헬리콥터 외부에 짐벌을 장착한 모습(1), 짐벌에 장착된 카메라(2), 리모트 컨트롤(3), 드론(4·5)

참고로 항공 촬영이 어려운 환경에서 항공 촬영과 비슷한 영상을 촬영하기 위한 목적으로 사용하는 **케이블 카메라**^{cable camera}는 공중에서 케이블을 따라 움직이도록 카메라를 설치하고 리모트 컨트롤로 조정하면서 촬영한다. 이 방식은 피사체 가까이에서 항공 촬영을 한 것과 같이 화면 속에 유동성이 풍부하게 나타나므로 시각적으로 매우 다이나믹하게 보인다는 것이 장점이다. 영화, 드라마, 예능 프로그램, 자연 다큐멘터리, 각종 스포츠 경기 중계 등과 같이 매우 다양한 분야에서 사용한다.

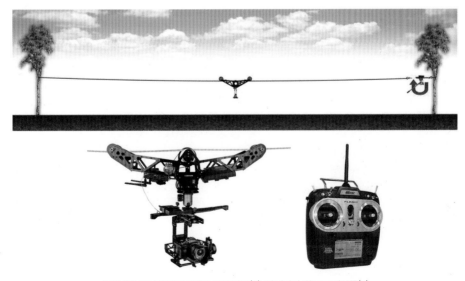

그림 10-23 케이블 카메라 설치 방식(1), 카메라와 리모트 컨트롤(2)

② 롱 샷

롱 샷long shot, L.S은 익스트림 롱 샷보다 작은 범위를 보여주는 것이며, 특정 장소의 시간적·공간적 분위기를 표현할 때 주로 사용한다. 인물을 촬영할 때는 주변 환경이 넓게 보여서 인물이 강조되지 않지만 인물이 처한 상황이나 위치, 인물 수 등을 알 수 있다. 사람 수가 많을 때 한 번에 모두 보여주는 목적으로도 사용한다.

그림 10-24 특정 장소의 롱 샷(1), 특정 장소와 인물의 롱 샷(2)

③ 풀 샷

풀 샷full shot, F.S은 롱 샷보다 작은 범위를 보여주는 것이며, 피사체의 전체 모습, 인물과 인물의 관계, 물체와 사람의 관계, 물체들의 상호 위치관계 등을 보여줄 때 주로 사용한다. 인물은 머리부터 발끝까지 모두 보여주므로 얼굴 표정은 잘 보이지 않지만 공연, 패션 쇼, 스포츠 경기, 무용 등을 촬영할 때 인물의 움직임을 한 프레임 내에 모두 보여주기 좋다. 드라마나 영화에서는 인물이 처한 상황이나, 인물이 움직이면서 위치가 바뀌는 것을 설명하기 위한 용도로 사용하기도 한다. 1명의 인물을 촬영할 때에는 화면 좌우에 여백이 많이 생겨서 안정감 있는 구도로 구성해야 한다. 참고로 풀 샷보다 헤드 룸을 줄이고 인물을 더 타이트하게 보여주는 것을 **풀 피겨 샷**full figure shot이라 한다.

그림 10-25 특정 장소의 풀 샷(1), 사람의 풀 샷(2), 사람의 풀 피겨 샷(3)

2-2-2 미디엄 샷

미디엄 샷^{medium shot, M.S}은 풀 샷보다 작은 범위를 보여주는 것이다. 주로 특정 장소·상황·인물 등을 구체적으로 이해할 수 있게 해주므로 시청자들의 관심이 집중된다. 인물 촬영은 신체를 자르는 위치에 따라 니 샷, 웨이스트 샷, 미디엄 샷 등으로 나누어지며, 안정된 구도를 구성하기 위해 헤드·아이·룩킹·리드 룸 등의 여백을 사용한다는 것이 공통점이다. 일반적으로 표준·망원 렌즈를 주로 사용한다.

그림 10-26 특정 장소의 미디엄 샷

① 니 샷

니 샷^{knee shot, K.S}은 인물의 무릎부터 머리까지 보여주므로 얼굴 표정은 잘 보이지 않지만 인물의 움직임을 잘 보여줄 수 있다.

그림 10-27 인물 1명의 니 샷(1), 인물 2명의 니 샷(2)

② 웨이스트 샷

웨이스트 샷^{waist shot, W.S}은 인물의 허리에서 머리까지 보여주므로 니 샷에 비해 얼굴 표정이 더 잘 보인다.

③ 미디엄 샷

미디엄 샷^{medium shot, M.S}은 인물의 팔목에서 머리까지 보여주는 것이다. 비교적 얼굴 표정이 잘 보여서 매우 흔하게 사용한다.

그림 10-28 웨이스트 샷(1·2), 미디엄 샷(3)

2-2-3 클로즈업 샷

클로즈업 샷close up shot, C.U은 피사체가 크게 보이도록 촬영하므로 시청자들의 시선(관심)을 집중시킨다. 인물은 얼굴 표정이 분명하게 보여 감정이 잘 표현되며, 신체를 자르는 위치에 따라 바스트·클로즈업·빅 클로즈업 샷 등으로 나누어진다. 망원 렌즈로 촬영하는 것이 일반적이다.

① 바스트 샷

바스트 샷bust shot, B.S은 인물의 가슴부터 머리까지 보여준다. 얼굴 표정이 잘 보여서 인물의 감정 상태가 매우 잘 표현되기 때문에 TV 방송에서 가장 흔하게 사용한다. 시청자들이 화면을 바라볼 때 가장 먼저 인물의 눈에 관심을 집중하므로 눈의 위치가 중요하다. 다음 1번 사진에서와 같이 눈은 화면을 수평으로 3등분한 다음 2/3 지점이나 그보다 조금 아래에 둔다. 인물의 신체를 자르는 위치가 잘못되거나 헤드 룸을 잘못 사용하면 눈의 위치가 달라지며 어색한 구도가 만들어지므로 주의해야 한다.

참고로 바스트 샷보다 더 타이트하게 촬영하는 것을 **타이트 바스트**tight bust shot, T.B.S라 한다. 인물의 어깨부터 머리까지 보여주지만 머리를 조금 자르므로 헤드 룸은 없고 아이 룸은 있다. 눈의 위치는 바스트 샷과 같다. 바스트 샷에 비해 얼굴 표정이 더 잘 보여서 극적 긴장감이 고조되는 상황에서 주로 사용한다.

그림 10-29 바스트 샷에서 정상적인 눈의 위치(1), 바스트 샷에서 잘못된 눈의 위치(2), 타이트 바스트 샷(3)

② 클로즈업 샷

클로즈업 샷^{close up shot, C.U}은 인물의 이마와 턱을 자르며 얼굴을 매우 크게 보여주므로 헤드 룸은 없지만 아이 룸은 있다. 눈의 위치는 클로즈 샷과 같다. 얼굴 표정이 매우 정확하게 보여서 극단적인 심리상태를 표현할 때 주로 사용한다.

③ 빅 클로즈업 샷

빅 클로즈업 샷^{big close up shot, B.C.U}은 클로즈업 샷보다 피사체가 더 크게 보이도록 촬영하는 것이다. 인물은 눈·코·입 등의 특정 부분을 아주 크게 보여주므로, 감정변화(흥분·긴장·놀라움)가 매우 섬세하게 표현되어 극적 긴장감이 강하게 나타난다. 빅 클로즈업 샷보다 더 크게 보여주는 것을 **익스트림 클로즈업 샷**^{extreme close up shot, E.C.U}이라 한다.

그림 10-30 클로즈업 샷(1), 빅 클로즈업 샷(2), 익스트림 클로즈업 샷(3)

참고로 자연 다큐멘터리에서는 식물·곤충·꽃 등을 사람이 눈으로 보는 것보다 크게 빅 클로즈업 샷으로 촬영해 보여주면서 시청자들에게 매우 특별한 시각을 제공한다. 영화나 드라마에서 폭발물이 터지는 시간을 표시하는 수치가 초단위로 변하는 것을 보여주는 빅 클로즈업 화면은 극적 긴장감이 매우 강하게 나타난다.

그림 10-31 자연 다큐멘터리에서 빅 클로즈업 샷(1·2)

⑤ **TV 방송에서 클로즈업 샷을 많이 사용하는 목적**

카메라로 같은 피사체를 촬영하고 디스플레이 장치로 재현할 때, 화면 크기가 작을수록 피사체가 작게 보여 강조되지 않고, 화면 크기가 클수록 피사체가 크게 보여 강조된다. 특히, 인물을 촬영할 때는 얼굴 표정이 잘 보일수록 감정이 잘 전달되므로 인물이 강조된다. 다음은 같은 인물을 니 샷과 클로즈업으로 촬영하고, TV수상기와 극장의 스크린에서 재현되는 특성을 설명하는 예이다. 극장 스크린은 화면이 커서 니 샷을 사용해도 인물의 얼굴이 크게 보이며 강조된다. TV수상기는 스크린에 비해 화면이 작아서 니 샷을 사용하면 인물의 얼굴이 작게 보이며 강조되지 않는다. 이와 같은 특성 때문에 TV 방송에서는 인물의 얼굴이 크게 보이며 강조되는 클로즈업 샷을 흔하게 사용한다. 실제로 극장 스크린과 TV수상기 크기 비율은 다음 예보다 크다. 참고로 영화는 와이드의 미학, TV는 클로즈업의 미학이란 평가도 이와 같은 이유 때문이다.

그림 10-32 극장 스크린 화면(좌측 큰 이미지 2장), TV수상기 화면(우측 작은 이미지 2장)

2-2-4 인물을 촬영할 때 주의 사항

인물을 촬영할 때 다음 1번 사진과 같이 배경에 시청자들의 시선을 빼앗아가는 피사체가 인물과 겹쳐져 보이면 인물에 관심을 집중하기 어렵다. 이와 같은 환경에서는 인물이나 카메라가 촬영하는 위치를 옮기며 배경을 바꾸어야 한다. 부득이하게 촬영해야 할 때에는 다음 2번 사진과 같이 피사계 심도를 최대한 얕게 조절하면서 배경의 피사체가 포커스 아웃되게 한다(피사계 심도 항목 참고).

그림 10-33 인물의 배경을 잘못 선택(1), 피사계 심도를 얕게 조절한 예(2)

2-2-5 그룹 샷

그룹 샷group shot, G.S은 화면 속에 인물이 4명 이상 등장하는 것이다. 인물이 1명이면 원 샷(1S), 2명이면 투 샷(2S), 3명이면 쓰리 샷(3S)이라 한다. 영화나 드라마에서 화면 크기가 넓고 등장하는 사람 수가 매우 많은 것을 **몹 샷** mob shot이라 한다.

그림 10-34 그룹 샷(1·2·3)

2-2-6 오버 숄더 샷

오버 숄더 샷over shoulder shot, O.S은 드라마나 영화에서 연기자들이 서로 마주보며 대화하는 모습을 보여줄 때 흔하게 사용하며, 카메라와 가까이 있는 인물의 뒷면 머리나 어깨와 함께 반대편 인물의 정면 모습이 동시에 보이도록 촬영한다. 미학적으로 안정된 구도를 구성하려면 정면으로 보이는 인물이 전체 화면의 2/3, 뒷모습으로 보이는 인물이 1/3을 차지하는 비율을 지켜야 한다.

그림 10-35 오버 숄더 샷의 구도 구성 방식(1·2)

영상 촬영 기법

프로그램 제작을 위해 인물을 다양한 크기의 장면으로 나누어 촬영할 때 시청자들의 시각과 심리에 영향을 주는 다양한 요소들의 특성을 효과적으로 사용하지 못하면, 시청자들이 화면 속 인물에 몰입하지 못해 촬영감독이 의도하는 특정의 메시지가 강하고 정확히 전달되지 않는다. 인물을 동일한 크기로 촬영하더라도 렌즈의 특성과 사용 방법의 차이에 따라 인물이 강조 또는 약화 된다. 카메라가 촬영하는 위치, 각도, 높이, 거리 차이에 따라 시청자들과 화면 속 인물의 관계가 주관적, 객관적으로 나누어진다. 화면의 구도를 구성할 때도 피사체에 의해 나타나는 벡터와 색이 주는 심리적 특성 차이로 인물이 강조, 약화되기도 한다. 카메라가 움직이는 속도에 따라 안정감, 불안감이 표현된다. 연속적으로 촬영되는 장면 속에서 인물이 차지하는 위치도 일관성 있게 통일되면서 지속적으로 유지되어야, 시청자들이 인물을 바라보는 관점에 혼란이 나타나지 않으므로 강한 관심을 가지게 된다.

이 장에서는 촬영감독이 목적에 따라 인물을 강조 또는 약화하기 위해 시청자들이 화면 속 인물을 바라보는 시각적, 심리적 특성을 이용하는 방법과 카메라 무빙 장비, 실제 제작현장에서 여러 장면을 촬영할 때 시간과 효율을 올리기 위해 사용하는 촬영 방법을 설명한다.

포커스와 렌즈의 종류별 특성

사람의 눈은 관심을 가지는 피사체에만 자동으로 초점을 선명하게 맞추고 주변은 초점이 맞지 않으면서 흐릿하게 보인다. 동영상을 촬영하는 소형 캠코더나 DSLR 카메라도 작동 방식을 자동으로 사용하면 렌즈의 초점이 자동으로 맞으면서 피사체가 선명하게 보인다. 하지만 전문가들이 사용하는 대부분의 동영상 촬영용 카메라는 피사체를 선명하게 보여주기 위해 렌즈의 초점을 손으로 맞춰주는 수동 방식을 사용한다. 이때 초점이 잘 맞아서 피사체가 선명하게 보이는 것을 **포커스 인**focus in, 초점이 맞지 않아서 피사체가 흐리게 보이는 것을 **포커스 아웃**focus out이라 한다.

다음 1·2번 사진은 동일 조건에서 2명의 인물을 촬영하며 초점이 맞는 위치에 변화를 준 것이다. 1번 사진은 좌측 인물에 초점을 선명하게 맞추어 시청자들의 시각이 자연스럽게 좌측 인물을 먼저 바라보게 되므로 주제가 된다. 2번 사진은 우측 인물에 초점을 선명하게 맞추어 시청자들의 시각이 자연스럽게 우측 인물을 먼저 바라보게 되므로 주제가 된다. 2장의 사진에서 초점이 맞지 않아서 흐리게 보이는 인물은 부제가 된다. 다음 3번 사진은 2명의 인물에 초점이 맞아 2명의 인물을 동시에 바라보게 되므로 자연스럽게 2명 모두 주제가 된다.

이와 같은 현상들이 나타나는 이유는 앞서 게슈탈트 이론 항목에서 설명한 바와 같이 사람의 뇌가 눈을 통해 들어오는 다양한 시각정보를 단순화·안정화시키며 선명한 형태를 우선적으로 인식하려는 특성이 있기 때문이다(게슈탈트 이론 항목 참고).

그림 11-1 좌측 인물에 초점을 맞춤(1), 우측 인물에 초점을 맞춤(2), 인물 2명에 모두 초점이 맞음(3)

1-1 피사계 심도(초점 심도)

카메라로 영상을 촬영할 때 어떤 피사체에 렌즈의 초점을 선명하게 맞추면 다음 1번 그림과 같이 초점이 맞는 지점을 기준으로 앞뒤로 허용 범위가 생기는 것을 **피사계 심도**라 한다. 이때 렌즈와 가까운 지역이 포커스 아웃되는 것을 전방심도, 렌즈와 멀리 떨어진 지역이 포커스 아웃되는 것을 후방 심도라 한다.

다음 2번 사진은 피사계 심도가 나타난 것이다. 이때 초점이 맞는 범위가 넓으면 "피사계 심도가 깊다"라고 표현하고, 초점이 맞는 범위가 좁으면 "피사계 심도가 얕다"라고 표현한다. 피사계 심도 범위 속에 포함된 피사체는 모두 초점이 맞으며 선명하게 보이고, 피사계 심도 범위를 벗어난 피사체는 모두 초점이 맞지 않으며 흐릿하게 보인다. 따라서 피사계 심도를 조절하면 주 피사체만 초점이 선명하게 맞으며 강조되거나, 대부분의 피사체가 초점이 맞으며 주 피사체가 강조되지 않는 현상이 나타난다.

예를 들어 인물을 촬영할 때 피사계 심도가 깊으면 인물이 앞뒤로 움직여도 초점은 맞지만 강조되지 않는다. 반대로, 피사계 심도가 얕으면 인물이 앞뒤로 조금만 움직여도 초점이 맞지 않으므로 인물을 따라 가며 초점을 맞춰야 하지만 인물은 잘 강조된다.

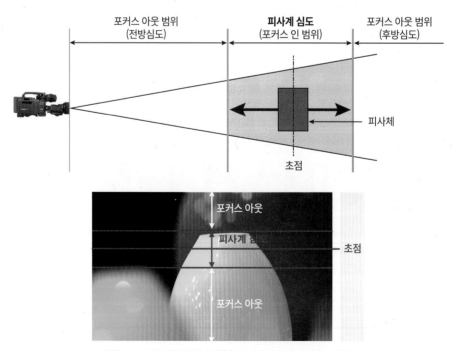

그림 11-2 피사계 심도의 의미(1), 피사계 심도가 나타난 사진(2)

1-1-1 착란원(최소 착란원)·허용착란원(착각원)

바로 위 피사계 심도 항목에서 설명한 바와 같이, 카메라로 영상을 촬영할 때 피사체에서 반사된 빛이 렌즈를 투과하면서 형성된 이미지는 다음 1번 사진과 같이 초점(포커스)이 맞아서 선명하게 보이는 부분과, 초점이 맞지 않아서 흐릿하게 보이는 부분이 동시에 나타난다.

초점이 맞아 선명하게 보이는 부분은 사람의 눈으로 크기를 구분할 수 없는 선명한 원 형태의 광점(光點)으로 구성되어 있다. 이를 **착란원**circle of confusion이라 한다. 하지만 초점이 선명하게 맞은 부분을 기준으로 전후방으로 조금이라도 떨어진 곳에 위치하는 착란원은, 다음 2번 그림과 같이 피사계 심도 한계 범위에 가까워질수록 점진적으로 커지면서 흐릿해지지만, 사람의 눈이 착란원 크기와 선명도를 구별하는 해상도에 한계가 있어 선명하다고 착각해 인식한다. 이를 **허용착란원**permissible circle of confusion이라 한다.

따라서 피사계 심도는 사람의 눈이 선명하지 못한 허용착란원을 선명한 착란원으로 착각해 인식하는 한계범위라 할 수 있다. 허용착란원이 피사계 심도 한계범위를 벗어나면서 점점 커질수록 더욱 흐릿하게 보이며 포커스 아웃되는 양도 커진다. 포커스 아웃된 착란원은 포토 센서보다 크기가 커서 여러 개의 포터센서들이 동시에 집광한다.

이미지 센서 표면에 분포하는 포토 센서들은 착란원·허용착란원, 포커스 아웃된 큰 착란원 등을 2·4·8K 규격 영상의 화소 수와 동일하게 집광해 1장의 영상으로 출력한다. 이때 착란원 크기는 각각 포토 센서(1개 화소) 크기와 같다. 하지만 4K 규격의 영상도 2/3인치, 풀 프레임 등과 같이 크기가 다른 이미지 센서로 촬영할 수 있다. 이는 각각 포토 센서 크기에 차이가 있다는 것이므로 착란원 크기도 서로 다르다. 예를 들어 2/3인치 이미지 센서로 2K 규격 영상을 촬영할 때 각각 포토 센서 크기는 0.010mm이지만, 4K 규격 영상을 촬영할 때는 해상도가 4배 높으므로 1/4크기인 0.0025mm이다. 이와 같이 착란원 크기는 이미지 센서의 규격과 해상도에 따른 각각 포토 센서 크기 차이에 의해 영향을 받는다.

참고로 착란원·허용착란원 크기는 촬영된 영상을 재현하는 디스플레이 장치가 클수록 포커스 아웃된 부분이 잘 나타나므로 구분하기 쉽고, 작을수록 포커스 아웃된 부분이 잘 나타나지 않으므로 구분하기 어렵다. 예를 들어 TV 방송용 수상기와 영화를 상영하는 극장의 스크린에서 서로 같은 장면을 4K 영상으로 재현할 때 스크린은 크기가 커서 착란원·허용착란원이 구분되어 보이며 피사계 심도가 잘 표현되지만, TV수상기 화면은 스크린에 비해 크기가 작아서 착란원·허용착란원이 작게 보이며 서로 구분되어 보이지 않으므로 피사계 심도가 잘 표현되지 않는다.

따라서 해상도가 높고 큰 디스플레이 장치에서 재현되는 영상을 촬영할 때 주 피사체에 포커스를 정확하게 맞추어야 한다. 포커스가 맞지 않는 것이 매우 쉽게 구분되기 때문이다.

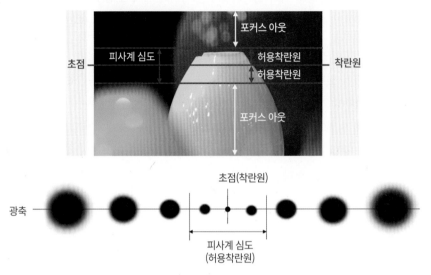

그림 11-3 피사계 심도(1), 초점·착란원·허용착란원(2)

1-1-2 피사계 심도에 영향을 주는 요소

피사계 심도에 영향을 주는 요소들은 셔터 스피드, 피사체와 배경의 거리, 피사체와 카메라의 거리 등이다. 이들은 각각 사용하거나 동시에 조합해 사용하면서 피사계 심도를 조절하므로 각 기능과 상호 작용관계에 대해 정확히 이해하고 있어야 한다.

① 조리개 수치, 셔터 스피드

렌즈의 초점 거리가 같은 상황에서 피사계 심도를 조절할 때는 조리개와 셔터 스피드를 동시에 조절하는 방식을 사용한다. 조리개 수치는 ND 필터의 농도가 연할수록, 셔터 스피드가 낮을수록, 이미지 센서의 감도가 높을수록 빛이 사용되는 양이 많아서 커진다. 반대의 경우 빛이 사용되는 양이 적어서 조리개 수치도 작아진다(ND 필터, 셔터 스피드, 감도, 조리개 항목 각각 참고).

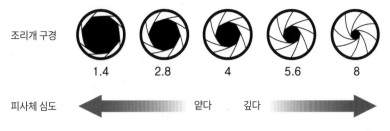

그림 11-4 조리개 수치에 따른 렌즈의 구경 차이와 심도 변화의 상관관계

조리개 수치에 따라 피사계 심도가 변하는 이유는 초점이 선명하게 맞은 이미지가 조리개를 통과할 때 구경 크기에 따라 굴절각이 달라지면서 초점을 기준으로 허용착란원이 형성되는 위치에 따라 크기가 달라지기 때문이다. 조리개 수치가 작을수록 구경이 커지면서 허용착란원이 초점과 가까운 곳에서도 크게 형성되므로 피사계 심도가 얕아지고, 반대로 조리개 수치가 클수록 구경이 작아지면서 허용착란원이 초점과 먼 거리에서도 작게 형성되므로 피사계 심도가 깊어진다. 다음 그림에서 회색·검은색 타원은 크기가 같다.

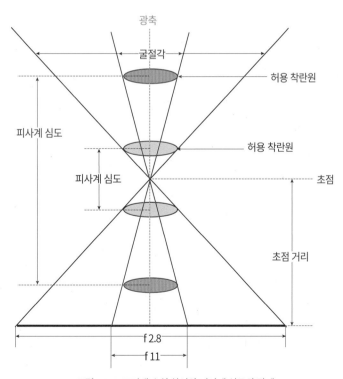

그림 11-5 조리개 수치 차이와 피사계 심도의 관계

다음 3장의 사진은 동일 조건에서 셔터 스피드와 조리개 수치를 각각 다르게 사용해 촬영한 것이다. 1번 사진은 셔터 스피드 1/100초, 조리개 수치 10이다. 2번 사진은 셔터 스피드 1/400초, 조리개 수치 6.3이다. 3번 사진은 셔터 스피드 1/600초, 조리개 수치 2.8이다.

이와 같은 방법으로 촬영된 사진 3장의 밝기는 모두 같지만 셔터 스피드가 낮고 조리개 수치가 높을수록 피사계 심도가 깊어지고, 셔터 스피드가 높고 조리개 수치가 낮을수록 피사계 심도가 얕아지는 것을 볼 수 있다.

그림 11-6 셔터 스피드 1/100초 조리개 수치 10(1), 셔터 스피드 1/400초 조리개 수치 6.3(2), 스피드 1/600초 조리개 수치 2.8(3)

다음 2장의 사진도 동일 조건에서 셔터 스피드와 조리개 수치를 각각 다르게 사용해 촬영한 것이다. 1번 사진은 셔터 스피드 1/160초, 조리개 수치 9이다. 2번 사진은 셔터 스피드 1/640초, 조리개 수치 2.8이다. 2번 사진이 1번 사진보다 피사계 심도가 얕아 배경이 포커스 아웃되므로 인물이 잘 강조된다.

그림 11-7 피사계 심도 깊음(1), 피사계 심도 얕음(2)

② 초점 거리

다음 1·2번 사진은 동일 조건에서 초점 거리가 다른 렌즈로 촬영하는 거리에 변화를 주며 2명의 인물을 촬영한 것이다. 1번 사진은 초점 거리가 짧은 와이드 렌즈로 인물과 가까운 거리에서 촬영한 것이다. 피사계 심도가 깊어 2명의 인물에 모두 포커스가 맞는다. 2번 사진은 초점 거리가 긴 망원렌즈로 인물과 먼 거리에서 촬영한 것이다. 피사계 심도가 얕아 전방(좌측)에 위치하는 인물만 포커스가 맞는다.

이와 같은 현상이 나타나는 이유는 다음 3번 그림과 같이 초점 거리가 짧아 화각이 넓은 와이드 렌즈일수록 착란원이 망원렌즈보다 작아지므로 피사계 심도가 깊어지고, 초점 거리가 긴 망원 렌즈일수록 화각이 좁아 와이드 렌즈에 비해 허용착란원이 커지면서 피사계 심도가 얕아지기 때문이다.

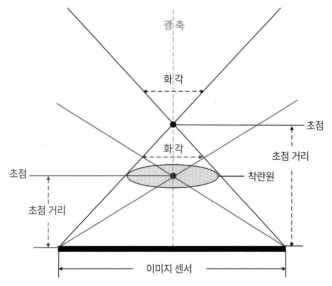

그림 11-8 와이드 렌즈로 촬영(1), 망원 렌즈로 촬영(2), 렌즈의 초점 거리(화각) 차이에 따른 착란원 크기 변화(3)

③ 주 피사체와 배경의 거리

셔터 스피드와 조리개 수치를 동일하게 사용하면서, 피사체와 배경의 거리를 다르게 촬영해도 피사계 심도에 차이가 있다. 다음 1번 사진은 배경과 인물의 거리를 가깝게 촬영해 배경이 피사계 심도 범위에 포함되며 포커스가 맞아 인물을 바라보는 시선을 빼앗아 가므로 인물이 강조되지 않는다. 2번 사진은 배경과 인물의 거리를 멀리 띄우고 촬영해 배경이 피사계 심도 범위를 벗어나 포커스 아웃되며 인물을 바라보는 시선을 빼앗아가지 않으므로 인물이 잘 강조된다.

그림 11-9 인물과 배경의 거리를 가깝게 촬영(1), 인물과 배경의 거리를 멀리 띄우고 촬영(2)

④ 카메라와 피사체의 거리

렌즈 구조상 전방심도가 얕고 후방 심도는 깊으므로 카메라와 피사체의 거리가 가까울수록 피사계 심도는 얕아지고 멀리 떨어질수록 피사계 심도는 깊어진다.

⑤ 이미지 센서 크기

어떤 피사체를 같은 거리에서 촬영할 때 이미지 센서가 크면 허용착란원도 커지면서 포커스 아웃이 많이 되므로 피사계 심도가 얕게 표현되고, 이미지 센서가 작으면 허용착란원도 작아지면서 포커스 아웃이 적게 되므로 피사계 심도가 깊게 표현된다.

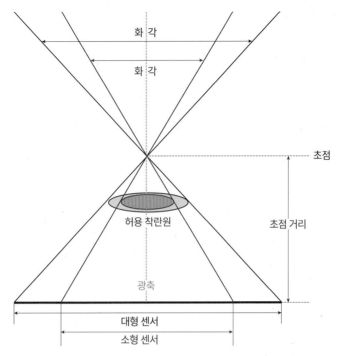

그림 11-10 피사체와 카메라의 거리가 같을 때 이미지 센서 크기와 렌즈 화각 차이에 따른 허용착란원 크기 비교

다음 표는 피사계 심도에 영향을 주는 요소들을 간략히 정리한 것이다.

피사계 심도 깊음	피사계 심도에 영향을 주는 요소	피사계 심도 얕음
높을수록	조리개 수치	낮을수록
짧을수록	렌즈의 초점 거리	길수록
낮을수록	셔터 스피드	높을수록
가까울수록	피사체와 배경의 거리	멀수록
멀수록	피사체와 카메라의 거리	가까울수록
클수록	이미지 센서 크기	작을수록

표 11-1 피사계 심도에 영향을 주는 요소들과 심도 변화의 상관관계

카메라로 어떤 상황을 같은 화면 크기로 촬영하고 디스플레이 장치에서 재현하면, 촬영할 때 사용한 렌즈에 따라 원근감, 피사계 심도, 운동감(속도감), 왜곡현상, 배경의 범위 등에 차이가 있어, 화면을 바라보는 시청자들도 심리적·시각적으로 각각 다른 느낌을 받는다. 이와 같은 현상이 나타나는 이유는 렌즈의 초점 거리에 따라 달라지는 화각에 차이가 있기 때문이다. 다음은 설명의 편의성을 위해 렌즈의 특성이 분명하게 상반되는 와이드·망원 렌즈로 동일 조건에서 풍경과 인물을 촬영하며 서로 비교했다.

1-2-1 풍경 촬영

다음 2장의 사진은 같은 위치에서 촬영한 것이다. 1번 사진은 초점 거리가 길어서 화각이 좁은 망원 렌즈로 촬영한 것이다. 가까이 있는 피사체와 멀리 있는 피사체가 같은 비율로 확대되고, 피사체들 사이의 거리감도 실제보다 가깝게 보여서 원근감이 왜곡되는 현상이 나타난다. 2번 사진은 초점 거리가 짧아서 화각이 넓은 와이드 렌즈로 촬영한 것이다. 가까이 있는 피사체는 실제보다 크게 확대되고 멀리 있는 피사체는 실제보다 작게 축소되며, 피사체들 사이의 거리감도 실제보다 멀게 보여 원근감이 왜곡되는 현상이 나타난다. 이와 같이 원근감이 왜곡되는 현상은 망원·와이드 렌즈에서 동시에 나타난다.

그림 11-11 망원 렌즈로 촬영(1), 와이드 렌즈로 촬영(2)

다음 2장의 사진도 같은 장소에서 망원·와이드 렌즈로 촬영한 것이다. 망원 렌즈로 촬영한 1번 사진은 피사체들이 서로 같은 비율로 확대되며 피사체 사이의 거리감이 실제보다 가깝게 왜곡되어 보여 복잡한 느낌을 주는 도시를 표현한다. 와이드 렌즈로 촬영한 2번 사진은 피사체 사이의 거리감이 실제보다 멀리 떨어져 있는 것처럼 왜곡되어 보여 여유 있는 느낌을 주는 도시를 표현한다.

그림 11-12 망원 렌즈로 촬영(1), 와이드 렌즈로 촬영(2)

다음 2장의 사진도 같은 장소에서 망원·와이드 렌즈로 인물 크기를 같게 촬영한 것이다. 망원 렌즈로 촬영한 1번 사진은, 인물들 뒤로 보이는 배경(도시)의 범위가 좁고 포커스 아웃되며 인물에만 초점이 맞아서 도시보다 인물이 강조되며 주제가 된다. 와이드 렌즈로 촬영한 2번 사진은, 인물들 뒤로 보이는 배경의 범위가 넓고 인물과 배경에 모두 초점이 맞아서 인물과 배경이 동시에 강조되며 주제가 된다.

그림 11-13 망원 렌즈로 촬영(1), 와이드 렌즈로 촬영(2)

1-2-2 인물 촬영

다음 3장의 사진은 같은 장소에서 와이드·표준·망원 렌즈 등을 사용해 인물을 촬영한 것이다. 인물 크기는 모두 비슷하지만 원근감, 왜곡현상, 배경의 범위, 피사계 심도 등의 차이로 각각 다른 느낌을 준다.

1번 사진은 와이드 렌즈로 촬영한 것이다. 얼굴은 팽창되며 왜곡되어 보이고, 배경이 넓고 피사계 심도가 깊어서 인물과 배경에 모두 초점이 맞아 인물이 잘 강조되지 않는다. 이와 같은 단점들 때문에 인물을 촬영할 때는 대부분 와이드 렌즈를 사용하지 않는다.

2번 사진은 표준 렌즈로 촬영한 것이다. 얼굴이 왜곡되지 않고 정상적으로 보이며 1번 사진에 비해 인물 뒤로 보이는 배경의 범위가 줄어들고 포커스 아웃되므로 인물이 조금 더 강조된다. 참고로 표준 렌즈는 화각이 사람의 유효 시야각과 비슷해 촬영된 이미지가 시각적으로 자연스럽게 보인다는 것이 특징이다.

3번 사진은 망원 렌즈로 촬영한 것이다. 2번 사진에 비해 인물 뒤로 보이는 배경의 범위가 더 줄어들면서 포커스 아웃되는 양이 많으므로 인물이 매우 잘 강조된다. 이와 같이 인물을 촬영할 때는 망원 렌즈를 사용하는 것이 효과적이다.

그림 11-14 와이드 렌즈로 촬영(1), 표준 렌즈로 촬영(2), 망원 렌즈로 촬영(3)

다음 3장의 사진도 같은 장소에서 표준·와이드·망원 렌즈 등을 사용해 2명의 인물을 촬영한 것이다. 표준 렌즈로 촬영한 1번 사진은, 인물들 크기, 피사체들 사이의 원근감, 배경으로 보이는 범위 등이 왜곡되지 않고 사람이 눈으로 보는 유효 시야각과 유사하므로 자연스럽게 보인다. 와이드 렌즈로 촬영한 2번 사진은, 원근감이 실제보다 멀게 왜곡되면서 1번 사진에 비해 뒷사람이 작게 축소되고 인물들 뒤로 보이는 배경의 범위가 넓다. 망원 렌즈로 촬영한 3번 사진은, 원근감이 실제보다 가깝게 왜곡되어 1·2번 사진에 비해 뒷사람이 크게 보이지만, 피사계 심도가 얕아서 포커스 아웃되고 앞 사람은 포커스가 선명하게 맞으며 배경의 범위가 좁다.

그림 11-15 표준 렌즈로 촬영(1), 와이드 렌즈로 촬영(2), 망원 렌즈로 촬영(3)

1-2-3 줌 렌즈로 인물을 촬영할 때 주의할 점

다음 2장의 사진은 줌 렌즈를 사용해 화각과 촬영거리에 변화를 주면서 인물을 촬영하고 장단점을 비교한 것이다.

1번 사진은 최대로 줌 아웃하고 화각이 넓은 와이드 상태로 사람의 일상적인 시각보다 매우 가까운 거리에서(20~30Cm) 촬영해, 비정상적인 1인칭 시점이 형성되고 얼굴이 팽창 왜곡되므로 시청자들이 시각적으로 매우 부담스럽게 느낀다. 피사계 심도가 깊어서 인물 뒤 배경의 피사체들이 포커스 아웃되지 않으며 인물을 바라보는 시선을 빼앗아가고, 인물과 배경이 서로 분리되지 않아서, 인물이 강조되지 못한다는 것이 단점이다. 이와 같은 방식은 사용하지 않는 것이 좋다.

2번 사진은 줌 인 기능을 사용해 화각을 좁히고 노출은 떨어트리면서 망원 상태로 인물과 2~3m 떨어져 촬영해, 시각적으로 정상적인 시점이 형성되고 얼굴이 왜곡되지 않아서 자연스럽게 보인다. 피사계 심도가 얕아서 인물만 초점이 맞고 배경은 포커스 아웃되므로 인물이 매우 잘 강조된다는 것이 장점이다. 줌 렌즈로 인물을 촬영할 때는 이와 같은 방식을 사용하는 것이 효과적이다.

그림 11-16 와이드로 촬영한 이미지(1), 망원으로 촬영한 이미지(2)

1-2-4 렌즈 화각과 운동감(운동시차·속도감)의 상관관계

렌즈의 화각에 따라 피사체가 움직일 때 나타나는 운동감도 서로 다르게 표현된다. 화각이 좁은 망원 렌즈로 촬영한 다음 좌측 사진 4장은 인물이 실제보다 가까운 거리에 있는 것처럼 원근감이 왜곡되므로 인물이 움직여도 운동감이 잘 표현되지 않는다. 반면, 화각이 넓은 와이드 렌즈로 촬영한 우측 사진 4장은 인물이 실제보다 멀리 떨어져 있는 것처럼 원근감이 왜곡되므로 인물이 움직일 때 운동감이 잘 표현된다. 이와 같이 화면 속에서 운동감을 강하게 표현할 때는 와이드 렌즈로 촬영하는 것이 효과적이다.

그림 11-17 망원 렌즈로 촬영(좌측 4장), 와이드 렌즈로 촬영(우측 4장)

카메라 앵글과 시점

앵글^{angle}은 인물이나 풍경 등을 촬영하는 카메라의 높이를 지칭하는 용어이며 하이·수평·로우 앵글 등이 있다. 촬영할 때 앵글에 변화를 주면, 시청자들이 피사체를 바라보는 시각이 매우 다양해지면서 단조로움이 없어지므로 자연스럽게 관심과 흥미를 가지고 몰입하게 된다.

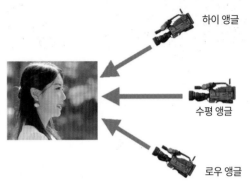

그림 11-18 인물 촬영에서 하이·수평·로우 앵글의 개념

하이 앵글^{high angle}은, 인물이나 풍경을 카메라가 사람의 일상적인 시각보다 높은 곳에서 아래로 내려다 보면서 촬영하는 것이다. **부감**(俯瞰)이라는 용어도 사용한다. 인물을 하이 앵글로 촬영하면 키가 본질보다 작게 왜곡되어 보이는 현상이 나타나므로 시청자들은 심리적으로 억압·비애·동정·적막감·고독감·열등감 등과 같은 느낌을 받는다. 여러 명의 인물을 촬영할 때는 인물 사이의 위치 관계와 수, 인물들이 처해 있는 공간의 상황이나 분위기 등을 보여줄 때 주로 사용한다.

그림 11-19 인물의 하이 앵글 촬영(1·2)

풍경의 하이 앵글은 주로 항공 촬영이나 건물·산 등과 같이 높은 곳에서 익스트림 롱 샷, 풀 샷, 롱 샷 등으로 촬영하므로, 특정 장소의 규모·구조 등과 같은 전체적인 상황이나 분위기가 잘 표현된다. 참고로 TV 방송에서 축구·배구·농구·야구 등과 같은 스포츠 경기를 중계할 때 하이 앵글을 주

로 사용한다. 이는 시청자들에게 선수들의 움직임과 벌어지는 상황을 잘 보여주기 위함이다.

그림 11-20 풍경의 하이 앵글 촬영(1·2·3)

수평 앵글은 사람이 일상적으로 바라보는 눈높이에서 촬영하는 것이며, 대용으로 **아이 레벨**eye level이라는 용어를 사용한다. 인물을 수평 앵글로 촬영하면 실제보다 크거나 작게 왜곡되어 보이는 현상이 나타나지 않고, 시청자들과 시각적으로 대등한 관계가 형성되므로 가장 흔하게 사용한다. 참고로 휴먼 다큐멘터리는 대부분의 상황을 수평 앵글로 촬영한다.

그림 11-21 인물 수평 앵글 촬영(1·2)

풍경도 사람의 일상적인 시각과 같은 높이에서 촬영하므로 시청자들에게 익숙함과 안정감을 준다.

그림 11-22 풍경 수평 앵글 촬영(1·2)

로우 앵글low angle은 사람의 일상적인 시각보다 낮은 높이에서 위로 올려다 보면서 촬영하는 것이며, 대용으로 **앙각**(仰角)이라는 용어를 사용한다. 인물 촬영은 키가 실제보다 크게 왜곡되어 보이는 현상이 나타나므로 시청자들은 심리적으로 복종·선망·위엄 등과 같은 느낌을 받는다.

그림 11-23 인물의 로우 앵글 촬영(1·2)

풍경을 로우 앵글로 촬영하면 피사체가 본질보다 더 크게 왜곡되어보이거나, 운동감이 강조되거나, 주 피사체 뒤로 보이는 배경의 피사체들이 화면 하단으로 내려가면서 제거되고 하늘이 배경이 된다. 건물과 같은 각종 구조물들을 로우 앵글로 촬영하면 실제보다 크게 왜곡되어 보여서, 시청자들은 심리적으로 희망·웅장 등과 같은 느낌을 받는다.

그림 11-24 풍경의 로우 앵글 촬영(1·2·3)

참고로 로우 앵글로 촬영할 때 와이드 렌즈를 사용하면, 원근감이 본질보다 매우 과장되며 왜곡현상이 극대화되므로 피사체가 표현하는 에너지도 더욱 증가한다.

다음 2장의 사진은 같은 피사체를 수평·로우 앵글로 촬영한 것이다. 1번 사진은 일상적인 시각과 같은 수평 앵글로 촬영해 피사체들이 왜곡되어 보이는 현상이 나타나지 않는다. 2번 사진은 와이드 렌즈를 사용하면서 로우 앵글로 촬영해, 주 피사체 뒤로 보이는 배경의 피사체들이 화면 하단으로 내려오면서 하늘이 배경이 되고, 주 피사체는 본질보다 크게 왜곡되며 웅장하게 보인다.

참고로 크레인^{crane}, 지미집$^{jimmy\ jib}$ 등의 카메라 무빙 보조 장비를 사용하면 카메라가 상하좌우 방향 등으로 자유롭게 움직이면서 하이 앵글에서 로우 앵글까지 연결해 촬영할 수 있다(무빙 샷의 종류 항목 참고).

그림 11-25 수평 앵글 촬영(1), 로우 앵글 촬영(2)

2-1 인물 촬영과 시점

시점이란 카메라로 촬영된 영상이 각종 디스플레이 장치에서 재현될 때 화면 속에 보이는 인물과 시청자 사이에 주관적·객관적 관계가 형성되는 것이며, 촬영할 때 사용된 카메라의 각도·높이·거리 등에 의해 결정된다.

시점과 같은 의미로 **인칭**이라는 용어도 사용한다. 1인칭은 화면 속에 등장하는 인물이 시각으로 바라보는 상황을 촬영해 보여주는 것이다. 2인칭은 화면 속에 등장하는 인물이 카메라를 정면으로 바라보는 것을 촬영해 보여주는 것이다. 3인칭은 화면 속에 등장하는 인물이 카메라를 의식하지 않도록 좌우상하 위치에서 촬영해 보여주는 것이다.

근본적으로는 1·2인칭으로 촬영하는 것을 주관적 시점, 3인칭으로 촬영하는 것을 객관적 시점이라 하지만 TV 방송 프로그램이나 영화제작을 위해 인물을 촬영할 때 2인칭 시점은 잘 사용하지 않고, 2인칭과 비슷하거나 3인칭 시점에서 촬영하는 것이 일반적이다. 이때 인물의 정면(2인칭)에서 좌우로 조금 벗어난 위치(각도)에서 촬영하는 것을 주관적 시점, 측면(3인칭)에서 촬영하는 것을 객관적 시점이라 한다. 대부분의 경우 주관적·객관적 시점은 혼합 사용된다.

2-1-1 인물의 객관적 시점 촬영

인물의 **객관적 시점** 촬영은 카메라가 옆에서 지켜보는 것과 같은 관찰자 시점을 유지하는 것이다. 따라서 시청자들이 인물에 집중하는 몰입도가 떨어지므로, 전개되는 이야기에 대한 관심과 흥미도 떨어지는 것이 일반적이다.

다음 1번 사진은 카메라가 인물 정면에서 주관적 시점으로 촬영한 것이다. 하지만 2·3번 사진과 같이 카메라가 좌측으로 이동하며 측면에서 촬영할수록 객관적 시점으로 변한다. 객관적 시점이 가장 강하게 작용하도록 촬영하는 방법은 인물 뒤에서 뒷모습을 촬영하는 것이며, 이때 카메라의 높이가 높거나 낮을수록 객관적 시점이 더욱 강하게 형성된다.

그림 11-26 인물의 주관적 시점 촬영(1), 인물의 객관적 시점 촬영(2·3)

다음 3장의 사진들은 2명의 인물이 서로 마주보며 대화를 나누는 장면을 객관적 시점으로 촬영하는 방법을 설명하는 예이다. 1번 사진은 측면에서 객관적 시점으로 촬영한 풀 샷이다. 2·3번 사진은 각 인물의 원 샷이지만 측면에서 촬영해 객관적 시점이 계속 유지된다.

그림 11-27 두 사람의 객관적 시점 촬영(1), 좌측 인물의 객관적 시점 촬영(2), 우측 인물의 객관적 시점 촬영(3)

2-1-2 인물의 주관적 시점 촬영

인물의 **주관적 시점** 촬영은 매우 흔하게 사용하며, 시청자들은 화면 속 인물들이 바라보는 인물을 직접 본다는 느낌을 받으므로, 전개되는 이야기 속에 동참하고 있다는 착각을 하면서 감정적으로 몰입하게 된다. 주관적 시점을 매우 강하게 표현할 때는 카메라가 사람의 눈(시선)이 되어 움직이기도 한다. 예를 들어 카메라가 트라이 포드에 고정된 상태에서 좌우로 회전하는 팬과 상하로 회전하는 틸팅은 인물이 좌우상하 방향 등으로 둘러보는 시선을 표현한다. 카메라가 좌우전후 방향 등으로 움직이는 달리·트럭 샷은 인물이 좌우전후 방향 등으로 움직이면서 바라보는 시선을 표현한다(무빙 샷의 종류 항목 참고).

TV 방송에서 주관적 시점을 가장 강하게 사용하는 대표적인 예는 뉴스 앵커 샷이다. 뉴스 앵커는 다음 사진과 같이 카메라를 정면으로 바라보면서 시청자들 개개인과 1:1의 주관적 관계를 형성하면서 뉴스를 전달하므로 파급효과가 매우 높다. 뉴스를 제외한 대부분의 프로그램에서는 이와 같은 방식을 매우 특별한 때에만 사용한다.

그림 11-28 1인칭 주관적 시점을 사용하는 뉴스 앵커 샷

다음은 주관적 시점으로 촬영할 때 출연자들의 눈높이가 서로 같을 경우와 다를 경우, 인물들 사이에 작용하는 심리적인 상관관계를 고려하면서 카메라가 촬영하는 높이·각도·위치 등을 결정하는 방법을 설명하는 예이다.

① 출연자들의 눈높이가 다를 경우

다음 1번 사진은 3명의 인물들이 처해 있는 상황을 설명하는 것이다. 2번 사진은 카메라가 3·4번 사진을 촬영하는 높이·각도·위치 등을 보여 주는 것이다. 3번 사진은 군인의 눈높이에서 촬영한 주관적 시점이지만 군인과 위협받고 있는 아이들의 심리적인 상관관계가 잘 표현된다. 4번 사진은 어린 아이의 놀란 표정이 매우 강조된다.

그림 11-29 눈높이가 다른 특정의 상황(1), 3·4번 사진을 촬영한 카메라의 위치(2), 군인이 바라보는 주관적 시점(3·4)

다음 1번 사진은 카메라가 3명의 인물을 촬영하는 높이·각도·위치 등을 보여주는 것이다. 1번 사진과 같은 방법으로 촬영된 2번 사진은 아이들의 눈높이에서 바라보는 주관적 시점이지만, 총으로 아이들을 위협하는 군인과 아이들 사이의 심리적인 상관관계가 잘 설명된다.

그림 11-30 2번 사진을 촬영한 카메라의 촬영 위치(1), 촬영된 영상(2)

다음 1번 사진은 카메라가 아이들이 군인을 바라보는 높이·각도·위치 등에서 매우 강한 1인칭 주관적 시점으로 촬영하는 상황을 보여주는 것이다. 1번 사진과 같은 방법으로 촬영된 2번 사진은, 총구가 매우 강조되어 아이들이 바라보는 군인이 매우 위협적이며 무섭고 불안한 존재라는 느낌이 잘 표현된다.

그림 11-31 2번 사진을 촬영한 카메라의 촬영 위치(1), 촬영된 영상(2)

위와 같은 방법으로 촬영된 여러 장면들을 다음과 같은 순서로 편집하면, 인물들 사이에 상호작용하는 심리적 현상이 주관적 시점으로 표현되므로 시청자들이 전개되는 이야기에 집중하며 동참하게 된다. 이때 인물의 얼굴이 크게 보일수록 감정 표현이 잘 나타나므로 극적 긴장감은 더욱 증가한다.

그림 11-32 눈높이가 다른 조건에서 주관적 시점으로 촬영된 장면을 연속적으로 편집한 예(1·2·3·4)

② 출연자들의 눈높이가 같을 경우

다음 사진과 같이 인물들의 눈높이가 같은 상황에서 주관적 시점 촬영은 인물들이 각각 바라보는 눈높이에서 촬영하는 것이다.

촬영 위치 1 ———

——— 촬영 위치 2

그림 11-33 출연자들의 눈높이가 같을 때 카메라가 촬영하는 높이 결정의 예

다음 4장의 사진은, 바로 위 사진 속의 인물들이 대화를 나누는 장면을 서로가 바라보는 시선과 비슷한 각도·높이·위치 등에서 촬영해 주관적 시점이 형성되므로 화면을 바라보는 시청자들이 전개되는 이야기에 집중하며 동참하게 된다. 1·2번 사진은 오버 숄더 2샷으로 촬영해 인물들 사이의 심리적인 상관관계가 잘 표현된다. 3·4번 사진과 같이 얼굴을 크게 촬영할수록 극적 긴장감은 더욱 증가하지만 카메라가 촬영한 각도·거리·인물 크기 등이 서로 같아서 2명의 인물이 표현하는 벡터가 서로 대등하다.

그림 11-34 촬영 포인트 2(1), 촬영 포인트 1(2), 촬영 포인트 2(3), 촬영 포인트 1(4)

2-1-3 카메라가 촬영하는 거리와 시점 변화의 상관관계

카메라로 영상을 촬영할 때 카메라와 피사체의 거리가 가까울수록 주관적 시점, 멀어질수록 객관적 시점이 형성된다. 시청자들이 카메라로 촬영된 장면을 보면서 거리감을 느끼는 것은 원근법과 주 피사체 뒤로 보이는 배경의 범위 때문이다(원근법, 렌즈별 특성 비교 항목 참고).

다음 1번 사진은 와이드 렌즈로 주 피사체와 가까운 거리에서 촬영해주 피사체는 크고 배경은 넓게 보인다. 따라서 화면을 보는 시청자들은 가까운 거리에서 본다는 느낌을 받으므로 주관적 시점이 형성된다. 다음 2번 사진은 망원 렌즈로 주 피사체와 멀리 떨어져서 촬영해주 피사체는 크게 보이고 배경은 좁다. 이와 같은 화면을 바라보는 시청자들은 멀리 떨어진 곳에서 본다는 느낌을 받으므로 객관적 시점이 형성된다. 인물을 촬영할 때도 이와 같은 원리가 작용한다.

그림 11-35 피사체와 가까운 거리에서 와이드 렌즈로 촬영(1), 피사체와 먼 거리에서 망원 렌즈로 촬영(2)

2-1-4 카메라가 촬영하는 높이와 시점 변화의 상관관계

인물을 촬영할 때 카메라의 높이에 따라서도 시점이 다르게 형성된다. 다음 1번 사진은 사람의 눈높이보다 높게 촬영해 객관적 시점이 형성된다. 2번 사진은 일상적인 눈높이와 같지만 측면에서 촬영해 객관적 시점이 형성된다. 3번 사진은 사람의 눈높이에서 인물의 정면을 촬영해 주관적 시점이 매우 강하게 형성된다. 4번 사진은 사람의 눈높이보다 낮은 곳에서 촬영해 객관적 시점이 형성된다.

그림 11-36 눈보다 높은 곳에서 촬영(1), 눈높이에서 측면 촬영(2), 눈높이에서 정면 촬영(3), 눈보다 낮은 곳에서 촬영(4)

위에서 설명한 바와 같이 인물을 촬영할 때 시점은 카메라가 촬영하는 거리·각도·높이 등에 의해 결정되므로 목적에 따라 각 요소를 조절한다. 예를 들어 드라마나 영화에서 인물(연기자)을 촬영할 때는 시청자들에게 인물이 처해 있는 특정의 상황·장소·시간 등을 알려주기 위한 목적으로 가장 먼저 롱 샷·풀 샷 등을 촬영하지만 인물과 카메라의 거리가 멀고 화면 크기가 넓어서 객관적 시점이 형성된다. 다음은 시청자들을 이야기 속으로 끌어 들이기 위해 인물과 가까운 거리에서 미디엄·클로즈업 샷 등을 주관적 시점으로 촬영한다. 이때 시청자들이 인물에게 최대한 집중할 수 있도록 인물 정면에서 약 15~30°를 벗어난 좌우측에서 아이레벨보다 조금 낮게 촬영하는 것이 일반적이다. 이와 같이 주관적·객관적 시점은 대부분 혼합해 사용한다. 다음 표는 인물을 촬영할 때 주관적·객관적 시점으로 촬영하는 방법들을 간략히 요약한 것이다.

카메라 촬영 방법	주관적 시점 촬영	객관적 시점 촬영
촬영 각도	인물의 정면이나 좌우 약 15~30° 측면에서 촬영한다.	인물의 좌우 측면에서 촬영한다.
촬영 높이	아이레벨보다 약 15~20° 낮은 로우 앵글로 촬영한다.	아이레벨보다 높거나 낮은 앵글로 촬영한다.
촬영 거리	망원 렌즈를 사용해 가까운 거리(2~3m 정도)에서 촬영한다.	인물과 아주 먼 거리에서 망원 렌즈로 촬영한다.

표 11-2 인물의 주관적·객관적 시점 촬영 방법

회화나 사진에서 사용하는 **구도**는 피사체들을 짜임새 있고 조화롭게 배치시키며 강조하거나 생략하는 것이며, 동영상 촬영에서 프레이밍[1]과 같다. 이와 같이 동영상 촬영도 기본적으로는 회화와 사진에서 사용하는 구도의 구성 원리를 응용하지만 움직이는 피사체를 촬영할 때는 구도를 지속적으로 구성하기 어렵다. 예를 들어 드라마나 영화는 촬영하기 전에 인물의 위치와 움직이는 경로, 카메라 무빙 방법, 주 피사체 배경 정리 등과 같이 구도에 영향을 주는 여러 요소들을 동시에 고려해 카메라가 촬영하는 위치와 방법을 결정한다. 하지만 일상적으로 제작되는 대부분의 TV 방송 프로그램 촬영은 촬영감독이 벌어지는 상황이나 주변 환경에 따라 구도에 영향을 주는 여러 요소를 동시에 고려해 짧은 시간에 구도를 구성한다.

구도는 다양한 시각적·기술적 요소들을 사용하는 방법에 따라 안정된 구도와 불안정한 구도로 나누어지고, 화면을 바라보는 시청자들의 심리에도 영향을 준다. 이때 화면 속에 보이는 선의 위치와 방향, 피사체의 색·밝기·위치·크기, 카메라가 촬영하는 높이·각도·거리, 카메라 무빙 방법과 속도, 렌즈 화각과 피사계 심도, 조명 등에 의해 나타나는 다양한 특성들이 동시에 조합 사용되면서 구도에 영향을 미치므로, 각 특성들을 깊이 있게 이해하고 상황에 따라 적절히 활용하면서 주제가 강조되는 구도를 구성한다.

주제가 분명하게 강조되는 구도를 사용하면 시청자들도 주제가 표현하는 메시지를 분명하게 받아들인다. 하지만 개인별로 구도를 구성하는 예술적 감각은 성격·소양·감수성·경험·학습량 등에 의해 결정되므로 쉽사리 설명하기 어렵지만, 게슈탈트 이론 항목에서 이미 다루어진 다양한 시지각적 특성들을 상황과 목적에 따라 적절히 응용한다.

---

1 framing. 촬영감독이 시청자들에게 촬영하는 의도와 목적을 분명하게 전달하기 위해, 카메라 뷰파인더로 보이는 화면 속에 필요 없는 피사체는 버리고, 필요한 것은 적절히 배치하며 공간적인 느낌을 짜임새 있게 구성하는 것이다.

카메라로 촬영된 영상이 디스플레이 장치를 통해 재현될 때 화면 속에 보이는 피사체나 화면 가장 자리에 의해 시각적으로 어떤 에너지가 생성된 다음 시청자들에게 전달되는 것을 **벡터**vector[2]라 한 다. 다음 3장의 사진에서는 인물이 바라보는 시선 방향에 따라 벡터가 다르게 나타난다.

1번 사진에서는 인물의 시선이 좌측을 향하고 있어, 시청자들의 관심을 화면 좌측 프레임 밖으로 유 도하며 화면 밖에 어떤 피사체가 있는지에 대해 궁금증을 가지게 한다. 2번 사진에서는 인물이 정면 을 바라보고 있으므로, 시청자들과 직접적인 교감을 하거나 주 피사체가 바라보는 대상이 무엇인지 궁금증을 가지게 한다. 3번 사진에서는 인물의 시선이 우측을 향하고 있어, 시청자들의 관심을 화면 우측 프레임 밖으로 유도하며 화면 밖에 어떤 피사체가 있는지에 대해 궁금증을 가지게 한다.

그림 11-37 벡터가 화면 좌측 밖으로 작용(1), 벡터가 정면 방향으로 작용(2), 벡터가 화면 우측 밖으로 작용(3)

위 예들과 같이 화면 속에서 주 피사체는 어떤 벡터를 생성하고 시청자들은 그 에너지를 느낀다. 이때 우리가 일상에서 흔하고 익숙하게 경험하는 것과 같은 방향으로 작용하는 에너지(벡터)를 순 방향이라 한다. 화면 속에서 순방향의 에너지가 작용하면 시청자들도 심리적으로 안정감을 느낀 다. 반대로 일상에서 익숙하게 경험하지 않는 방향으로 작용하는 에너지를 역방향이라 한다. 화면 속에서 역방향의 에너지가 작용하면 시청자들도 심리적으로 불안감을 느낀다.

이와 같은 현상들이 나타나는 것은 우리의 눈이 일상에서 책이나 신문 등의 활자매체를 볼 때 좌측 에서 우측으로 이동하면서 정보를 인식하는 습관이 있기 때문이다. 국가와 문화권에 따라 조금 다 를 수도 있지만 일반적으로 인간의 시각은 위에서 아래로, 왼쪽에서 오른쪽으로 이동해 완결되는 특성이 있다는 것을 학문적으로 설명한 것이 **아이 스캔**eye scan **이론**[3]이다.

---

2   심리적인 의미로는 방향적 행동을 일으키는 추진력이나 개체에 의해 생성되는 에너지를 의미한다.
3   사람의 눈이 무엇을 볼 때 대부분 왼쪽에서 오른쪽으로 움직인다는 이론이다. 화면에서 오른쪽은 왼쪽에 비해 상대적으로 무게감을 가지고 피 사체를 강조할 수 있는 위치이다. 이 원리는 문자를 왼쪽에서 오른쪽으로 읽어나가는 문화권에서는 모두 비슷하게 적용된다.

다음 사진 2장은 같은 장소에서 보트가 움직이는 방향을 서로 다르게 촬영한 것이다. 1번 사진은 보트가 우측에서 좌측 방향으로 움직인다. 이 방향으로 흐르는 에너지는 역방향이므로 부자연스럽게 보인다. 2번 사진은 보트가 좌측에서 우측 방향으로 움직인다. 이 방향으로 흐르는 에너지는 순방향이므로 안정적이고 자연스럽게 보인다. 따라서 수평으로 움직이는 피사체는 왼쪽에서 오른쪽으로 움직이도록 촬영하는 것이 순방향이므로 자연스럽게 보인다.

카메라가 좌우측 방향으로 움직일 때도 좌에서 우로 움직이는 것을 순방향, 우에서 좌로 움직이는 것은 역방향이라 한다. 카메라가 상하 방향으로 움직일 때도 위에서 아래로 움직이는 것을 순방향, 아래에서 위로 움직이는 것을 역방향이라 한다. 이와 같은 이유들에 의해 지면에 수직으로 서 있는 큰 건물·나무 등을 촬영하면서 카메라가 수직 방향으로 움직일 때는, 위에서 아래로 움직이며 촬영하는 것이 자연스럽게 보인다.

그림 11-38 역방향으로 촬영한 이미지(1), 순방향으로 촬영한 이미지(2)

다음 2장의 그림과 같이 화면 속에서 수평선이 어느 한쪽으로 기울어지면, 순방향과 역방향의 에너지에 의해 불안감이나 운동감을 표현한다. 1번 그림에서와 같이 수평선이 좌측 아래에서 우측 위로 향하면, 상승하는 느낌을 주면서 서정적이고 아름다운 긴장감을 표현한다. 2번 그림에서와 같이 수평선이 좌측 위에서 우측 아래로 향하면, 하락하는 느낌을 주면서 어둡고 비극적인 느낌을 표현한다.

따라서 경사진 오르막을 표현할 때는 다음 1번 그림과 같이 좌측을 낮게 하고 우측을 높게 촬영하는 것이 자연스럽다. 반대로 경사진 내리막을 표현할 때는 다음 2번 그림과 같이 좌측을 높게 하고 우측을 낮게 촬영하는 것이 자연스럽게 보인다. 이는 순방향의 에너지가 작용하기 때문이다. 참고로 2번 그림에서 피사체가 우측 아래에서 좌측 위로 움직이면 역방향의 에너지가 작용하므로 매우 반항적이고 강열한 긴장감을 표현한다.

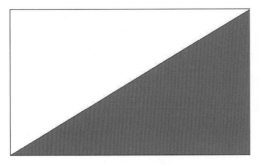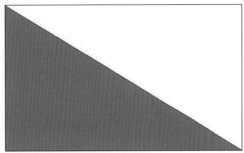

그림 11-39 수평선이 좌측으로 기울어 짐(1), 수평선이 우측으로 기울어 짐(2)

화면 속에서 주 피사체의 위치를 결정할 때도 우측에 두는 것이 안정감을 준다. 예를 들어 인터뷰를 할 때는 가급적 인물을 화면의 우측에 위치시킨다. 이는 인간의 시각이 화면을 바라볼 때 좌측에서 시작해 우측에서 머물며 완결되기 때문이다. 하지만 여러 사람을 연속적으로 인터뷰할 때에는 편집할 때 에너지의 흐름을 고려해 좌우측을 교대로 사용한다.

참고로 뉴스 화면은 진행자(앵커)를 좌측에 두고 우측에 뉴스 내용을 압축해 컴퓨터 그래픽으로 보여주는 것이 일반적이다. 앵커를 우측에 위치시키고 그래픽을 좌측에 위치시키면, 그래픽의 에너지가 앵커 에너지보다 작아서 무게중심이 앵커가 위치하는 우측으로 이동하면서 균형이 깨지는 현상이 나타날 수 있다. 그와 같은 현상을 방지하기 위해 앵커를 화면 좌측에 위치시키고, 우측에는 그래픽 이미지를 보여주면서 화면의 좌우 균형을 잡기도 한다. 이와 반대 방식도 흔하게 사용한다.

그림 11-40 앵커가 뉴스를 진행하는 화면

카메라로 촬영된 영상을 디스플레이 장치로 재현되는 것을 시청할 때 사람의 눈은 좌에서 우로, 가까운 곳에서 먼 곳으로, 중심에서 주변으로, 밝은 것에서 어두운 것으로, 진한 것에서 연한 것으로 시선을 옮기는 습성이 있다. 그 과정에 자연스럽게 통일성·조화·대비·비례·대칭·균형·평형·다양성·속도감·연속성 등과 같은 다양한 벡터(에너지)들에 의해 구도를 인식하고 심리적으로도 영향을 받는다. 카메라로 영상을 촬영하면서 구도를 구성할 때는 위에서 열거한 다양한 벡터들의 각각 특성에 대해 구체적으로 이해하고 적절히 혼합하거나 독립적으로 사용한다.

3-2-1 균형

구도를 구성할 때 **균형**은 화면 속에서 수평·수직 축을 중심으로 피사체의 무게감·크기·밀도·위치·형태·색 조합 등에 의해 형성되는 벡터가 어느 한쪽으로 기울어지지 않고 서로 균등하게 배치되는 것이다. 화면 속에서 2개 이상의 요소가 서로 균형감 있게 배치되면 보는 사람들에게 안정감을 준다. 반대로 균형이 깨어져 있으면 불안감을 주지만 시각적 자극이 강하다. 이와 같이 구도를 구성할 때 균형을 활용하는 방법에 따라 심리적으로 안정·불안정·중립 등의 감정을 표현할 수 있다. 균형에 영향을 주는 대표적인 요소는 대칭·비대칭이다.

① 대칭

구도를 구성할 때 **대칭**은 화면 속에 보이는 피사체들이 서로 같은 거리에 대칭으로 배치되며 일정한 비율로 나누어져 있어, 미학적으로 균형감이 형성되고 조화가 잘 유지되는 안정된 상태이다. 예를 들어 좌우상하 대칭 구도는 균형이 잘 잡혀 있어 화면을 바라보는 시청자들에게 안정감을 준다.

다음 1번 사진은 화면을 상하 5:5 비율로 나누고 서로 대칭시킨 구도이다. 화면 속에서 벡터는 중앙 수평선을 중심으로 상하로 대칭되고, 바라보는 사람의 시선은 위에서 아래로, 아래에서 위 방향으로 움직인다. 2·3번 사진은 화면을 좌우 5:5 비율로 나누고 서로 대칭시킨 구도이다. 2번 사진에서는 주 피사체들의 시선이 화면 중앙을 기준으로 좌우 바깥쪽을 향해 있어, 벡터가 좌우로 분산되므로 바라보는 사람의 시선도 좌우로 분산되지만, 각각 피사체가 표현하는 벡터의 양은 같다. 3번 사진에서는 주 피사체들의 시선이 서로 마주보고 있어 벡터가 화면 중앙으로 모아지므로, 바라보는 사람의 시선도 화면 중앙으로 집중되면서 강한 관심을 가지게 되지만, 각각 피사체가 표현하는 벡터의 양은 같다.

그림 11-41 상하 대칭 구도(1), 좌우 대칭 구도(2·3)

다음 2장의 사진도 좌우 대칭 구도이다. 1번 사진은 선과 형태에 의해 벡터가 화면 중앙으로 모아지는 구도이므로, 바라보는 사람의 시선도 좌우측에 머물다가 화면 중앙으로 모인다. 2번 사진은 벡터가 화면 중앙을 기준으로 좌우로 나누어지므로, 바라보는 사람의 시선도 좌우측의 건물에 각각 머물다가 화면 중앙으로 모인다.

그림 11-42 좌우 대칭 구도(1·2)

② 비대칭

비대칭은 다음 사진과 같이 화면 속에서 피사체를 어느 한 쪽에만 배치시켜 의도적으로 대칭을 피하는 것이므로, 좌우의 균형이 깨지며 불안한 느낌을 주기도 하지만 개성 있는 감성을 표현하기도 한다.

그림 11-43 비대칭 구도

3-2-2 비례, 황금분할

구도를 구성할 때 **비례**는 화면 속에서 선·면·부피 등에 의해 나타나는 전체와 부분, 부분과 부분 사이의 상대적 비율이다. 고대 그리스 수학자 피타고라스^{Pythagoras}가 발견한 **황금분할**은 대표적인 비례이며 수평·수직으로 1:1.618 비율을 사용한다.

황금분할은 자연 속에 존재하는 소라나 조개껍질의 줄과 줄 간격, 식물들의 잎이 나는 차례, 꽃잎이 나는 수, 사람의 몸 등에서도 볼 수 있다. 자연의 많은 현상들과 사람의 몸이 황금분할 비율로 되어 있어 인간의 시각은 자연스럽게 황금분할 비율에 익숙해져 있다. 따라서 황금분할 비율을 바라볼 때 시각적으로는 아름답다고 인식하고 심리적으로는 안정감을 받는다고 한다.

참고로 1:1.618 비율 수치와 정확하게 일치하지 않으면 미학적으로 가장 아름다운 비율이 아니라고 주장하는 학자들도 있지만, 이 책에서는 황금분할 비율 수치와 오차가 조금 있어도 아름다운 비율이라는 것을 전제로 한다.

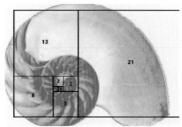 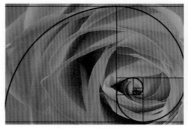 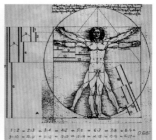

그림 11-44 소라껍질(1), 장미꽃(2), 사람의 몸(3)

카메라로 영상을 촬영할 때도 황금분할 비율은, 화면 속에서 주 피사체가 차지하는 면적이나 위치를 결정하는 기준으로 사용되므로 아름답고 안정적인 구도를 구성하는 대표적인 방법론이라 할 수 있다. 실제 제작 현장에서는 1:1.618 비율을 단순화시킨 르네상스 시대 회화구성 방법을 응용한 가로 3 : 세로 1(5:3) 비율로 나누는 분할법을 주로 사용한다.

① 수평 황금분할 구도

수평 황금분할 구도는 화면 속에서 피사체가 차지하는 면적 크기로 주제와 부제를 결정하는 방식이다. 화면을 가로(수평)로 3등분하면 2/3의 면적을 차지하는 부분이 주제가 되고, 나머지 1/3이 차지하는 면적은 부제가 된다.

다음 3장의 사진들은 같은 장소에서 수평 황금분할 구도를 각각 다르게 사용하며 석양을 촬영한 것이다. 1번 사진은 석양이 지는 하늘의 면적이 1/3, 석양이 비추는 강의 면적이 2/3를 차지하므로 강이 주제고 하늘은 부제다. 2번 사진은 하늘과 강의 면적이 각각 1/2을 차지하므로 강과 하늘이 동시에 주제가 된다. 3번 사진은 하늘의 면적이 2/3, 강의 면적이 1/3을 차지하므로 하늘이 주제고 강은 부제다.

그림 11-45 강이 주제(1), 강과 하늘이 주제(2), 하늘이 주제(3)

② 수직 황금분할 구도

수직 황금분할 구도는 화면 속에서 수직 방향으로 서 있는 주 피사체의 위치를 결정할 때 주로 사용하며, 화면을 세로(수직)로 3등분하고 어떤 쪽의 1/3등분된 지점에 주 피사체를 위치시켜 좌우 균형을 잡는다. 같은 방식으로 5:3 비율을 사용하기도 한다.

그림 11-46 수직 황금분할 구도

③ 수평·수직을 동시에 적용한 황금분할 구도

다음 1번 그림은 수평·수직으로 3:1 비율을 사용하는 황금분할 구도를 응용해 단순화시킨 예이다. 황금분할의 선들이 서로 만나는 4개 지점을 **구도점**이라 하며, 점 위에 주 피사체를 배치하면 안정감 있는 구도가 형성된다. 2번 사진은 수평·수직 3:1 황금분할을 사용한 예이다.

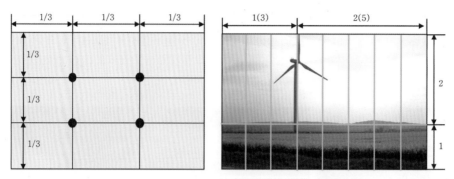

그림 11-47 황금분할 구도 응용의 예(1), 수평·수직 황금 분할구도(2)

3-2-3 평형(수평·수직)

구도를 구성할 때 **평형**은 화면 속에 보이는 수평선이나 수직선이 비뚤어지지 않고 바르게 보이는 것이다. 인간의 시각은 일상에서 지평선 위에 바르게 서 있는 다양한 구조물들을 보면서 자연스럽게 수평과 수직의 평형에 익숙해져 있어, 카메라로 촬영된 영상을 볼 때도 수평과 수직의 평형이 잘 맞아야 안정감을 느끼고, 평형이 틀어진 화면을 보면 불안한 느낌을 받는다. 촬영할 때 화면 속에서 수평과 수직의 평형은 동시에 나타나지만, 사람의 눈이 수평에 더 민감하게 반응하므로 우선적으로 수평을 잘 맞춰야 한다.

그림 11-48 수평·수직의 평형이 맞음(1), 수평·수직의 평형이 틀어짐(2)

다음 2장의 사진과 같이 화면 속에서 수직선은 촬영 방법에 따라 평형이 달라진다. 1번 사진은 카메라가 사람의 눈이 바라보는 높이로 촬영해 수직선의 평형이 틀어지지 않는다. 2번 사진은 카메라가 사람이 고개를 들고 위로 바라보는 것과 같이 촬영해, 수평선은 평형이 맞지만 화면 가장자리에 위치하는 일부 수직선들은 평형이 틀어지며 사선으로 보인다.

그림 11-49 수직선의 평형이 바른 이미지(1), 수직선의 평형이 틀어진 이미지(2)

위에서 설명한 바와 같이 화면 속에서 수평·수직의 평형이 잘 맞으면 안정된 구도로 표현되지만, 다양한 장면들이 연속적으로 편집될 때 안정된 구도를 지나치게 많이 사용하면 시각적으로 단조롭게 보여 시청자들이 지루해 할 수도 있다.

다음 2장의 사진은 같은 건물을 각도를 다르게 촬영한 것이다. 수평·수직으로 평형이 잘 맞는 1번 사진에 비해, 수평의 평형이 틀어지는 사선을 사용한 2번 사진이 더 경쾌하고 입체적으로 보여서 시각적인 단조로움을 줄이는 데 도움을 준다.

그림 11-50 평형이 맞는 구도(1), 평형이 틀어진 구도(2)

인물을 촬영할 때도, 전개되는 이야기의 내용과 목적에 따라 의도적으로 불안감을 암시하기 위해 다음 사진과 같이 수평·수직의 평형이 틀어지게 촬영하기도 한다(흔하게 사용되지는 않음). 이 다음에 촬영할 각 인물의 원 샷들도 평형이 기울어지게 촬영해야 한다.

그림 11-51 평형을 기울여 촬영한 두 사람의 풀 샷

① 평형이 틀어지게 촬영한 올바른 예

풀 샷 다음에 각각 인물의 원 샷을 촬영할 때는 기울이는 방향을 반대로 대립시켜야 화면이 연속 편집될 때 각 인물이 바라보는 시선이 만나면서 형성되는 벡터가 서로 대등해지므로 균형이 맞으면서 자연스럽게 연결된다.

그림 11-52 평형이 기울어진 촬영의 올바른 예

② 평형이 틀어지게 촬영한 잘못된 예

다음 사진들과 같이 각 인물을 서로 같은 방향으로 기울어지게 촬영하면, 화면이 연속 편집될 때 각 인물이 바라보는 시선에 의해 형성되는 벡터가 만나는 접점이 없어서 균형이 틀어지므로 자연스럽게 연결되지 않는다.

그림 11-53 평형이 기울어진 촬영의 잘못된 예

3-3 색의 특성과 화면 구성

사람의 시각이 색을 인식할 때 색상 차이에 따라 심리적으로 각각 다른 감정을 느낀다. 이와 같은 현상은 본능적이거나 경험에 의해 만들어지기도 하지만 성별, 연령, 환경(기후·풍토), 국민성과 문화수준, 개인별 성격 등에 따라서 조금씩 차이가 있다.

색을 볼 때 나타나는 추상적인 감정은 진출·후퇴·팽창·수축·무게·온도감 등이 대표적이다. 이와 같은 색의 다양한 특성들은 카메라로 영상을 촬영하면서 인공조명을 사용하거나 구도를 구성할 때 주제를 강조하는 근본 원리로 자주 응용되며, 이때 명도·색상·채도 등의 차이를 주로 이용한다. 예를 들어주 피사체 배경의 색이 주 피사체보다 강조되면 주 피사체의 위치를 옮기며 배경을 바꾸어주고, 주 피사체를 바라보는 시선을 빼앗아가는 색을 가진 물체가 배경에 있으면 제거하기도 한다.

3-3-1 진출색, 후퇴색

진출색은 여러 색들이 같은 거리에 있을 때 시각적으로 튀어나와 보여서 가까이 있는 것처럼 느껴지는 색이며, 빨강·노랑·주황 등과 같이 명도가 밝은 계열의 색이다. **후퇴색**은 여러 가지 색들이 같은 거리에 있을 때 시각적으로 들어가 보여서 멀리 있는 것처럼 느껴지는 색이며, 청록·파랑·남색·검정 등과 같이 명도가 어두운 계열의 색이다.

이와 같은 현상들이 나타나는 이유는 사람의 눈이 밝기(명도)에 민감하게 반응하는 특성이 있어서, 명도가 어두운 색보다 명도가 밝은 색을 먼저 보기 때문이다. 카메라로 영상을 촬영할 때도 후퇴색, 진출색을 가진 피사체가 한 화면에 동시에 보이면, 진출색을 가진 피사체가 먼저 보이며 강조된다. 따라서 주제가 잘 강조되는 구도를 구성하려면, 주 피사체의 색상에 따라 배경과 주변에 있는 피사체들의 색상 등을 동시에 고려해야 한다(사람의 눈 항목에서 원추세포·간상세포 항목 참고).

그림 11-54 진출색(1), 후퇴색(2)

3-3-2 팽창색, 수축색

팽창색은 본질보다 더 크게 보이는 색이며 명도가 밝은 계열의 색이다. **수축색**은 본질보다 더 작게 보이는 색이며 명도가 어두운 계열의 색이다. 다음 그림은 모두 같은 크기의 사각형들이다. 위에 있는 사각형들은 모두 흰색이므로 크기에 차이가 없지만, 아래에 있는 사각형들은 명도가 어두워질수록 위에 있는 흰색 사각형에 비해 작게 보인다. 이와 같은 현상들이 나타나는 것도 사람의 눈이 밝기에 민감하게 반응하는 특성이 있기 때문이다. 카메라로 영상을 촬영할 때도 명도가 밝은 색(팽창색, 진출색)을 가진 피사체가 가장 먼저 눈에 보이고, 본질보다 크게 보여 주제가 될 가능성이 높다. 촬영할 때 인공조명을 비추는 목적도 주 피사체를 밝게 하며 강조하기 위함이다.

그림 11-55 색상과 명도 차이에 따른 크기 변화의 예

3-3-3 색의 무게감

색의 무게감은 다음 1번 그림의 3가지 색들과 같이 명도가 밝을수록 가벼워 보이고, 2번 그림의 3가지 색들과 같이 명도가 어두울수록 무겁게 보인다. 카메라로 영상을 촬영하면서 색의 무게감을 이용해 구도를 구성할 때는 무거운 색을 가진 피사체를 화면 하단에 배치하고 가벼운 색을 가진 피사체는 무거운 색 위에 배치해야 안정감을 준다.

그림 11-56 가벼운 색(1), 무거운 색(2)

3-3-4 색의 온도감

색은 종류에 따라 차갑다, 따뜻하다 등의 온도감도 표현한다. 빨강·주황·노랑 등의 색들은 따뜻한 느낌을 준다. 남색·파랑·청록 등의 색들은 차가운 느낌을 준다. 이와 같은 색의 온도감은 일상에서도 이용한다. 예를 들어 수영장 바닥은 푸른색을 사용해 시각적으로 시원한(차가운) 느낌을 준다.

백화점이나 호텔 룸 등은 노란색 빛을 발광하는 텅스텐 라이트를 사용해 편안한(따뜻한) 느낌을 주는 경우가 많다.

그림 11-57 수영장 바닥을 푸른색으로 사용한 예

3-3-5 색의 대비

색의 대비는 각 색이 가진 명도·색상·채도 등과 같은 고유의 특성들이 동시에 비교될 때, 특성이 반대로 되거나 본질보다 과장되어 나타나는 착시현상이며 계시·동시 대비 등이 있다.

계시 대비는 사람의 눈이 어떤 색을 보고 난 후 다른 색을 연속적으로 볼 때, 망막에 남아 있는 먼저 본 색의 잔상이 나중에 보는 색에 겹쳐지며 본래의 색과 다르게 보이는 착시현상이다. **동시 대비**는 색을 가까운 거리에 두고 동시에 볼 때, 각 색이 서로에게 영향을 주며 본질과 다르게 보이는 착시현상이며, 명도·색상·채도·보색·한난·면적·연변 대비 등이 있다. 카메라로 영상을 촬영할 때 응용되는 명도·채도·면적·연변 대비 등을 중심으로 설명한다.

① 명도(밝기) 대비

명도 대비는 같은 명도를 가진 색이 배경 색의 영향을 받아 본질과 다르게 보이는 착시현상이며 명도 차이가 클수록 잘 나타난다. 참고로 색상·채도·명도 대비 중에서는 명도 대비가 가장 크게 나타난다. 다음 1번 그림에서 중앙에 수평으로 놓여있는 회색의 긴 막대 사각형은 명도가 일정하지만 배경이 밝아질수록 본질보다 어둡게 보이고, 배경이 어두워질수록 본질보다 밝게 보인다. 이와 같은 현상이 나타나는 이유도 사람의 눈이 명도(밝기)에 가장 민감하게 반응하기 때문이다. 2·3번 그림에서 중앙에 위치하는 회색 사각형들은 크기가 동일하지만 검은색 배경 위에 있는 것이 명도 대비가 크므로 흰색 배경 위에 있는 것보다 더 크고 밝게 보인다.

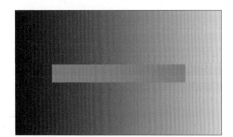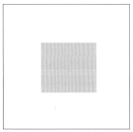

그림 11-58 명도 대비의 예(1·2·3)

카메라로 영상을 촬영할 때도 명도 대비 특성을 응용하면 주 피사체를 강조하거나 약화시킬 수 있다. 다음 1번 사진은 배경 색의 밝기가 인물보다 어두워서 인물이 잘 강조된다. 2·3번 사진은 날아가는 새들이 주 피사체이지만, 2번 사진은 주 피사체와 배경 색의 밝기가 서로 비슷하므로 주 피사체가 강조되지 않는다. 3번 사진은 주 피사체와 배경 색의 명도(밝기) 차이가 크므로 주 피사체가 잘 강조된다.

그림 11-59 배경과 인물의 명도 차이가 있음(1), 배경과 새들의 명도 차이가 없음(2), 배경과 새들의 명도 차이가 있음(3)

다음 1번 사진에서는 주 피사체와 배경의 색상·명도·채도 등에 차이가 없어주 피사체가 강조되지 않는다. 이때 피사계 심도, 빛, 피사체 크기 등을 이용해주 피사체를 강조하기도 한다. 2번 사진은 1번 사진과 같은 피사체를 같은 환경에서 촬영한 것이지만, 측광이 비출 때 나타나는 그림자에 의한 명암 차이로 입체감이 살아나면서 주 피사체가 강조되는 예이다. 3번 사진은 1·2번 사진과 다른 피사체를 비슷한 환경에서 촬영한 것이지만, 피사체가 크고 피사계 심도는 얕으며 명암 대비 효과로 입체감이 살아나면서 강조되는 예이다.

그림 11-60 주제가 강조되지 않음(1), 측광이 비추어주제 강조(2), 피사계 심도와 주 피사체 크기로 주제 강조(3)

② 채도 대비

채도 대비는 특정의 색이 다른 색과 배색될 때, 배경색의 채도가 높으면 채도가 본질보다 낮게 보이고, 배경색의 채도가 낮으면 본질보다 채도가 높게 보이는 착시현상이다. 예를 들어 유채색·무채색 배경 위에 서로 같은 채도를 가진 색을 두면, 무채색 배경 위의 색이 채도가 더 높게 보이고 유채색 배경 위의 색은 채도가 더 낮게 보인다. 다음 1·2번 그림에서는, 검정색(무채색) 배경의 푸른색이 군청색 배경의 푸른색 보다 채도가 더 진하게 보인다.

그림 11-61 채도 대비의 예(1·2)

③ 면적 대비

면적 대비는 같은 색이라도 면적이 클수록 본질보다 밝게 보이고 면적이 작을수록 본질보다 어둡게 보이는 착시현상이다.

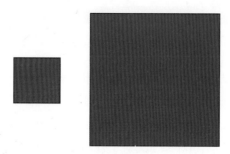

그림 11-62 면적 크기에 따라 명도가 다르게 보이는 예

④ 연변 대비(경계 대비), 마하 밴드

연변 대비는 색과 색이 인접하는 경계 부분에서 강한 색채 대비 현상이 일어나는 것이며, 무채색은 명도 단계로 유채색은 색상별로 배열할 때 나타난다. 참고로 다음 그림에서와 같이 무채색·유채색들이 만나는 경계선이 진하고 선명하게 보이는 것을 **마하 밴드**mach band라 한다. 카메라로 촬영하는 영상이나 촬영된 영상의 선명도를 조절하는 **디테일 신호**detail signal도 마하 밴드 원리를 응용한 것이며, 전기적인 주파수를 사용해 피사체의 경계선에 흰색 선을 주기적으로 표시하면서 선명하게 보이도록 한다. 따라서 디테일 신호를 조절한다는 것은, 피사체 경계선에 발생하는 흰색 선의 두께나 선을 발생시키는 주파수를 조절하는 것이므로 화면 전체 해상도(화소 수)는 변하지 않는다(해상도 항목 참고).

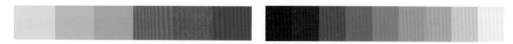

그림 11-63 연변 대비와 마하 밴드(1·2)

3-3-6 크로마키 촬영

크로마키chroma key **촬영**은 주 피사체 배경에 푸른색·초록색 등의 컬러판을 설치하고 촬영한 다음, 배경을 제거하고 주 피사체를 다른 화면과 합성하는 것이다. 영화나 TV드라마는 현실에서 촬영할 수 없는 장면을 크로마키로 촬영하고 컴퓨터 그래픽 화면과 합성하기도 한다.

인물을 크로마키로 촬영할 때 배경으로 사용하는 컬러는 피부색과 보색관계에 있는 푸른색·녹색 등이 대표적이다. 예를 들어 서양인들의 경우 눈동자는 청색, 머리는 황색 계열이 많아서 주로 녹색을 배경으로 사용한다. 동양인들은 대부분 검은머리에 갈색 눈동자를 가지고 있어 푸른색을 배경으로 사용한다. 인물의 눈, 머리, 피부, 입고 있는 옷 등의 색이 배경색과 같으면, 배경과 인물을 분리할 때 배경색과 같은 색을 가진 부분이 사라지며 인물의 몸에 구멍이 생기는 기형적인 현상이 발생한다. 인물을 제외한 피사체를 크로마키로 촬영할 때도 같은 현상이 나타나므로 배경색과 주피사체의 색이 반드시 달라야 한다.

참고로 인물을 크로마키로 촬영할 때 조명은 배경과 인물에 골고루 빛을 비추면서 진한 그림자가 나타나지 않도록 한다. 그림자가 진하게 생기는 부분은 배경과 피사체가 선명하게 분리되지 않거나 노이즈가 발생한다. 태양광이 비추는 야외에서 촬영한 영상과 실내에서 인공조명을 비추며 촬영한 인물을 합성할 때는 인물을 비추는 주광의 높이·방향·각도·밝기 등이 태양광이 비추는 방향과 서로 일치되어야 실제로 야외에서 촬영한 것과 같이 자연스럽게 보이고, 일치하지 않으면 부자연스럽게 보인다.

TV 방송에서 크로마키 촬영을 사용하는 대표적인 예는 일기예보와 **가상스튜디오**virtual studio이다. 크로마키 촬영은 카메라가 줌인·줌아웃을 해도 배경이 변하지 않지만, 가상스튜디오는 카메라의 움직임을 따라 배경도 3차원으로 변한다는 것이 차이점이다.

다음 2장의 사진은 TV 방송국에서 일기예보를 제작하는 예이다. 1번 사진은 푸른색 배경을 사용해 크로마키로 촬영하는 것이다. 2번 사진은 인물과 배경을 분리한 다음 컴퓨터 그래픽에 인물을 합성해 일기예보 화면이 완성된 것이다.

그림 11-64 크로마키 촬영(1), 일기예보 그래픽 화면과 합성(2)

TV 방송 프로그램은 드라마·교양·예능·스포츠·뉴스 등과 같이 종류가 매우 다양하다. 각 프로그램을 촬영할 때 벌어지는 상황에 따라 픽스 샷과 무빙 샷을 적절히 혼합해 사용한다.

픽스 샷 fix shot은 카메라를 트라이포드에 장착하고 고정시킨 상태로 움직이는 피사체나 고정된 피사체를 안정된 화면으로 촬영하는 가장 기본적인 방법이다. 참고로 화각이 넓은 와이드 렌즈로 촬영할 때는 화면 속에 많은 피사체들이 동시에 보이며 주 피사체를 바라보는 시선을 빼앗아가므로 주 피사체가 잘 강조되는 구도를 사용한다. 반면, 화각이 좁을수록 주 피사체 주변 피사체들은 많이 보이지 않고 주 피사체는 크게 보여서 잘 강조된다. 따라서 벌어지는 상황을 효과적으로 표현할 수 있는 화각을 가진 렌즈를 사용하면서 주제가 잘 강조되는 구도를 구성한다.

무빙 샷 moving shot은 사람이 움직이지 않고 고정된 상태로 시각을 통해 전후·좌우·상하 방향 등으로 다양한 피사체들을 바라보거나, 사람이 좌우·전후 방향 등으로 움직이면서 벌어지는 상황이나 피사체를 바라보는 것과 같이, 카메라가 수평·수직·전후 방향 등으로 자유롭게 움직이며 촬영하므로 매우 사실적이고 역동적인 느낌을 준다. 카메라가 움직일 때 벌어지는 상황과 적절하게 혼합되면서 시청자들의 관심(시선)이 자연스럽게 따라 가도록 유도해야 한다. 무빙 샷으로 촬영하면 주 피사체가 강조되거나 화면 크기·시점 등에 변화가 생기므로 분명한 목적이 있어야 하며, 편집할 때 전후 커트가 자연스럽게 연결되게 화면 크기, 시점, 무빙 방향과 속도, 앵글 등을 동시에 고려해야 한다. 예를 들어 무빙 샷으로 촬영한 화면을 연속 편집할 때는 무빙 속도가 일치해야 한다. 참고로 촬영의 초보자들이 효과적인 무빙 샷을 촬영하려면 정확한 구도를 사용하는 픽스 샷으로 촬영하는 훈련을 먼저 하는 것이 도움을 준다. 목적과 계획 없이 사용된 무빙 샷은 화면을 바라보는 시청자들에게 혼란을 주기 때문이다.

다양한 종류의 무빙 샷들을 촬영할 때 카메라와 가까운 거리에 있는 좌우상하 가장자리에 위치하는 피사체들의 움직임이 가장 빠르고, 카메라와 멀리 떨어져 있으며 화면 중앙에 위치하는 피사체일수록 움직이는 속도가 느리다는 것이 공통적으로 나타나는 현상이다. 이와 같이 무빙 샷을 촬영할 때 화면 속에서 속도감(운동감)이 나타나는 것을 **운동시차**라 한다. 화각이 넓은 와이드 렌즈로 촬영하면 원근감이 실제보다 멀게 왜곡되므로 운동시차도 실제보다 빠르게 표현된다. 반면, 화각이 좁은 망원 렌즈로 촬영하면 원근감이 실제보다 가깝게 왜곡되므로 운동시차도 실제보다 느리게 표현된다.

4-1 무빙 샷의 종류

카메라가 수평·수직·전후 방향 등으로 움직이면서 무빙 샷을 촬영할 때, 사람이 카메라를 손으로 들거나 어깨 위에 올리고 걸어가면서 촬영하면, 촬영되는 화면이 흔들리며 안정감이 떨어지므로 시청자들이 불안한 느낌을 받지만 대부분의 프로그램 촬영에서 흔하게 사용한다. 이때 화면이 흔들리는 것을 조금이라도 줄이기 위한 방법은 평소보다 보폭을 줄이면서 최대한 안정적으로 걷는 것이다.

일반인들이 주로 사용하는 소형 캠코더는 위와 같은 방법으로 촬영해도, 렌즈 내부에 화면이 흔들리는 것을 보완하는 장치가 내장되어 있어 비교적 안정된 화면으로 촬영된다. 하지만 전문가들이 사용하는 대부분의 카메라는 다양한 종류의 무빙 보조 장비를 사용해야 화면이 흔들리지 않고 안정적으로 촬영된다.

무빙 샷은 카메라가 움직이는 방향 차이와 무빙 보조로 사용하는 장비의 종류에 따라 달리·트럭·크레인·스테디 캠 샷 등으로 나누어진다. 카메라가 움직이지 않고 트라이포드에 장착된 상태로 상하·좌우 방향 등으로 회전하며 촬영하는 무빙 샷은 패닝·틸팅 등이 있다.

참고로 줌 렌즈는 주밍을 하면서 무빙 샷과 비슷한 느낌을 주는 영상을 촬영할 수 있지만, 무빙 보조 장비를 사용해 카메라가 전후·좌우·상하 방향 등으로 움직이면서 촬영하는 화면과 운동시차에 차이가 있다.

4-1-1 주밍

TV 방송용 ENG 카메라는 벌어지는 상황에 따라 빠르게 화각을 변화시키며 다양한 화면 크기로 촬영할 수 있는 줌 렌즈를 사용하는 것이 일반적이다. 화면 크기나 구도를 바꾸기 위해 화각이 넓은 상태에서 화각을 점점 좁히면서 피사체가 크게 확대되어보이게 촬영하는 것을 **줌 인**zoom in, 반대의 경우 **줌 아웃**zoom out이라 한다. 두 가지 용어를 합쳐서 **주밍**zooming이라 하며, 카메라가 고정되거나 움직이는 중에도 주밍을 사용할 수 있다(렌즈의 종류 항목 참고).

다음 사진 3장은 카메라를 트라이포드에 장착하고 인물을 줌 인으로 촬영한 것이다. 인물의 얼굴이 점점 확대되며 표정이 잘 보여서 시청자들이 관심을 집중하는 과정에 드라마틱한 감정고조 효과가 나타난다. 반대로, 줌 아웃하면 인물의 얼굴 표정이 점점 잘 보이지 않으므로 시청자들의 관심도 점점 떨어지게 된다.

그림 11-65 줌 인 시작 화면(1), 줌 인이 진행 중인 화면(2), 줌 인이 끝난 화면(3)

① 주밍의 사용 목적과 특징

- 화각을 빠르게 변화시키며 다양한 화면 크기로 촬영하기 위해 사용한다.
- 주관적 시점 샷(1인칭)을 촬영할 때 사용한다.
- 주밍 속도는 빠를수록 긴장감을 주고 느릴수록 안정감을 준다.
- 줌 렌즈는 화각이 넓은 와이드 상태로 촬영하면 피사계 심도가 깊어서 주 피사체가 강조되지 않는다. 줌 인으로 화각을 좁히고 망원으로 촬영하면 피사계 심도가 얕아지면서 주 피사체가 더 강조되는 효과가 나타난다.
- 주밍 속도가 빠를수록 긴장감을 주고 느릴수록 안정감을 준다.

② 주의할 점

- 주밍은 자주 사용하지 않고 꼭 필요할 때만 사용한다.
- 주밍 시간이 길면(약 7~8초 이상) 시청자들이 지루하다는 느낌을 받으므로 짧게 한다. 예를 들어 주밍으로 같은 피사체를 같은 크기로 촬영할 때, 카메라와 피사체의 거리가 가까울수록 주밍 시간이 짧아지고, 카메라와 피사체의 거리가 멀수록 주밍 시간이 길어진다.
- 주밍을 시작하거나 멈출 때 안정된 구도를 사용한다.
- 시청자들의 시선을 자연스럽게 유도하려면, 주밍을 시작할 때 속도를 서서히 가속하고 끝 날 때도 서서히 감속한다.
- 포커스를 수동으로 조절하는 렌즈는 줌 인하면 포커스가 맞지 않을 수 있다. 피사체가 고정되어 있으면 녹화하기 전에 줌 인해 포커스를 맞추고 줌 아웃한 다음, 실제로 녹화할 때 줌 인을 하면 포커스가 아웃되는 것을 방지할 수 있다. 움직이는 피사체를 따라 가면서 줌 인할 때 포커스를 잘 맞추기 위해서는 많은 경험과 노력이 필요하다.
- 움직이는 인물을 따라 가며 주밍할 때는 아이 룸·헤드 룸·룩킹 룸 등을 사용하면서 안정된 구도를 구성한다.

- 주밍 중에 카메라가 상하·좌우 방향 등으로 흔들리지 않아야 한다.

4-1-2 패닝·틸팅

패닝panning은 카메라를 트라이포드에 장착하고 좌우·수평 방향으로 회전하면서, 시청자들이 고개를 좌우로 돌리면서 바라보는 것처럼 촬영하는 것이다. 카메라가 좌에서 우로 회전하는 것을 **우 팬**, 우에서 좌로 회전하는 것을 **좌 팬**이라 한다.

다음 이미지는 우 팬으로 촬영하는 것을 설명하는 것이다. 빨간 사각형으로 표시한 것은 팬을 시작하는 화면이고 화살표는 팬을 진행하는 방향이다.

그림 11-66 패닝을 할 때 카메라 회전 방향(1), 우 팬 촬영(2)

틸팅tilting은 다음 1번 그림과 같이 카메라를 트라이포드에 장착하고 수직 방향 상하로 회전하면서, 시청자들이 고개를 상하로 움직이며 바라보는 것처럼 촬영하는 것이다. 카메라가 위에서 아래쪽 방향으로 회전하는 것을 **틸 다운**tilt down, 아래에서 위쪽 방향으로 회전하는 것을 **틸 업**tilt up이라 한다.

다음 2번 이미지에서 빨간 사각형으로 표시한 것은 틸 다운을 시작하는 화면이고 화살표는 카메라가 회전하는 방향이다.

그림 11-67 틸팅을 할 때 카메라 회전 방향(1), 틸 다운 촬영(2)

① **패닝·틸팅의 사용 목적**

- 렌즈 화각이 좁아서 주제(피사체)를 한 화면으로 보여줄 수 없을 때 전체를 보여주기 위해 사용한다.
- 현재 보는 것 이외의 다른 주제를 보여주며 상대적인 위치 관계를 설명하거나, 움직이는 피사체를 따라 갈 때 사용한다.
- 음악(가요) 프로그램은 리듬감을 표현하기 위해 패닝·틸팅·주밍 등을 동시에 혼합 사용하기도 한다.
- 주관적 시점 샷(1인칭)을 촬영할 때 사용한다.
- 카메라가 회전하는 속도가 빠를수록 긴장감을 주고 느릴수록 안정감을 준다.

② **주의할 점**

- 자주 사용하지 않고 꼭 필요할 때만 사용한다.
- 카메라가 순방향(좌 팬·틸 다운)으로 움직이는 것이 시각적으로 자연스럽게 보이고, 역방향(우 팬·틸 업)으로 움직이면 시각적으로 부자연스럽게 보인다.
- 회전을 시작하거나 멈출 때 안정된 구도를 사용하며 5~6초의 여유를 준다.
- 시청자들의 시선과 관심을 자연스럽게 유도하려면, 회전을 시작할 때 속도를 서서히 가속하고 회전이 끝 날 때도 서서히 감속한다.
- 움직이는 피사체를 따라갈 때는 속도를 잘 맞춰야 한다.
- 움직이는 인물을 따라갈 때는 아이 룸·헤드 룸·룩킹 룸 등을 사용하면서 안정된 구도를 구성한다.
- 패닝은 카메라가 상하 방향으로 흔들리지 않아야 한다.
- 틸팅은 카메라가 좌우 방향으로 흔들리지 않아야 한다.
- 패닝·틸팅 시간이 길면(약 7~8초 이상) 시청자들이 지루하다는 느낌을 받으므로 짧게 한다.

참고로 다음 사진 3장은 카메라를 트라이포드에 장착하고 줌 인, 틸 업 등을 동시에 사용해 구도에 변화를 주면서 풍경을 촬영한 예이다. 1번 사진은 화면 중앙에 위치하는 건물로 줌 인을 시작하는 것이다. 2번 사진은 줌 인이 진행 중이다. 3번 사진은 줌 인이 끝난 것이다.

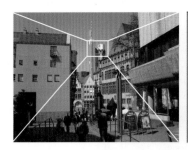

그림 11-68 줌인 시작(1), 줌인 진행 중(2), 줌인이 끝남(3)

다음 사진 3장은 카메라를 트라이포드에 장착하고 주밍·틸팅·좌팬 등을 동시에 사용해 구도에 변화를 주면서 풍경을 촬영한 예이다. 1번 사진은 화면 중앙에 보이는 마을로 줌 인을 시작하는 것이다. 2번 사진은 줌 인이 진행 중이다. 3번 사진은 줌 인이 끝난 것이다.

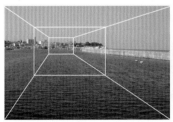

그림 11-69 줌인 시작(1), 줌인이 진행 중(2), 줌인이 끝남(3)

4-1-3 달리·트럭 샷

영상을 촬영할 때 카메라가 전후·좌우·곡선·사선 방향 등으로 자유롭게 움직이면, 촬영된 화면을 바라보는 시청자들이 매우 다양한 시각적 변화를 경험하므로 극적 긴장감이 증가한다. 이때 카메라와 주 피사체가 동시에 움직이면 주 피사체 주변의 배경이 지속적으로 변화한다. 주 피사체가 고정되어 있고 카메라만 움직이면 주 피사체와 배경이 분리되어 움직인다. 두 가지 방법 모두 카메라가 움직이는 속도감은(운동시차) 배경이 변화하는 속도에 의해 결정되고, 주 피사체가 매우 강조되는 효과가 공통적으로 나타난다. 이와 같이 촬영하는 것을 달리·트럭 샷이라 한다.

달리·트럭 샷을 촬영할 때 카메라가 안정적으로 움직이기 위한 목적으로 사용하는 장비를 **이동차·달리**dolly라 한다. 이 장비들은 카메라를 장착하고 움직일 때 철도 형태의 레일이나 고무로 만든 바퀴를 사용한다. 레일은 직선으로 움직이는 직선 레일, 곡선으로 움직이는 곡선레일, 360° 방향으로 움직이는 원형 레일 등이 있다. 무빙 보조 장비를 사용해 촬영할 때는 각각 장비의 특성이 잘 살아날 수 있게 한다.

그림 11-70 달리 샷과 트럭 샷에 사용되는 장비의 종류(1·2·3·4)

① 달리 샷

달리 샷dolly shot은 렌즈의 화각이 고정된 상태로 카메라가 다음 1번 그림과 같이 피사체를 향해 다가 가거나 멀어지며 촬영하는 것이다. 카메라가 피사체로 접근하는 것을 **달리 인**dolly in, 피사체에서 멀 어지는 것을 **달리 아웃**dolly out이라 한다.

예를 들어 풍경을 촬영할 때 카메라가 다음 2번 사진과 같은 구도를 잡고 전후 방향으로 움직이면 전후 방향의 공간감이 잘 표현된다. 이때 카메라와 가까운 거리에 있는 좌우·상하 가장자리 피사체 들의 움직임이 가장 빠르고, 카메라와 멀리 떨어진 피사체일수록 움직이는 속도가 느리며, 카메라 의 높이가 높을수록 속도감(운동시차)이 느려지고 낮을수록 빨라진다.

위 예와 동일 조건에서 원근감이 실제보다 멀게 왜곡되어 보이는 와이드 렌즈를 사용하면서 카메 라의 높이를 낮게 하고 달리 샷을 촬영하면 속도감이 실제보다 과장되며 빠르게 느껴진다. 반대로 화각이 좁고 원근감이 실제보다 가깝게 왜곡되어 보이는 망원 렌즈를 사용하면서 카메라의 높이를 높게 하고 달리 샷을 촬영하면, 속도감이 실제보다 감소하며 느리게 느껴진다.

이와 같이 화면 속에 나타나는 속도감(운동시차)은 렌즈의 화각과 카메라가 촬영하는 높이 차이에 따라서도 영향을 받는다.

그림 11-71 달리 샷의 개념도(1) 달리 샷으로 움직일 때 나타나는 운동시차의 특성(2)

드라마나 영화에서 인물을 촬영할 때 카메라가 달리 인하며 연기자와 거리를 점점 좁히고 얼굴을 크게 보여주면 주관적 시점이 형성되므로 시청자들의 관심도 점점 연기자로 집중하며 몰입하게 되어 전개되는 이야기 속에 동참하는 것과 같은 느낌을 받는다. 반대로 카메라가 달리 아웃하며 연기자와 거리가 점점 멀어지면서 얼굴을 작게 보여주면 객관적 시점으로 전환되므로 시청자들의 관심도 점진적으로 떨어지면서 전개되는 이야기에 대한 몰입도가 떨어지고 지켜보는 것과 같은 느낌을 받는다.

다음 사진 3장은 렌즈의 화각을 고정시키고 달리 인 샷으로 촬영할 때 나타나는 특성들을 설명한 것이다. 카메라가 1번 사진과 같은 화면에서 달리 인하면서 인물로 접근하면 2·3번 사진과 같이 인물들 뒤로 보이는 배경의 면적은 점점 줄어들지만, 인물은 점점 크게 보이면서 주관적 시점이 형성되므로 매우 잘 강조된다.

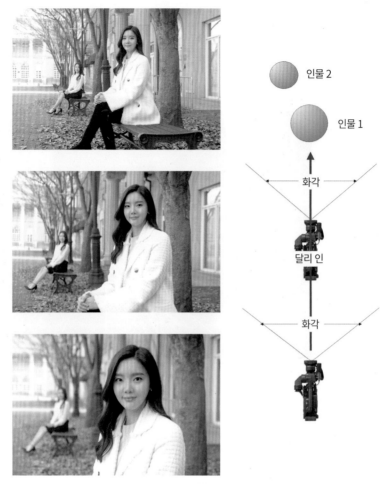

그림 11-72 달리 인 시작 화면(1), 달리 인이 진행되는 화면(2), 달리 인이 끝난 화면(3), 카메라 이동 경로(4)

② 트럭 샷

트럭 샷truck shot은 렌즈의 화각이 고정된 상태로 카메라가 좌우측 수평 방향으로 움직이면서 촬영하는 것이므로 좌우로 공간감이 잘 표현되지만 피사체와 카메라의 거리 차이에 따라 운동시차가 다르게 나타난다.

예를 들어 카메라가 다음 사진과 같은 구도를 잡고 좌우 수평 방향으로 움직이면, 카메라와 가까운 피사체일수록 빨리 움직이고 멀리 떨어진 피사체일수록 천천히 움직인다.

그림 11-73 트럭 샷으로 촬영할 때 화면 속에 나타나는 운동시차의 특성

③ 달리·트럭 샷의 사용 목적과 특징

- 피사체를 다양한 각도에서 보여줄 수 있다.

- 화면 속에 운동시차가 풍부하게 나타난다.

- 주 피사체가 배경과 분리되어 시청자들이 주 피사체에 집중하므로 극적 긴장감이 높아진다.

- 움직이는 피사체를 따라 가거나 이미지너리 라인을 넘어갈 때 사용한다.

- 화면 속 피사체 크기는 카메라와 피사체의 거리, 렌즈 화각에 의해 결정된다.

④ 달리·트럭 샷을 촬영할 때 주의 사항

- 시청자들의 관심을 자연스럽게 유도하기 위해, 카메라가 움직이기 시작할 때 서서히 가속하고 정지할 때도 서서히 감속한다.

- 움직임을 시작할 때와 정지할 때 화면의 구도가 안정감이 있어야 한다.

- 화각이 좁은 망원 렌즈로 촬영하면 카메라가 움직이는 과정에 작은 흔들림도 크게 흔들리는 것처럼 과장되어 보이고 속도감(운동시차)이 느리게 표현된다. 반면 화각이 넓은 와이드 렌즈는 흔들림이 잘 나타나지 않고 속도감이 빠르게 표현된다.

4-1-4 트럭 샷과 팬을 동시에 사용한 무빙 샷의 특성

트럭 샷을 촬영하면서 카메라가 어떤 피사체를 기준으로 좌우 방향으로 팬을 하면, 기준이 되는 피사체를 중심으로 전후 방향에 위치하는 피사체들이 서로 반대 방향으로 움직인다.

다음 1번 사진은 중앙에 위치하는 분홍색 컵을 기준으로 카메라가 수평 방향 좌측으로 움직임과 동시에 우측으로 팬하면서 촬영한 것을 좌에서 우측으로 나열한 것이다. 중앙에 위치하는 분홍색 컵은 위치가 고정되어 있지만 노란색 컵은 좌측 방향으로 움직이고 붉은색 컵은 우측 방향으로 움직인다.

다음 2번 사진은 1번 사진과 반대로 카메라가 분홍색 컵을 중심으로 수평 방향 우측으로 움직임과 동시에 좌측으로 팬하면서 촬영한 것을 좌에서 우측으로 나열한 것이다. 컵들이 1번 사진과 반대 방향으로 움직인다.

이와 같이 카메라가 어떤 피사체를 기준으로 좌우 수평 방향으로 움직임과 동시에 팬을 하면서 촬영하면, 기준이 되는 피사체를 중심으로 좌우·전후 공간감 등이 동시에 나타난다. 동일 조건에서 카메라가 팬을 하지 않고 좌우 수평 방향으로 움직이면서 촬영하면 화면 속에서 컵들의 위치가 변하면서 좌우 공간감이 표현된다.

그림 11-74 카메라가 우측에서 좌측으로 움직임(1), 카메라가 좌측에서 우측으로 움직임(2)

4-1-5 사선·곡선으로 움직이며 팬을 혼합 사용하는 무빙 샷의 특성

다음 3장의 사진들은 카메라가 직선 레일과 달리를 사용해 우측 수평 사선 방향으로 이동하며 인물로 접근함과 동시에 좌 팬으로 촬영한 것이다. 1번 사진에서 2·3번 사진으로 갈수록 인물 크기는 커지고 카메라와 인물 사이의 거리는 가까워지지만 인물이 측면으로 보인다. 이와 같이 촬영하면 시청자들이 화면속의 인물을 바라보는 시점은 주관적 시점에서 객관적 시점으로 변하지만 카메라와 인물 사이의 거리가 가까워지므로 주관적 시점이 계속 유지된다.

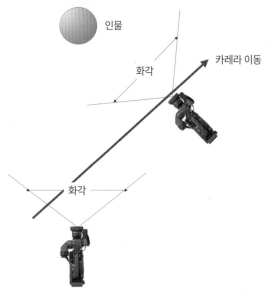

인물

화각

카레라 이동

화각

그림 11-75 트럭 샷의 시작 앵글(1), 트럭 샷이 진행 중인 앵글(2), 트럭 샷이 끝난 앵글(3), 카메라 이동 경로(4)

다음 사진은 카메라가 원형 레일과 달리를 사용해 수평 방향 360°로 움직이며 고정된 인물을 촬영하는 상황을 보여주는 것이다. 이와 같이 촬영하면 배경이 인물과 분리되어 움직이며 운동시차가 풍부하게 나타나므로 인물이 매우 강조된다. 예를 들어 드라마나 영화에서는 사랑하는 연인들이 서로 껴안는 장면을 촬영할 때 드라마틱한 분위기를 강조하기 위해 이와 같은 방법으로 촬영하기도 한다.

그림 11-76 360° 원형 달리 촬영

① 인물을 촬영할 때 무빙 샷을 이용해 시점을 변경하는 방법

카메라가 자유롭게 움직이는 다양한 종류의 무빙 샷들은, 시청자들이 인물을 바라보는 시점을 변경할 때도 흔하게 사용한다. 다음 1·3번 사진은, 2번 사진을 촬영한 카메라의 높이·거리·렌즈 화각 등은 동일하게 유지하면서, 180° 반원형 레일과 달리를 사용해 좌우측 수평 곡선방향으로 약 50~65°를 움직임과 동시에 팬을 하면서 촬영한 것이다. 1·3번 사진 모두 화면 속에서 인물의 위치가 바뀌고 크기는 동일하지만 시청자들이 인물을 바라보는 시점이 객관적으로 변환되었다. 참고로 인물이 2명 이상일 때 이와 같은 방식으로 촬영하면 이미지너리 라인이 변경된다(이미지너리 라인 항목 참고).

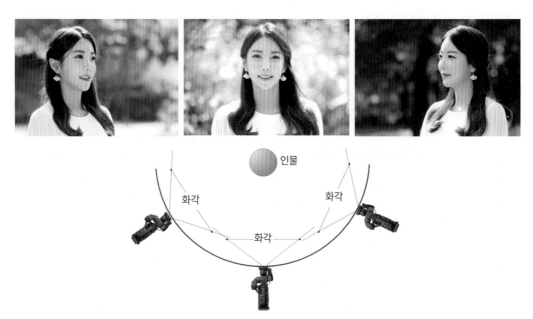

그림 11-77 카메라 좌측으로 이동(1), 기준 샷(2), 카메라 우측으로 이동(3), 카메라 움직임의 경로(4)

② 카메라 무빙을 사용해 롱 테이크 샷을 촬영하는 방법

다음 사진은 3명의 인물들이 대화하는 장면을 180° 반원형 레일과 달리를 사용해, 카메라가 좌우측 수평 방향으로 움직임과 동시에 좌우측 방향으로 팬을 하면서 하나의 장면(롱 테이크[4])으로 연결해 촬영하는 상황을 보여주는 것이다.

---

4   long take. 영화에서 하나의 장면을 1~2분 이상 길게 촬영하는 것이다. 테이크(take)는 카메라를 한번 작동시켜 하나의 쇼트를 촬영하는 것을 뜻한다.

그림 11-78 카메라가 180° 반원형 레일과 달리를 사용해 롱 테이크로 촬영하는 모습

다음 4장의 사진들은 위와 같은 방법으로 촬영한 것을 순서대로 나열한 것이다. 이 방식은 카메라가 위치를 옮겨가면서 하나의 장면으로 연결해 촬영하므로 진행되는 이야기가 단절되지 않는다는 것이 특징이다.

그림 11-79 트럭 샷 시작 장면(1), 트럭 샷이 진행 중인 장면(2·3), 트럭 샷이 끝난 장면(4)

4-1-6 주밍과 달리·트럭 샷의 차이점

주밍은 카메라가 고정되어 있거나 움직일 때 줌 렌즈의 화각을 변화시키면서 촬영되는 피사체 크기를 조절하는 것이다.

달리·트럭 샷은 카메라가 다양한 종류의 무빙 보조 장비들을 사용해 렌즈의 화각이 고정된 상태로 전후·좌우 방향 등으로 움직이며 촬영되는 피사체 크기와 거리를 조절하는 것이다. 참고로 줌 렌즈를 사용할 때에도 대부분 화각을 고정시키고 사용한다. 단렌즈를 사용할 때에는 촬영할 상황에 맞는 화각을 가진 렌즈를 사용한다.

이와 같이 달리·트럭 샷의 공통점은 렌즈의 화각이 고정되고 피사체와 카메라의 거리가 변하며, 카메라가 전후·좌우 방향 등으로 움직인다는 것이다. 반면, 주밍 샷은 렌즈의 화각은 변하지만 카메라가 움직이지 않으므로 피사체와 카메라의 거리도 변하지 않는다는 것이 달리·트럭 샷과의 차이점이다. 그 결과 촬영된 화면도 서로 비슷해 보이지만 차이가 있다. 예를 들어 어떤 인물을 강조하면서 촬영할 때 카메라가 고정된 상태에서 줌 인을 하면 인물은 크게 보이며 강조되지만 인물과 카메라의 거리가 변하지 않으므로, 시청자들이 인물을 바라보는 시점도 변하지 않는다. 반면 달리 인을 하면 인물과 카메라의 거리가 좁혀지는 과정에 인물은 점점 크게 보이고 시청자들이 인물을 바라보는 시점도 주관적으로 변해 인물이 매우 강조된다.

시청자들이 인물을 바라보는 시점 차이 외에도 다음 사진들과 같이 원근감, 배경으로 보이는 범위 등에 차이가 있다. 좌측 사진 4장은 줌 인으로 촬영한 것이다. 화각이 좁아질수록 인물은 크게 보이지만 인물과 배경이 서로 같은 비율로 확대되며 배경의 범위가 점점 줄어들고, 인물들 사이의 거리감도 실제보다 가깝게 왜곡된다. 반면 달리 인으로 촬영한 우측 사진 4장은 카메라가 인물에 가까워질수록 인물이 크게 보이면서도 좌측 사진들에 비해 배경으로 보이는 범위가 넓고, 인물들 사이의 거리감도 실제보다 왜곡되지 않는다(렌즈 특성 항목 참고).

그림 11-80 줌 인으로 촬영(좌측 4장), 달리 인으로 촬영(우측 4장)

참고로 특정의 피사체를 주제로 설정하고 촬영할 때, 카메라가 피사체를 향해 달리 아웃함과 동시에 줌 인하거나, 반대로 달리 인함과 동시에 줌 아웃하면, 피사체와 배경이 완전하게 분리되면서 비현실적인 시각으로 표현된다. 이와 같은 촬영 방식은 매우 특별한 때에만 사용하고 일반적으로는 잘 사용하지 않는다.

4-1-7 붐 업·붐 다운 샷

붐 업boom up·**붐 다운**boom down 샷은 카메라를 **크레인**, **지미집**jimmy jib 등에 장착하고 촬영할 때 사용하는 용어다. 카메라가 높은 곳에서 낮은 곳으로 움직이며 촬영하는 것을 붐 다운 샷, 카메라가 낮은 곳에서 높은 곳으로 움직이며 촬영하는 것을 붐 업 샷이라 한다.

붐 업·붐 다운 샷으로 촬영하면 수직 방향 상하로 공간감이 잘 표현되지만, 피사체와 카메라의 거리 차이에 따라 운동시차가 다르게 나타난다. 예를 들어 카메라가 다음 사진과 같은 구도를 잡고 붐 업·붐 다운하면, 카메라와 가까운 피사체일수록 빨리 움직이고 멀리 떨어진 피사체일수록 천천히 움직인다. 이때 카메라가 소실점(X 표시)을 기준으로 **틸팅**tilting 하면, 소실점의 앞뒤에 위치하는 피사체들이 서로 반대 방향으로 움직이며 상하 공간감을 표현한다(팬닝·틸팅 항목 각각 참고).

그림 11-81 카메라가 상하 방향으로 움직일 때 나타나는 운동시차와 공간감

카메라가 붐 업·붐 다운하며 촬영할 때 팬·틸팅·달리 등을 동시에 사용하면, 화면 속에 운동시차가 매우 풍부하게 나타나고 다양한 시각으로 촬영된다. 참고로 지미집과 크레인은 카메라가 달리를 사용해 전후·좌우 방향 등으로 자유롭게 움직임과 동시에 붐 업·붐 다운하며 촬영할 수 있다. 지미집과 비슷한 장비는 캄메이트 짚cammate jib, 테크노 크레인techno crane 등이 있다. 이 외에도 다양한 제품들이 있다.

그림 11-82 크레인(1), 지미집(2·3·4)

4-1-8 스테디 캠

사람이 카메라를 손으로 들거나 어깨 위에 올리고 걸어가거나 뛰면서 촬영하면, 화면이 많이 흔들리므로 시청자들은 심리적으로 불안감을 느끼게 된다. 그와 같은 현상을 보완하기 위해 촬영하는 사람의 몸에 카메라의 흔들림을 흡수하는 장비를 착용하고 안정적인 화면으로 촬영하는 장비를 **스테디 캠**[5]이라 한다. 이 장비는 걷거나 뛰면서 하이 앵글에서 로우 앵글까지 카메라의 높이를 자유롭게 조절할 수 있고 동시에 팬·틸팅 등을 사용할 수 있으므로 촬영되는 화면 속에 운동시차가 매우 풍부하게 나타난다. 자동차와 같이 이동하는 물체에 부착하고 화면이 흔들리지 않게 촬영할 수도 있다. 스테디 캠으로 안정적인 영상을 촬영하려면 많은 경험과 연습이 필요하다. 비슷한 용도로 사용되는 **바디캄**[bodycam]은 다음 3번 사진과 같이 상체에 베스트를 입고 등 뒤에서 나온 스프링 형태의 완충장치로 진동을 흡수한다.

---

5   steady cam. 1970년대 중반 미국의 개럿 브라운(Garret Brown)이 고안한 장비이다.

그림 11-83 스테디 캠을 몸에 착용한 모습(1), 스테디 캠(2), 바디캠(3)

다음 사진들은 스테디 캠과 비슷한 영상을 촬영할 수 있는 장비들이지만, 크기가 작고 무게가 가벼워서 손으로 들고 촬영할 수 있다는 것이 장점이다. 장비 제조사에 따라 각각 다른 명칭을 사용하지만 **짐벌**gimbal이라는 용어로 통용되고 있다. 참고로 스테디 캠은 무게 추를 이용해 수평·수직·상하 방향 등으로 흔들리는 것을 보정하며 균형을 잡지만, 짐벌은 전기를 사용하는 모터motor로 수평·수직의 균형을 잡는다는 것이 스테디 캠과의 차이점이다.

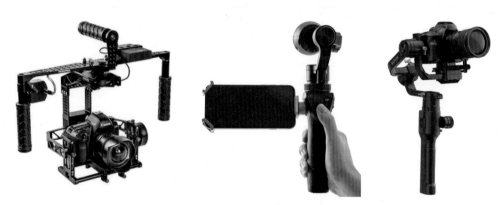

그림 11-84 짐벌 방식의 카메라 무빙 보조 장비(1·2·3)

4-1-9 카메라의 무빙 속도

카메라가 움직이는 속도는 벌어지는 상황이나 내용에 따라 결정한다. 예를 들어 움직이는 피사체를 따라 가며 촬영할 때, 피사체가 빠르게 움직이면 카메라도 빠르게 움직이고, 피사체가 천천히 움직이면 카메라도 천천히 움직이며 피사체가 움직이는 속도에 잘 맞춰야 자연스럽게 보인다. 고정된 피사체를 카메라가 움직이며 촬영할 때 속도 결정은 촬영 목적에 따라 주관적으로 판단한다.

① 빠른 속도

카메라가 빠르게 움직이면 시청자들의 심리가 불안해지거나 흥분하게 된다. 예들 들어 대중가요를 다루는 음악 프로그램은 시청자들에게 흥겨운 느낌을 전달하기 위해 카메라가 가수들이 춤을 추는 동작을 따라 가거나, 노래의 리듬에 맞춰 움직이기도 한다. 뉴스 화면에서는 특정의 상황이나 피사체를 강조하기 위해 매우 빠르게 줌 인·줌 아웃하는 **퀵 줌**quick zoom을 흔하게 볼 수 있지만, 내용이 본질보다 과장되며 객관성에 영향을 주는 요인으로 작용할 수도 있다. 참고로 카메라가 빠른 속도로 움직이면서 촬영된 영상은 편집할 때 짧게 사용하는 경우가 많다.

② 느린 속도

카메라가 천천히 움직이면 서정적이고 안정감을 주므로 시청자들이 여유 있게 보게 된다. 참고로 카메라가 느리게 움직이면서 촬영된 영상은 편집할 때 길게 사용하는 경우가 많다.

SECTION 05 ▷ 이미지너리 라인

일상에서 흔하게 접하는 드라마나 영화는 연기자(배우)들이 각본(대본)대로 연기하는 것을 다양한 장면으로 촬영하고, 진행되는 이야기의 내용에 맞게 연속적으로 편집해 한편의 작품으로 완성한 것이다. 편집된 장면들은 각각 다른 위치에서 촬영한 것이지만 자연스럽게 연결된다. 이는 각 장면을 촬영할 때 인물들의 시선 방향, 위치, 움직임의 방향 등을 통일시키며, 시청자들이 인물을 바라보는 시점(관점)을 일관성 있게 유지시키기 때문이다. 이와 같은 방법으로 촬영하는 것을 **이미지너리 라인**imaginary line의 통일이라 한다.

이미지너리 라인은 인물이나 다양한 종류의 피사체 사이에 상호작용하는 시각적·심리적 관계를 나타내는 가상의 선이다. 예를 들어 다음 그림에서와 같이 출연자가 2명이면 서로 바라보는 시선을 연장한 중앙의 점선이 이미지너리 라인이다. 카메라가 점선을 기준으로 어느 한쪽에서 각 장면을 촬영하면, 화면 속에 보이는 인물의 위치, 시선 방향, 움직임의 방향 등이 통일되므로, 시청자들이 인물을 바라보는 시점도 일관성 있게 유지된다. 카메라가 좌우측 지역을 이동하면서 촬영하면 인물의 위치, 시선 방향, 움직임의 방향 등이 갑자기 바뀌어 시청자들이 인물을 바라보는 시점에 혼란이 생기므로 편집할 때 **점프 컷**[6]이 된다. 사람 수가 많을수록 이미지너리 라인이 형성되는 수도 증가하지만 반드시 지키면서 촬영한다.

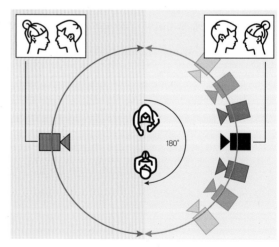

그림 11-85 이미지너리 라인의 의미

---

6 jump cut. 주로 촬영과 편집 작업에서 사용하는 용어. 영상을 편집할 때 연속적인 줄거리 내에서 한 부분을 건너뛰어 삭제됨으로 이야기의 흐름이 부자연스러운 것을 말한다. 또 촬영할 때 동일한 동작, 화면 사이즈, 시선 방향의 샷을 앞뒤로 연속 촬영하면 편집 작업에서 동작 이미지의 연속성이 훼손되는데, 이와 같이 촬영하는 컷을 점프 컷이라 표현한다.

이와 같이 이미지너리 라인은 카메라가 촬영하는 위치를 결정하는 매우 중요한 기준이므로 촬영할 때 기본적으로 지켜야 한다. 촬영의 전문가들은 의도적으로 이미지너리 라인을 넘어가서 촬영하기도 하지만 빈도가 매우 낮다.

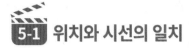

5-1 위치와 시선의 일치

2명 이상의 인물을 촬영할 때 이미지너리 라인을 잘 지키면, 편집할 때 앞선 화면에서 좌측에 위치하던 인물은 다음 컷에서도 좌측에 위치하고, 우측에 위치하던 인물은 다음 컷에서도 우측에 위치한다. 인물의 위치가 통일되면 시선 방향도 자연스럽게 일치된다. 예를 들어 어떤 인물이 앞선 화면에서 좌측을 바라보고 있었다면, 카메라의 위치와 화면 크기를 바꾸어 촬영한 다음 장면도 좌측을 바라보게 된다. 인물 1명을 촬영할 때도 이미지너리 라인을 지켜야 한다.

5-1-1 두 사람 촬영에서 올바른 이미지너리 라인 적용의 예

다음 그림은 2명의 인물을 촬영할 때 이미지너리 라인을 올바르게 적용하며 인물의 위치와 시선 방향을 일치시키는 방법의 예이다. A·B 2개 지역 중에서 어느 한쪽을 선택할 때는 가장 먼저 전체적인 상황을 보여주는 풀 샷을 촬영할 카메라의 위치, 촬영용 라이트를 설치하기 좋은 조건, 라이트를 사용하지 않을 경우 자연광을 이용하기 좋은 위치 등을 동시에 고려해서 결정한다. 이후 각 인물을 촬영할 때는 인물 뒤로 보이는 배경을 고려해 인물이 잘 강조되는 위치를 선택한다. 다음은 B지역을 선택하고 촬영하는 방법을 설명한 예이다.

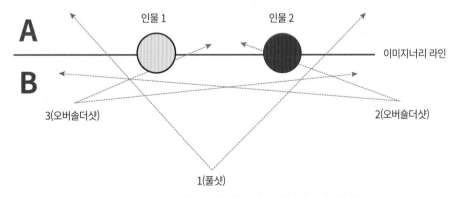

그림 11-86 두 사람 촬영에서 올바른 이미지너리 라인 적용의 예

다음 사진 3장은 위 그림과 같은 방법으로 촬영한 것이다. 1번 사진은 인물 2명이 보이는 풀 샷이다. 2번 사진은 인물 1의 오버 숄더 투 샷이다. 3번 사진은 인물 2의 오버 숄더 투 샷이다.

그림 11-87 두 사람의 풀 샷(1), 인물 1의 오버 숄더 투 샷(2), 인물 2의 오버 숄더 투 샷(3)

5-1-2 두 사람 촬영에서 잘못된 이미지너리 라인 적용의 예

다음은 B지역에서 2명의 인물이 보이는 풀 샷과 인물 1 중심의 오버숄더 투 샷을 촬영한 다음, 인물 2 중심의 오버 숄더 투 샷을 이미지너리 라인을 넘어가서 촬영해 인물의 시선 방향과 위치가 풀 샷과 반대로 바뀌는 현상이 나타난다.

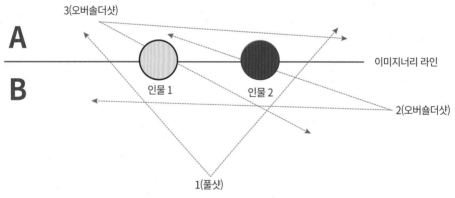

그림 11-88 두 사람 촬영에서 잘못된 이미지너리 라인 적용의 예

다음 사진 3장은 위 그림과 같은 방법으로 촬영한 것이다. 1번 사진은 인물 2명이 보이는 풀 샷이다. 2번 사진은 인물 1의 오버 숄더 투 샷이다. 3번 사진은 이미지너리 라인을 넘어가서 촬영한 인물 2의 오버 숄더 투 샷이다.

그림 11-89 두 사람의 풀 샷(1), 인물 1의 오버 숄더 투 샷(2), 인물 2의 오버 숄더 투 샷(3)

5-1-3 세 사람 촬영에서 올바른 이미지너리 라인 적용의 예

다음 1번 사진과 같이 인물이 3명이면 이미지너리 라인도 3개가 형성된다. 다음 2번 그림은 이미지너리 라인을 올바르게 적용하며 촬영하는 방법을 설명한 것이다.

 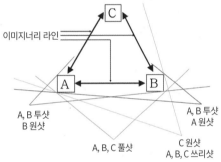

그림 11-90 세 사람의 대화 장면(1), 이미지너리 라인 수와 카메라의 촬영 위치(2)

1 인물 3명이 보이는 풀 샷을 촬영한다.

2 인물 A의 등 뒤 오른쪽에서 인물 A·B를 오버 숄더 투 샷으로 촬영한다.

3 인물 B의 등 뒤 왼쪽에서 인물 A의 원 샷을 촬영한다. 인물 A·B의 오버 숄더 투 샷 촬영도 가능하다.

4 인물 A의 등 뒤 오른쪽에서 인물 B의 원 샷을 촬영한다.

5 인물 B의 왼쪽에서 인물 C를 원 샷으로 촬영한다. 이 위치는 인물 B의 입장에서 인물 C를 바라본 것이며, 인물 A를 기준으로 촬영할 때는 인물 A의 오른쪽에서 인물 C를 촬영한다.

6 인물 B의 등 뒤 왼쪽에서 쓰리 샷을 촬영한다. 5·6번은 진행되는 이야기의 내용에 따라 순서를 바꾸어 촬영할 수도 있다.

다음 사진들은 위와 같은 순서로 촬영한 장면들을 연속적으로 나열한 것이다.

그림 11-91 이미지너리 라인을 올바르게 적용해 3명의 인물을 촬영한 예

5-2 움직임 방향의 일치

움직이는 인물을 커트를 나누며 연속적으로 촬영할 때도 이미지너리 라인을 지키면, 움직이는 방향이 일치되므로 시청자들에게 혼란을 주지 않는다. 예를 들어 다음 1번 사진에서와 같이 앞 커트에서 사람이 우측에서 좌측 방향으로 이동하면, 다음 커트 역시 2번 사진에서와 같이 우측에서 좌측 방향으로 이동한다.

그림 11-92 인물이 걸어가는 모습(1), 이미지너리 라인을 올바르게 사용해 촬영한 이미지(2)

다음은 위와 같은 상황이지만, 2번 사진은 이미지너리 라인을 넘어가서 촬영해 사람이 걸어가는 방향이 1번 사진과 반대가 되므로 시청자들에게 혼란을 준다.

그림 11-93 인물이 걸어가는 모습(1), 이미지너리 라인을 잘못 사용해 촬영한 이미지(2)

5-2-1 이미지너리 라인 변경 방법의 예

촬영하면서 필요에 의해 이미지너리 라인을 변경할 때는 롱 샷, 풀 샷, 프레임 인, 프레임 아웃, 카메라 무빙 등을 사용한다. 예를 들어 인물의 위치나 움직이는 방향이 바뀔 때 롱 샷이나 풀 샷으로 보여주면 시청자들이 자연스럽게 받아들인다. 인물이 화면 밖으로 사라지는 프레임 아웃이나, 인물이 화면 속으로 들어오는 프레임 인을 사용해 이미지너리 라인을 변경할 때는, 프레임 아웃은 프레임 인으로 프레임 인은 프레임 아웃으로 연결하는 것이 일반적이다.

다음 사진 4장은 카메라가 움직이며 이미지너리 라인을 자연스럽게 넘어가는 방법을 설명한 예이다. 1번 사진은 카메라가 풀 샷으로 인물을 따라 이동하는 것이다. 2번 사진은 카메라가 움직이면서 인물 측면으로 이동한 것이다. 3번 사진은 카메라가 인물 정면으로 이동해 이미지너리 라인의 경계선에 있다. 4번 사진은 카메라가 이미지너리 라인을 넘어가서 인물이 움직이는 방향이 반대로 바뀌었다. 이 다음에 촬영하는 장면들은 변경된 이미지너리 라인을 기준으로 사용한다.

그림 11-94 풀 샷(1), 인물의 측면으로 이동(2), 이미지너리 라인의 경계선(3), 이미지너리 라인을 넘어감(4)

다음 그림은 위에서 사용된 카메라와 인물의 이동경로를 나타낸 것이다. 그림에서 회색 동그라미는 인물을 의미하며 좌측에서 우측으로 이동하는 것을 설명하는 것이다. 4개의 푸른색 화살표는 카메라가 인물을 촬영한 각 위치들이다.

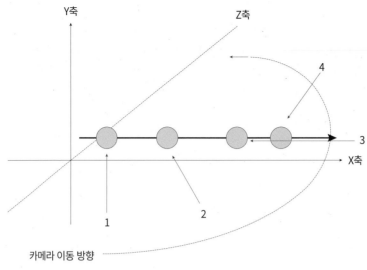

Y축 Z축 4 3 X축 1 2

카메라 이동 방향

그림 11-95 카메라가 움직이며 이미지너리 라인을 넘어가는 예

5-3 마스터 쇼트 촬영 기법

완성된 1편의 드라마나 영화는 다양한 장면들이 이야기의 내용에 맞게 순서대로 편집된 여러 씬·시퀀스 등으로 구성되어 있지만, 각 장면을 촬영할 때 카메라 1대를 사용하는 것이 일반적이다. 예를 들어 2명의 인물이 서로 마주보며 대화를 나누는 상황은 1차적으로 인물 2명이 동시에 보이는 풀 샷으로 진행되는 이야기의 내용을 자르지 않고 모두 촬영한다.

다음은, 처음부터 끝까지 연기를 반복하며 각각 인물의 오버 숄더 투 샷·원 샷 등을 이미지너리 라인을 지키며 촬영한다. 촬영이 끝나고 편집할 때 3개 위치에서 촬영한 각 화면들을 혼합사용하면서 이야기 순서에 맞게 배열하는 것을 **마스터 쇼트**master shot 촬영 기법이라 한다. 이와 같은 방법을 사용하지 않고 각 장면이 편집된 순서대로 카메라의 위치를 옮겨가면서 촬영하면, 라이트도 위치를 옮겨가며 새롭게 조명하는 작업을 반복해야 하므로 시간이 많이 소요되고 연기자가 연기하는 호흡이 단절된다. 마스터 쇼트 촬영 기법은 그와 같은 문제점들을 보완해준다.

다음은 2명의 인물이 서로 마주보며 이야기하는 상황을 설정하고 마스터 쇼트 촬영 기법의 올바른 방법과 잘못된 방법을 설명한 예이다.

5-3-1 풀 샷

일반적으로 제일 먼저 촬영하는 풀 샷은, 시청자들에게 특정의 상황이나 인물 주변 공간의 분위기를 설명하는 용도로 사용된다. 풀 샷을 촬영하는 카메라의 위치는 벌어지는 상황과 아래에 촬영할 원 샷·오버 숄더 투 샷 등을 고려해 결정한다. 다음 사진은 2명의 인물이 서로 대등하게 보이도록 측면에서 촬영한 것이다.

그림 11-96 두 사람을 촬영한 풀 샷

5-3-2 리버스 샷

풀 샷을 촬영한 다음 이미지너리 라인을 지키며 카메라의 위치를 옮기고 각 인물이 바라보는 시선 방향의 인물을 오버 숄더 투 샷, 원 샷 등으로 촬영하는 것을 **리버스 샷**reverse shot이라 한다.

① 올바르게 촬영한 리버스 샷

다음 사진들은 각 인물이 이야기를 하는 순서대로 편집한 것이지만, 카메라의 촬영 각도와 높이, 인물 크기, 피사계 심도, 인물의 밝기 등이 서로 비슷해서, 시청자들이 인물을 바라보는 시점(주관적)이 일관성 있게 유지되고 각 인물이 표현하는 벡터도 서로 대등하다. 이와 같이 촬영하면 시청자들이 진행되는 이야기에 몰입하게 된다.

그림 11-97 각각 인물 중심의 주관적 오버숄더 투 샷(1·2), 각각 인물의 주관적 원 샷(3·4)

② 잘못 촬영한 리버스 샷

다음 4장의 사진들도 위와 같은 상황에서 각 인물이 이야기를 하는 순서대로 편집한 것이다.

오버 숄더 투 샷으로 촬영한 1·2번 사진은 카메라의 촬영 각도와 높이, 화면 크기, 피사계 심도, 인물의 밝기 등이 서로 비슷해서, 각 인물이 표현하는 벡터가 서로 대등하고 시청자들이 인물을 바라보는 시점도 일관성 있게 유지된다. 하지만 원 샷으로 촬영한 3·4번 사진은 인물 크기와 카메라의 촬영 위치 등이 서로 달라서 시청자들이 인물을 바라보는 시점에 차이가 있고 인물이 표현하는 벡터도 대등하지 않다. 이와 같이 촬영하면 시청자들이 진행되는 이야기에 대한 몰입도가 떨어진다.

그림 11-98 각각 인물 중심의 주관적 오버숄더 투 샷(1·2), 좌측 인물의 주관적 원 샷(3), 우측 인물의 객관적 원 샷(4)

위에서 설명한 예들과 같이, 각 장면을 촬영하면서 이야기를 만들 때는 시각적으로 연속성이 유지되어야 한다. 촬영된 영상을 편집할 때도 앞 장면과 바로 이어지는 다음 장면이 시각적으로 연속성이 유지되어야 한다. 동작·시간·밝기 등의 요소들이 갑자기 바뀌면 연속성이 변하므로 **점프 컷**^{jump} ^{cut}이라 표현한다(제작 현장에서는 같은 의미로 '튄다'라는 용어를 사용함).

5-3-3 샷을 나누며 촬영할 때 주의할 점

다양한 종류의 TV 방송 프로그램을 촬영할 때 벌어지는 상황에 따라 롱 샷·미디엄 샷·클로즈업 샷 등과 같이 화면 크기에 다양한 변화를 주면, 시청자들은 시각적으로 지루하지 않고 벌어지는 상황을 자세히 볼 수 있으므로 자연스럽게 진행되는 이야기 속으로 몰입하게 된다.

샷(커트)을 나눌 때, 고정된 피사체는 특별한 제한을 받지 않지만 움직이는 피사체는 움직이고 있는 중이나 움직임이 끝난 후 커팅하는 방법을 주로 사용한다. 움직이는 중에 커팅하고 다음 커트를 촬영할 때는 행위가 지속적으로 이어져야 한다. 예를 들어 드라마나 영화는 인물이 움직이는 중에 커팅하고 다음 커트를 촬영할 때 앞 커트에서 했던 동작을 반복한다. 그와 같은 방법을 사용하는 이유는 촬영이 끝나고 2개의 커트를 연속적으로 편집할 때 인물의 움직임이 앞과 뒤로 자연스럽게 연결되기 때문이다. 움직임이 끝나고 커팅할 때는 조금의 여유를 주어야 편집하기 쉽다.

이처럼 드라마나 영화는 모든 장면을 사전에 계획하고 연출해 촬영하므로 자연스럽게 영상과 소리에 대한 편집점이 생성된다. 하지만 일상적으로 제작되는 다양한 종류의 TV 방송 프로그램들을 촬영하면서 커트를 나눌 때는 벌어지는 상황을 정확하게 분석하고 짧은 시간에 커트를 나눌 수 있는 순발력이 필요하다. 이때 출연자의 행동이 매우 빨라서 커트를 나누기 어려운 상황이면 촬영감독이 출연자의 행동을 크게 방해하지 않는 범위 내에서 상황을 통제하며 커트를 나누기도 한다. 그러나 출연자의 얼굴 표정과 같은 결정적인 장면을 순간적으로 놓치고 촬영하지 못해 같은 행위를 반복해 달라고 요청해서 촬영하면 사실감이 떨어지며 어색하게 보여 시청자들이 부자연스럽게 받아들인다.

여러 사람이 대화를 하는 상황을 촬영하면서 커팅 시점을 결정할 때는 대화의 내용을 잘 경청하고 문맥에 맞게 커팅하면서 편집 점을 만들어주어야 편집할 때 영상과 소리(대화)가 자연스럽게 연결된다. 이와 같이 촬영하려면 면밀한 상황 분석력과 많은 경험에 의한 노하우가 필요하다.

 ## 5-4 주제의 강조·약화 방법과, 안정·불안감을 주는 조건

생활정보·다큐멘터리·예능·시사·뉴스·드라마 등과 같이 다양한 종류의 TV 방송 프로그램들은, 방송시간·내용·제작 목적 등이 모두 다르므로 촬영 방법도 다르다. 예를 들어 드라마는 촬영을 시작하기 전에 시청자들이 촬영된 화면을 시청할 때 나타나는 심리적인 현상들을 고려해, 진행되는 이야기의 내용에 맞게 커트를 나누고 전체적인 분위기를 결정한 다음 촬영한다. 이때 촬영감독은 영상미학에 영향을 주는 다양한 요소들을 혼합 사용하면서, 시청자들이 주 피사체에 최대한 관심을 집중하게 한다. 인물 촬영은 얼굴 정면에서 약 15~30°를 벗어난 좌우측에서 아이 레벨과 비슷하거나 조금 낮은 높이를 사용하고 피사계 심도를 얕게 하면 주관적 시점이 적절하게 유지되면서도 입체감이 잘 나타나고 로우 앵글에 의해 심리적 우월감이 잘 표현되므로 인물이 강조된다. 그와 동시에 조명·의상·대사·분장·장소 등이 주는 효과가 추가적으로 작용하면 드라마틱한 분위기가 더욱 증가하므로 시청자들이 인물에 매우 집중하게 된다.

이와 같이 카메라로 인물을 촬영할 때, 영상미학을 사용하는 방법에 따라 인물이 강조·약화되기도 한다. 전체적으로 정리하는 차원에서 간략히 요약하면 다음 표와 같다.

촬영 방법	인물이 강조되는 조건	인물이 약화되는 조건
카메라의 거리	가깝다	멀다
카메라의 각도(위치)	정면과 비슷함	측면·후면
카메라의 높이	눈높이와 비슷하거나 조금 낮음	눈높이 보다 매우 높거나 낮음
카메라의 움직임	인물로 접근	인물에서 멀어짐
화면 속 인물 크기	클수록	작을수록
화면 속 인물의 위치	중앙	가장자리·모서리

화면 속 인물의 밝기	밝다	어둡다
인물과 배경의 명암·색상	차이가 크다	차이가 작다
피사계 심도	좁다(얕다)	넓다(깊다)

표 11-3 인물을 강조하거나 약화시킬 때 사용되는 촬영 방법들

시청자들은 카메라로 촬영된 다양한 장면들을 바라볼 때 심리적으로 안정감·불안정감 등을 느끼기도 한다. 이는 촬영하는 과정에 사용된 시간, 화면 속 여백과 색, 화면의 밝기, 화면 속 피사체의 위치와 속도(운동시차), 소리 등의 요소들이 복합적으로 작용해 나타나는 효과이다. 따라서 같은 피사체를 촬영하더라도 촬영 방법에 따라 분위기가 달라진다. 카메라로 영상을 촬영을 하거나 촬영이 끝난 영상을 편집할 때 심리적으로 안정감·불안정감 등을 표현하는 일반적인 방법들을 간략히 요약하면 다음 표와 같다.

촬영 방법	안정감 표현	불안정감 표현
카메라 고정 상태	흔들리지 않음	흔들림
카메라 무빙속도(시간)	느림	빠름
카메라 움직임의 방향	좌측에서 우측으로 진행, 위에서 아래로 진행(순방향)	우측에서 좌측으로 진행, 아래에서 위로 진행(역방향)
카메라 높이	눈높이와 비슷함	눈높이 보다 매우 높거나 낮음
화면 속 평형	바르게 사용	틀어지게 사용
피사체 형태	왜곡되지 않음	왜곡됨
주 피사체 위치	화면 중앙	화면 가장자리
인물 크기	미학적 기준에 맞음	미학적 기준에서 벗어남
눈의 위치	기준에 맞음	기준을 벗어남
화면의 여백	기준에 맞게 사용	기준과 다르게 잘못 사용
색	따뜻한 계열의 컬러 사용	차가운 계열의 컬러 사용
화면의 밝기(조명)	밝다	어둡다
콘트라스트(명암 대비)	약한 대비	강한 대비
편집리듬(시간)	컷의 길이를 길게 사용	컷의 길이를 짧게 사용
효과음	부드럽고 편안한 소리 사용	거칠고 불안한 소리 사용

표 11-4 촬영이나 편집할 때 심리적으로 안정감과 불안정감을 표현하는 방법

영상 구성과 촬영 전략

TV방송은 실시간으로 보여주는 생방송과, 사전에 제작한 프로그램을 방송하는 것이 기본이다. 생방송은 사전에 주제를 선정하고 내용이 잘 부각되도록 대본을 구성한 다음 순서에 맞게 방송하는 방식을 취하는 것이 대부분이다. 반면, 사전에 제작을 완료하고 방송하는 프로그램은, 사전에 대본을 준비하고 현장에서 내용에 맞게 촬영한 다음 편집을 통해 완성하는 과정을 거친다. 두 가지 방식 모두 주제가 잘 강조되고 짜임새 있게 내용을 구성하기 위해서는, 현장에서 벌어지는 상황에 맞게 커트를 나누면서 주제를 설명하는 방식이 선행되어야 한다.

이 장에서는 실제로 현장에서 촬영하면서 다양한 크기의 화면을 사용해 이야기를 만들 때 흔하게 사용되는 주제 설명 방법과, 저자의 경험을 토대로 일상적으로 제작되는 프로그램별 촬영 전략을 설명한다. 또한 촬영 현장을 비추는 빛의 밝기, 색상 등이 다른 다양한 상황에서 카메라의 기계적인 특성을 이해하고 효과적으로 활용하는 방법을 기술한다.

이야기 구성 방식

TV 방송 프로그램을 제작하고 시청자들에게 보여주려면 제작진들이 사전회의를 통해 프로그램을 제작하는 목적과 내용을 정확하게 이해한 다음 촬영을 시작한다. 이때 시청자들이 전개되는 내용을 쉽게 이해하려면 벌어지는 상황을 정확하게 분석하고 다양한 장면으로 나누어 촬영하면서 주제가 분명해 보이도록 짜임새 있게 이야기를 구성해야 한다. 실제 제작 현장에서 이와 같이 촬영하는 것을 '씬 만들기'라고 표현한다.

하지만 촬영경험이나, 프로그램의 제작 목적, 벌어지는 상황 등을 분석하는 통찰력이 부족해 계획 없이 촬영하면, 촬영 후 편집 과정에 이야기를 구성하기 어렵고 완성된 프로그램을 시청하는 시청자들 역시 내용을 쉽게 이해하지 못해 관심을 집중하지 않는다. 촬영된 영상으로 논리에 맞게 이야기를 구성하는 편집 작업을 해보는 것이 이 같은 단점을 보완하는 데 많은 도움을 준다.

1-1 주제의 설명 방법

카메라로 각 장면을 촬영하면서 이야기를 구성하는 대표적인 방법은 연역법·귀납법 등이 있다. 두 가지 방법의 차이는 주제에 대한 '구체적인 설명을 처음에 먼저 하고 이야기를 전개시키는가', '점진적으로 이야기를 진행시키면서 나중에 주제를 설명하는가'이다. 둘 모두 이야기와 주제를 구체화시키는 방법론이므로 하나의 씬을 통해 무엇을 이야기할 것인가를 분명하게 결정하고 상황과 목적에 맞는 방식을 선택해 사용한다.

다음은 같은 상황에서 연역법·귀납법 등으로 촬영하며 이야기를 구성하는(씬 만들기) 방법들을 설명한 예이다. 각각 커트의 길이는 벌어지는 상황을 세심하게 관찰하면서 주관적으로 결정한다. 연속해서 다른 장면을 촬영할 때 비슷한 각도에서 비슷한 화면 크기로 촬영하는 것을 피한다. 이는 시청자들이 반복해서 보는 것 같아서 시각적으로 지루해할 수 있기 때문이다.

1-1-1 연역법
연역법은 가장 흔하게 사용한다. 먼저 주제를 설명하는 전체적인 상황과 분위기 등을 보여주고 점진적으로 일반화시켜 나간다. 다음 사진에서는 설명의 편의성을 위해 같은 위치에서 바라본 시각으로 각 장면을 나누고 빨간 사각형으로 표시했지만, 실제로 각 장면들을 촬영할 때는 카메라를 옮겨가면서 촬영하는 위치·거리·높이 등에 변화를 주며 흰색 사각형으로 표시한 번호 순서대로 촬영한다.

그림 12-1 연역법적 촬영 방법의 예

① 커트 1

가장 먼저 전체적인 상황을 보여주거나 분위기를 설명하는 풀 샷을 촬영한다. 화면 속 인물들이 오렌지 색 옷을 단체로 입었고, 음악을 연주하는 기타 2대가 보이며 손으로 돈을 세고 있으므로, 길거리에서 늙은 악사들이 공연을 하다가 휴식을 취하고 다시 공연을 시작할 것이라는 것을 알 수 있다.

그림 12-2 커트 1

② 커트 2

돈을 세고 있는 사람을 웨이스트 샷과 손 클로즈 업의 2커트로 나누어 촬영한다. 이때 웨이스트 샷에서 돈을 세고 있는 손으로 줌 인하면서 한 커트로 연결해서 촬영하면, 시청자들의 관심이 돈에 집중되므로 돈이 더욱 강조되는 효과가 나타난다.

그림 12-3 커트 2

③ 커트 3

돈을 세는 사람을 쳐다보고 있는 옆 사람을 미디엄 샷으로 촬영한다. 이 장면을 통해 공연 중이거나 끝난 후 시장기를 달래기 위해 간식을 먹고 있다는 것이 더욱 구체화된다.

④ 커트 4

기타 줄을 교체하는 사람과 그것을 바라보는 사람을 웨이스트 투 샷으로 촬영한다. 이 장면을 통해 공연 중에 휴식을 취하고 다시 공연을 시작할 것이라는 것을 알 수 있다. 참고로 3·4번 커트에서 인물들 크기가 서로 비슷해 편집할 때 자연스럽게 연결되지 않으면, 기타 줄을 만지는 손을 빅 클로즈 업 화면으로 촬영하고 편집 과정에 3·4번 커트 사이에 넣어줄 수도 있다.

그림 12-4 커트 3(1), 커트 4(2)

⑤ 커트 5

담배를 피우고 있는 할아버지의 바스트 샷에서 줌 인하면서 빅 클로즈 업 화면으로 촬영한다. 이 커트는 비극적이든 희극적이든 할아버지의 삶이 잘 강조된다.

그림 12-5 커트 5

다음 사진들은 처음 촬영한 풀 샷을 제외하고 촬영한 순서대로 나열한 것이다.

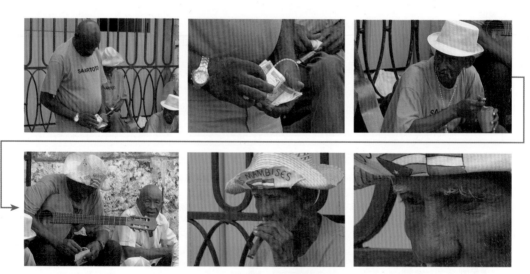

그림 12-6 연역법으로 촬영하고 편집한 예

1-1-2 귀납법

귀납법은 연역법과 반대이며 흔하게 사용하지 않는다. 다음은 바로 위 연역법에서 설명한 것과 같은 내용을 보여주지만 촬영하는 순서를 반대로 한 것이다. 귀납법은 클로즈 업 화면을 가장 먼저 사용하면서 이야기(주제)를 점진적으로 구체화시켜 나간다.

① 커트 1

무엇을 하는지 모르는 할아버지의 얼굴을 빅 클로즈 업 화면에서 줌 아웃하면서 바스트 샷으로 촬영해 담배를 피우고 있는 모습을 보여준다. 할아버지의 얼굴 표정에서 어떤 삶의 모습이 묻어난다.

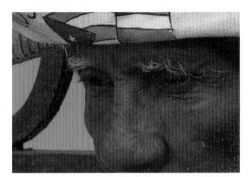 

그림 12-7 커트 1

② 커트 2

또 다른 할아버지가 길거리에서 음악 연주용 기타의 줄을 교체하는 모습을 웨이스트 샷으로 촬영한다. 이 장면에서는 공연 시작 전인지, 공연 중에 휴식을 취하는 것인지, 공연이 끝난 것인지 판단할 수 없다.

③ 커트 3

2번 커트의 할아버지와 비슷한 나이의 또 다른 할아버지가 음식을 먹고 있는 것을 미디엄 샷으로 촬영한다. 연속적으로 기타가 보이고 옷의 색상이 같으며 배경이 집 밖이므로 거리의 악사들로 추정된다. 음식을 먹고 있으므로 공연을 시작하기 전인지, 공연 중에 휴식을 취하는 것인지, 공연이 끝난 것인지 불분명하지만 화면 밖에 있는 어떤 피사체에 대해 관심을 가지고 바라보고 있다. 참고로 2·3번 커트에서 인물들 크기가 서로 비슷해 편집할 때 자연스럽게 연결되지 않으면 기타 줄을 만지는 손을 빅 클로즈 업 화면으로 촬영하고 2·3번 커트 사이에 넣어줄 수도 있다.

그림 12-8 커트 2(1), 커트 3(2)

④ 커트 4

돈을 세고 있는 손 클로즈업과 웨이스트 샷을 촬영한다. 이때 손 클로즈업 화면에서 웨이스트 샷으로 줌 아웃하며 1커트로 촬영할 수도 있다. 이 커트에서는 3번 커트 속의 할아버지가 관심을 가지고 바라보던 화면 밖의 피사체가 돈과 돈을 세고 있는 할아버지라는 것을 알 수 있다. 사람들이 연속적으로 같은 옷을 입고 있어 어떤 단체라는 것을 알 수 있으며, 동시에 기타가 계속 보여서 거리의 악사들이 공연 중에 휴식을 취하거나 공연이 끝나고 돈을 세고 있는 것처럼 보인다.

그림 12-9 커트 4

⑤ 커트 5

4명의 할아버지들과 그 주변의 전체적인 상황이 보이는 풀 샷을 촬영한다. 전반적인 분위기로 보아 거리의 악사들이 분명하며, 기타 줄을 교체하고 음식을 먹고 있으므로, 공연 중에 휴식을 취하고 다시 공연을 시작할 것이라는 것을 알 수 있다.

그림 12-10 커트 5

다음 사진들은 5번 커트를 제외하고 촬영한 순서대로 나열한 것이다.

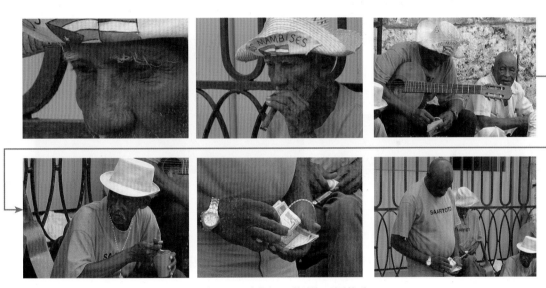

그림 12-11 귀납법으로 촬영하고 편집한 예

1-2 실제 촬영에서 씬 만들기의 예

다음은 실제로 짧은 씬 1개를 만든 과정을 설명한 예다. 각 장면들은 감독(PD)과 촬영감독이 촬영하기 전에 현장 상황 확인 후 사전 회의를 통해 계획하고 촬영한 것이다. 내용은 여러 명의 신부님들이 성당에 모여 회의를 하고 난 다음 밖으로 나가시고 한 분만 남아서 기도를 드리는 상황이다.

① 커트 1

제일 먼저 이야기가 만들어지는 장소를 설명하기 위한 목적으로 성당의 외경을 촬영한다.

② 커트 2

성당의 내부에서 촬영한 풀 샷이다. 창문 모양과 의자, 사람들이 입고 있는 옷 등을 통해 여러 신부님이 성당의 내부에 모여 있다는 것을 알 수 있다. 유리 창문을 투과해 들어오는 빛에 의해 성당의 분위기가 잘 살아난다. 이는 사전 회의를 통해 의도적으로 햇빛이 창살로 들어오는 시간에 맞춰 촬영해 나타난 효과이다.

그림 12-12 커트 1(1), 커트 2(2)

③ 커트 3

신부님들이 회의하는 모습을 2개의 그룹 샷으로 촬영했다. 2커트를 연속 편집할 수도 있으므로, 2번째 커트는 로우 앵글을 사용해 시점에 변화를 주었다. 참고로 이 커트들 다음에 추가로 얼굴 표정을 클로즈업으로 촬영할 수도 있다.

그림 12-13 커트 3(1·2)

④ 커트 4

신부님들이 회의를 끝내고 성당 밖으로 나가는 모습을, 걸어오는 발 클로즈업에서 상반신으로 틸업하며 한 커트로 연결해 촬영했다. 걸어오는 발을 촬영한 목적은 공간과 행위의 변화를 자연스럽게 바꾸어주기 위함이다.

그림 12-14 커트 4(1·2)

⑤ 커트 5

창살로 들어오는 빛을 클로즈업으로 촬영했다. 이 커트는 시간경과를 의미함과 동시에 성당이 주는 분위기를 한층 더 살려주는 역할을 하고 있지만, 편집할 때 사용하지 않고 바로 6번 커트로 편집할 수도 있다.

⑥ 커트 6

3·4번 커트가 타이트하므로 시각적인 변화를 주기 위해 신부님이 기도를 드리고 있는 손을 빅 클로즈업으로 촬영했다.

⑦ **커트 7**

신부님의 얼굴을 빅 클로즈업으로 촬영해 기도를 드리고 있는 상황이 매우 강조된다. 6번 커트에서 틸 업하며 7번 커트까지 연결해 1커트로 촬영할 수도 있다.

그림 12-15 커트 5(1), 커트 6(2), 커트 7(3)

⑧ **커트 8**

신부님이 기도 드리는 대상을 클로즈업으로 촬영한 것이다. 신부님이 기도를 드리는 주관적 피사체임으로 주관적 시점을 사용했다.

⑨ **커트 9**

신부님이 혼자서 기도드리는 상황을 정리하는 마무리 샷이다. 2번 커트에서 성당 내부를 넓게 보여 주었으므로 반복되는 느낌을 피하기 위해 타이트 풀 샷을 사용했다.

그림 12-16 커트 8(1), 커트 9(2)

다음 사진들은 위에서 촬영한 순서대로 편집해 하나의 씬을 만든 것이다.

그림 **12-17** 실제 촬영에서 씬 만들기의 예

촬영 준비 과정과 프로그램별 촬영 전략

다양한 종류의 TV 방송 프로그램을 제작할 때 양질의 영상을 촬영하려면, 카메라 기종 및 무빙 보조 장비의 선택, 조명용 라이트의 사용 여부, 마이크 선택 등과 같은 장비에 대한 준비와, 프로그램을 제작하는 목적과 내용을 분석해 촬영할 영상의 스타일(안정적·동적·화려함·자극적·몽환적·정보 전달)을 결정하는 사전 준비 과정이 반드시 필요하다.

예를 들어 카메라가 움직여야 할 때는 상황에 따라 크레인·지미집·달리(이동차)·스테디 캠·짐벌 등의 보조 장비를 사전에 준비한다. 별도로 무빙 보조 장비를 사용하지 않을 때는 카메라를 트라이 포드에 장착하고 패닝·틸팅·주밍 등을 각각 사용하거나 혼합해 사용한다. 트라이 포드를 사용하지 않고 카메라를 사람의 어깨 위에 올리거나 손으로 들고 촬영하는 핸드 헬드^{Hand held} 방식은 카메라가 자유롭게 움직이면서 촬영할 수 있다는 것이 장점이지만 화면이 많이 흔들린다는 것이 단점이다. 조명은 실내·실외 등과 같이 촬영할 현장의 상황을 고려해 준비한다. 소리 수음용 마이크는 촬영할 현장의 상황에 따라 와이어리스·붐·유선 핸드·유선 핀 마이크 등을 별도로 준비한다.

이 항목에서는 전체적으로 정리하는 차원에서 앞서 설명된 영상미학에 영향을 주는 다양한 기술적·영상미학적 원리들을 실제 촬영 현장에서 적용시키는 방법과 과정을 설명한다.

2-1 주광 선택과 카메라 기능 설정

촬영하기 전 제일 먼저 현장을 비추는 주광의 종류와 밝기를 확인한다. 주광은 야외 자연광(태양광)과 실내에서 사용하는 인공광(형광등·텅스텐) 등이 있지만, 양질의 영상을 촬영할 수 없는 환경이면 주광과 같은 색온도의 빛을 발광하는 라이트로 조명하면서 촬영한다.

주광이 결정되면 가장 먼저 현장 상황에 맞게 노출·소리 등에 영향을 주는 카메라의 기계적인 기능을 설정한다. 예를 들어 TV 방송용 ENG, 6mm 카메라 등은 카메라로 들어가는 빛의 양을 결정하는 ND 필터를 우선적으로 선택한다. 다음은 카메라의 전원을 켜고 렌즈의 화각을 최대로 넓게 한 다음 조리개 작동 방식을 자동으로 설정하고 조리개 수치(노출)를 확인한다. 이때 조리개 수치가 너무 낮거나 높으면 ND 필터를 교체하며 적절한 조리개 수치가 되도록 조절한다. 자연광이 비추는 야외는 조리개 수치가 4~5.6의 범위 속에 있는 것이 양질의 영상을 촬영할 수 있는 최적의 조건이다. 형광등·백열등 등이 비추는 실내는 빛의 양이 부족해 ND 필터 1번(투명)을 사용해도 조리개 수치가 2.8~4의 범위에 속한 경우가 많다. 빛이 부족할 경우 촬영용 라이트를 비추거나 카메라의 감도를 조절한다.

참고로 DSLR 카메라로 촬영할 때에도 제일 먼저 조리개 수치를 확인한 다음 빛의 양이 부족하거나 과해 양질의 영상을 촬영할 수 없는 조건이면, 카메라의 감도·셔터 스피드 등을 조절하거나 촬영용 라이트를 비추면서 양질의 영상을 촬영할 수 있는 조건으로 만든다.

다음은 주광에 화이트 밸런스를 맞춘다. 예를 들어 어떤 사무실에서 촬영할 때 창문을 통해 들어오는 햇빛(자연광)을 주광으로 사용하면 햇빛에 화이트 밸런스를 맞춘다. 햇빛이 들어오지 않으면 일상생활에서 사용하는 조명(인공광 : 형광등·백열등)에 화이트 밸런스를 맞춘다. 촬영용 라이트를 사용하면 라이트가 발광하는 빛에 맞춘다.

다음은 소리를 수음하기 위해 카메라 자체 마이크나 별도로 사용할 마이크를 결정하는 마이크 선택 스위치를 조절하고, 이어폰을 사용해 카메라로 입력되는 소리 크기(볼륨)나 음질을 반드시 확인한다. 별도로 와이어리스 마이크를 사용할 때에는 송·수신기 등의 배터리 잔량과 주파수가 서로 일치하는지 반드시 확인한다. 간단한 스위치 조작의 실수로 오디오가 수음되지 않거나 비정상적으로 수음되는 사례들이 제작 현장에서 흔하게 발생하므로 각별히 주의해야 한다.

2-2 프로그램별 촬영 전략

TV 방송 프로그램 제작을 위해 각 장면을 촬영할 때는 주제 선택, 주제를 가장 잘 보여줄 수 있는 카메라의 촬영 위치, 구도와 화면 크기, 카메라 높이와 무빙 방법 등을 동시에 고려하면서 대부분 길게 촬영하는 것이 좋다. 길이가 긴 장면은 편집할 때 필요한 만큼 잘라서 사용할 수 있지만, 짧게 촬영된 장면은 길이를 길게 할 수 없기 때문이다.

벌어지는 상황은 다양한 화면 크기로 나누어 촬영하는 것이 편집하면서 이야기를 만들기 쉽다. 하지만 현장 상황이 급하게 진행되면 촬영하는 사람의 마음도 조급해지며 벌어지는 상황이나 내용에 맞게 커트를 나누지 못하거나, 구도, 화면 크기, 카메라 무빙 속도 등에 영향을 주어 안정감 있게 촬영하지 못하므로 항상 평상심을 유지하면서 신중하게 판단해야 한다.

드라마 촬영을 제외하고 대부분의 프로그램은 한 번 지나간 상황은 다시 촬영할 수 없기 때문에 항상 벌어지는 상황에 관심을 집중해야 결정적인 장면을 놓치지 않는다. 하지만 촬영 중에 꼭 필요한 장면을 촬영할 시간이 없는 경우도 있다. 예를 들어 출연자가 바라보는 시선 커트를 촬영하지 못하고 놓친 때에는 촬영이 끝난 후 보충 촬영을 해야 편집할 때 사용할 수 있다.

다음은 TV 방송에서 흔하게 제작되는 프로그램들에 대한 기본적인 촬영 전략을 설명한 것이지만 필자가 제작 현장에서 경험한 주관적인 견해도 포함되어 있다는 것을 참고하기 바란다. 설명의 편의성을 위해 영상·조명·오디오 등의 분야로 나누었다.

2-2-1 생활정보 프로그램

흔하게 제작되는 생활정보 프로그램은 주로 아침·저녁 시간에 방송되며 다루는 내용도 매우 다양하다. 방송국 내부 스튜디오에서 전체적인 내용을 진행하고 중간 중간에 야외에서 촬영해온 것을 보여주는 형식을 취하는 경우가 많다.

① 영상

시청자들에게 특정의 정보를 설명할 때는 내용이 분명하게 전달되는 화면으로 촬영한다. 대부분 주관적·객관적 시점을 혼합 사용하지만 생동감 있게 보여주기 위해주 피사체가 왜곡되지 않는 거리까지 카메라가 근접하는 주관적 시점을 더 많이 사용하기도 한다. 출연자가 정보를 설명할 때는 진행되는 상황을 집중적으로 관찰하면서 주요 관심사를 정확한 샷으로 보여 주어야 시청자들이 화면에 집중하게 된다. 실수로 특정의 상황을 촬영하지 못했을 때에는 출연자를 통제하며 재촬영한다.

이른 아침이나 초저녁 시간에 방송되는 프로그램들은 대부분 동적이며 무빙 샷을 많이 사용한다. 하지만 카메라의 무빙 속도가 너무 빠르면 혼란스러워 보이고 정보 전달력이 떨어지므로 벌어지는 상황에 맞는 속도를 사용한다. 밤늦게 방송되는 정보 프로그램들은 대부분 정적이므로 카메라가 천천히 안정적으로 움직이거나 카메라가 움직이지 않는 픽스 샷을 주로 사용한다.

② 조명

생활정보 프로그램들은 대부분 제작비용이 적고 짧은 시간에 만든다. 따라서 실내 촬영도 별도로 촬영용 라이트를 사용하지 않고, 일상에서 흔하게 사용하는 조명(형광등·텅스텐)을 이용하므로 촬영되는 영상의 품질이 떨어진다. 주간의 야외촬영은 기본적으로 자연광을 이용하지만 순광·측광·역광 등의 특성을 효과적으로 활용해야 한다. 야간에 실외에서 라이트 1대를 사용해 촬영할 때, 주 피사체를 밝게 조명해 배경과 노출 차이가 크면, 배경이 어둡게 보이면서 피사체들이 서로 구분되지 않으므로 주 피사체와 배경의 밝기가 과도하게 차이나지 않도록 라이트의 밝기를 적절히 조절해야 한다.

③ 오디오

커트를 나눌 때는 출연자들이 말하는 내용을 잘 경청하면서 말의 시작과 끝나는 지점에 아주 짧은 여유를 주어야 편집하기 편리하다. 출연자가 와이어리스 마이크를 손으로 들고 사용하면 화면 속에 보이는 마이크가 출연자를 바라보는 시선을 빼앗아 간다. 프로그램의 종류나 출연자 수에 상관없이 화면 속에 마이크가 보이지 않도록 한다. 예를 들어 출연자가 2명이면 초지향성 붐 마이크를 사용하거나 출연자별로 와이어리스 마이크를 각각 사용해야 화면 속에 마이크가 보이지 않고 목소리 크기와 거리감도 일정하게 수음된다. 이와 같은 방법으로 출연자들의 목소리를 수음하면 촬영이 끝난 다음 편집하기도 편리하다.

2-2-2 예능 프로그램

예능 프로그램은 방송국 내부 스튜디오나 방송국을 벗어나 야외에서 제작하는 방식이 흔하게 사용되며, 대부분 출연자 수가 많고 형식과 내용도 매우 다양하다. 야외에서 제작되는 예능 프로그램은 출연자들이 많이 움직이는 것이 특징이다.

그림 12-18 방송국 스튜디오에서 제작되는 음악 프로그램(1), 예능 프로그램의 야외촬영 현장(2)

① 영상

대중가요를 다루는 음악 프로그램은 대부분 방송국 내부에서 제작되지만 방송국을 벗어나서 제작하는 경우도 있다. 음악 프로그램을 촬영할 때 박자(템포tempo)가 빠르면, 상황에 맞게 퀵 줌, 퀵 팬, 포커스 인 아웃, 기울어진 구도 등을 혼합 사용해 화려한 영상으로 표현한다. 반면, 트로트·발라드 등과 같이 박자가 느리면 카메라가 천천히 움직이거나 줌 인·아웃 등을 사용하면서 안정감 있는 구도를 사용하는 것이 일반적이다.

출연자 수가 많으면서 야외에서 제작되는 다양한 형식의 예능 프로그램들은 방송용 ENG 카메라나 소형 캠코더 여러 대를 동시에 사용해 출연자별로 카메라 1대를 배정하고, 구도의 완성도보다 벌어지는 상황을 중심으로 촬영하는 것이 일반적이다. 이때 벌어지는 상황을 놓친다거나 서로 같은 화면으로 촬영하는 것을 방지하기 위해 선임 촬영감독이 각 카메라가 촬영하는 화면들을 모니터로 확인하면서 무전기·스마트폰 등을 통해 컨트롤하는 방식을 사용하는 것이 일반적이다.

공간이 좁아서 ENG 카메라로 촬영하기 어려운 실내는 여러 곳에 소형 거치 카메라를 설치하고 실외에서 리모트로 카메라를 제어하며 벌어지는 상황을 위주로 촬영하는 방식을 흔하게 사용하지만 촬영되는 영상의 완성도는 떨어진다.

방송국 내부 스튜디오에서 제작할 때에도 스텐다드, EFP, ENG, DSLR, 6mm 카메라 등을 동시에 혼합 사용하기도 한다. 이때 제작진들은 인터컴[1]을 통해 서로 소통하면서 벌어지는 상황을 놓친다거나 같은 화면으로 촬영하는 것을 방지한다.

참고로 방송국을 벗어나 야외에서 중계차를 통해 녹화나 생방송을 할 때에는 스텐다드·EFP카메라 등을 사용한다. 이때도 카메라 감독들은 제작진과 인터컴으로 소통하거나 카메라 자체의 반환(리턴[return]) 버튼을 통해 녹화·생방송되고 있는 화면을 확인하면서 화면이 서로 중복되는 것을 방지한다.

② 조명

방송국 내부 스튜디오에서 촬영은 기본적으로 조명을 활용하므로 양질의 화면으로 촬영된다. 방송국을 벗어나 야외에서 촬영할 때에는 출연자들의 움직임이 특정장소 내에 한정되면 인공조명을 사용하지만 출연자들이 자유롭게 움직이며 장소를 다양하게 옮겨가면 인공조명을 하는 것이 어려워, 일상에서 사용하는 조명을 활용해 촬영한다. 이때 빛의 양이 부족하면 노출에 영향을 주는 감도(ISO·DB), 셔터 스피드, ND 필터 등을 상황에 맞게 효과적으로 조절해야 한다.

③ 오디오

예능 프로그램은 대부분 출연자 수가 많으므로 소리 수음의 전문가들로 구성된 오디오팀이 출연자별로 와이어리스 마이크를 몸에 부착하거나 붐 마이크를 사용해 목소리를 수음하고, 오디오 믹서

---

1 intercom, intercommunication system. 제작진들 사이에 의사소통을 위해 사용하는 통신장비이며 인터커뮤니케이션(inter—communication)의 약자이다. 야외 촬영에서는 인터컴 대용으로 무전기를 흔하게 사용한다.

에서 각각 마이크로 수음되는 목소리의 음색과 크기를 적절히 조절한 다음 카메라로 입력시켜주는 방식을 사용한다. 참고로 출연자들이 각각 따로 움직이고 그 범위가 넓을 때에는 출연자별로 각각 와이어리스 마이크를 가슴에 부착하고 소형 캠코더로 따라 가며 촬영하는 방식을 사용한다.

2-2-3 시사 프로그램

우리 사회의 매우 다양한 문제들을 주제로 다루는 시사 프로그램은 화면의 미학적 완성도보다 내용을 정확하게 전달하는 것을 우선으로 한다.

① 영상

촬영하기 좋은 환경에서는 영상미학을 잘 지키며 촬영한다. 하지만 고발 프로그램은 대부분 정상적으로 촬영할 수 없는 조건이므로 몰래 촬영해 불안정된 구도로 보이고, 뛰거나 걸어가면서 촬영할 때에는 화면이 많이 흔들린다. 인터뷰도 촬영 조건이 좋으면 정상적으로 촬영하지만 촬영하기 어려운 환경이면 구도를 무시하고 말하는 내용을 중심으로 녹음하기도 한다. 한 번 지나간 상황은 다시 촬영할 수 없음으로 중요한 상황을 놓치지 않도록 매우 집중해야 한다. 참고로 몰래 카메라로 촬영할 때 메모리 카드, 와이어리스 마이크, 카메라 배터리 등의 잔량이 부족하면 중요한 순간에 영상과 소리를 기록할 수 없으므로 사전에 잔량을 확인하고 여유 있는 것으로 교환하는 준비가 필요하다.

② 조명

촬영하기 좋은 환경이면 조명을 사용하며 정상적으로 촬영한다. 하지만 대부분의 고발 프로그램은 조명을 할 수 없으므로 사전에 현장 상황을 고려해 카메라가 최대한 노출을 확보할 수 있도록 ND 필터, 조리개 조절 방식, 감도(ISO·DB) 등을 설정해두어야 한다.

③ 오디오

촬영 조건이 좋으면 정상적인 방법으로 말하는 내용을 수음하지만 촬영 조건이 어려우면 몰래 수음하기도 한다. TV 방송용 ENG 카메라로 몰래 촬영하며 목소리를 수음할 때에는 카메라 자체 마이크나 취재원이 와이어리스 마이크를 숨겨서 사용한다. 이때 말하는 사람과 마이크의 거리가 가까울수록 내용이 잘 들린다. 취재 중 필요한 내용이 언제 나올지 사전에 예측할 수 없으므로 상황이 시작되고 종료될 때까지 계속 이어서 촬영하고, 편집 과정에 필요한 부분만 잘라서 사용하는 것이 일반적이다. 참고로 목소리가 정상적으로 수음되지 않아서 방송할 때 내용이 정확하게 전달되지 않을 때에는 화면 하단에 자막을 넣어주면서 보완하기도 한다.

2-2-4 휴먼 다큐멘터리

휴먼 다큐멘터리는 사람들이 살아가는 일상적인 모습을 밀도 있게 촬영해서 보여준다. 깊이 있는 내용을 담기 위해 장시간·장기간에 걸쳐 촬영할 때는 체력의 한계와 직면할 수 있다. 또한 출연자들이 카메라에 대한 거부감도 고래해야 한다. 그런 이유로 ENG 카메라를 사용하지 않고 소형 캠코더(6mm 카메라)를 사용하는 것이 일반적이다.

그림 12-19 소형 캠코더로 휴먼 다큐멘터리를 촬영하는 모습

① 영상

방송에 처음 출연하는 대부분의 사람은 카메라로 촬영을 하면 부자연스러운 표정을 지으며 어색해 한다. 이때 제작진들이 출연자와 인간적으로 가까워지면 자연스러운 모습을 촬영할 수 있다. 출연자의 얼굴을 클로즈업으로 촬영할 때 와이드 렌즈를 사용해 얼굴에 아주 가깝게 접근시키면, 일상적인 시각에서 벗어나고 얼굴이 왜곡되어 보여 시청자들에게 거부감을 준다. 얼굴을 클로즈업으로 촬영할 때는 인물과 카메라의 거리를 최소 1m 정도 떨어뜨리고 줌 인을 사용해 화각을 좁히고 촬영한다.

휴먼 다큐멘터리는 촬영 중에 예측되지 않는 상황들이 흔하게 발생하고 출연자가 자유롭게 움직이므로 항상 주의 깊게 관찰하면서 집중하고 있어야 중요한 상황을 놓치지 않고 촬영할 수 있다. 갑자기 예측하지 못한 상황이 벌어질 때에는 짧은 시간에 순발력 있게 판단해 커트를 나누면서 있는 그대로 사실적으로 촬영해야 자연스럽게 보인다. 원하는 장면이 잘 포착되지 않는다고 연출해서 촬영하면 사실감이 떨어지므로 시청자들이 어색하게 받아들인다. 따라서 출연자의 행동을 예측해 다음 장면을 촬영할 위치를 사전에 확보하기도 한다.

② 조명

대부분의 경우 일상생활 속 기본 조명이나 자연광을 이용해 촬영한다. 빛의 양이 부족해 촬영용 라이트로 조명할 때는 실제 공간의 분위기와 최대한 비슷하게 보이도록 조명한다. 출연자들이 카메라를 부담스러워 하듯이 라이트를 비추면 심리적으로 위축되어 자연스러운 모습을 촬영할 수 없음으로 주의가 필요하다.

③ 오디오

대부분은 주인공의 몸에 와이어리스 핀 마이크를 채우고 촬영하므로 거리에 상관없이 소리가 일정한 크기로 수음되지만 주변사람들의 목소리는 작게 들린다. 별도로 붐 마이크를 사용하거나 카메라에 지향성 마이크를 장착하고 사용하면 주인공과 주변 사람들이 말하는 소리가 같은 크기로 수음된다.

출연자의 목소리가 정상적으로 수음되지 않았을 때는 화면 하단에 자막으로 보여주기도 한다. 이 방식은 소리가 들리지 않는 시청자들이 내용을 이해하는 데 도움을 준다는 것이 장점이지만 소리가 잘 들리는 시청자들은 자막이 시선을 빼앗아가므로 출연자에게 관심을 집중하는 데 방해를 준다. 휴먼 다큐멘터리에서 출연자가 하는 말은 시청자들에게 진행되는 상황을 전달하는 매우 중요한 역할을 한다. 따라서 촬영할 때 출연자가 말하는 내용이 최대한 잘 들리도록 수음하는 것이 정상적인 방법이다.

2-2-5 자연 다큐멘터리

자연 다큐멘터리는 대부분 장기간 촬영해 제작비용이 많이 들어가므로 일반적인 프로그램들에 비해 제작 빈도가 낮다. 참고로 영국의 공영방송 BBC는 많은 비용을 들여서 우수한 품질의 자연 다큐멘터리를 제작하고 전 세계 시장에 지속적으로 판매한다.

그림 12-20 자연 다큐멘터리 촬영 현장(1·2·3·4)

① 영상

자연 다큐멘터리는 동물·식물·곤충 등의 자연 생태계를 주제로 다루며, 짧게는 몇 달 길게는 1년 이상 촬영하므로 일반적인 프로그램의 촬영과 접근방법이 다르다. 사람처럼 피사체를 통제할 수 없고 자연 생태계의 리듬에 순응하며 촬영하므로 사전에 각 분야의 전문가를 통해 생태 특성을 면밀하게 분석하고 완벽한 계획을 세운 다음 촬영해야 실패하지 않는다.

시청자들에게 평소에 보지 못한 자연의 다양한 현상들을 보여주기 위해 확대 촬영을 하거나, 시간 흐름을 압축해 보여주거나, 주 피사체의 시점 등에서 촬영하는 경우가 많다. 확대 촬영은 이노비전과 접사 렌즈를 주로 사용한다. 근접 촬영이 어려운 피사체를 크게 촬영할 때는 고배율 망원 렌즈를 사용하거나, 주 피사체 주변에 카메라를 설치하고 멀리 떨어진 곳에서 카메라를 조절하면서 촬영한다. 인터벌 촬영은 구름의 이동, 바다의 밀물과 썰물, 꽃이 피어나는 장면 등과 같이 주로 장시간 동안 진행되는 자연의 현상들을 짧은 시간에 압축해 보여주므로 촬영이 끝났을 때 화면 크기나 촬영 시간 내에 피사체의 움직임 끝나는지 사전에 예측하고 대비해야 성공할 수 있다.

그림 12-21 자연 다큐멘터리에서 인터벌 촬영 모습(1·2)

때로는 사람의 시각으로 볼 수 없는 장면을 촬영해야 하는 경우도 있다. 적외선·저조도 카메라 등은 야간에 동물들의 생태를 촬영할 때 흔하게 사용한다. **적외선 카메라**는 피사체를 향해 적외선을 쏘고, 반사되는 적외선을 렌즈 뒤에 장착된 적외선 어댑터가 감지해 전자적으로 증폭해서 화상을 얻는 방식이다. 원거리에 있는 피사체를 촬영할 수 없다는 것이 단점이다. 촬영되는 화면은 검정이나 녹색이다. 비슷한 용도로 사용되는 **저조도 카메라**는 야간에 빛이 없는 어두운 조건에서도 별빛이나 달빛을 전자적으로 증폭해 컬러 영상으로 촬영한다.

그림 12-22 적외선 촬영 이미지(1·2), 적외선 어댑터를 카메라에 장착한 이미지(3), 적외선 방출기(4)

② 조명

자연 다큐멘터리는 주로 자연광을 이용해 촬영한다. 인공광은 자연광이 없는 동굴이나 야간에 활동하는 동물·곤충, 낮에서 밤까지 이어지는 인터벌 촬영 등을 할 때 사용한다. 참고로 식물이나 곤충을 인공조명을 비추고 장시간 촬영할 때는 조명기구가 발산하는 열이 식물이나 곤충에게 피해를 줄 수 있으므로 열이 발생하지 않는 LED라이트를 사용한다. 야간에 활동하는 동물들을 인공조명을 비추며 촬영할 때는 동물들이 조명에 적응하는 시간이 필요하다.

③ 오디오

소리를 수음할 때 초지향성 마이크를 사용하는 것이 일반적이다. 움직이는 경로가 일정한 동물이나 곤충 등을 촬영할 때에는 와이어리스 마이크를 피사체와 가까운 거리에 숨겨 놓고 사용할 수도 있다. 촬영장소의 대부분이 야외이므로 바람소리를 주의하며 수음한다.

2-2-6 드라마

드라마는 동시녹음·조명 감독 등과 같은 각 분야의 전문가들이 동시에 촬영에 참여하기 때문에 일상적으로 제작되는 프로그램들에 비해 영상의 완성도가 매우 높다. 촬영감독은 카메라가 촬영하는 위치, 카메라가 움직이는 방법, 연기자의 위치와 이동경로, 화면 구도와 크기, 조명 상태 등에 많은 신경을 쓴다.

그림 12-23 드라마 촬영 현장(1·2)

① 영상

사전에 대본을 정확하게 분석하고 전개되는 이야기의 분위기와 상황에 맞게 촬영용 콘티[2]를 만든다. 촬영을 시작하면 촬영감독은 콘티와 같이 카메라가 촬영할 화면 크기·구도·위치·거리·높이·무빙 방법 등을 결정한다. 촬영에 소요되는 시간을 줄이기 위해 대부분의 경우 마스터 쇼트 기법을 사용한다. 참고로 역사적인 내용을 다루는 사극은 화면 속에 시대에 맞지 않는 피사체들이 보이면 사실감이 떨어지므로 특정 장소에 세트장을 별도로 만들어서 촬영하기도 한다.

② 조명

감독(PD), 촬영감독, 조명감독 등이 전개되는 이야기의 내용과 분위기를 함께 분석하고 강한·연한 대비 조명 등을 혼합 사용한다. 강한대비 조명은 극적 긴장감을 잘 표현하고 연한 대비 조명은 편안한 느낌을 표현한다. 밝은 조명은 편안함을 표현하고 어두운 조명은 불안감을 표현한다. 이와 같이 드라마 촬영에서 조명은 촬영되는 영상의 품질, 이야기의 분위기, 주 피사체의 강조 등에 많은 영향을 준다. 예를 들어 조선시대의 밤거리와 현 시대의 밤거리를 서로 비교하면 빛의 밝기, 색상, 비추는 각도 등에 차이가 있다. 현대 사회도 대도시의 밤거리와 시골 마을의 밤거리는 빛의 밝기, 색상, 비추는 각도 등에 차이가 있다. 따라서 각 상황을 면밀하게 고려해 조명한다.

③ 오디오

기본적으로 소리 수음의 전문가들로 구성된 오디오팀이 촬영에 참여해 연기자의 목소리는 크고 주변 소음은 작게 들리도록 수음한다. 소음이 지속적으로 들리는 환경에서 촬영하면 촬영 후 연기자가 대사를 하는 순서에 따라 편집할 때 주변 소음이 툭툭 끊기는 현상이 나타난다. 이와 같은 때에는 촬영이 끝난 다음 주변에서 들리는 소음을 길게 녹음해서 편집 과정에 배경음으로 사용하면서 소음이 끊기는 현상을 방지한다.

대부분 초지향성 붐 마이크를 사용해 소리를 수음하지만 카메라 무빙, 화면 크기, 연기자의 동선 등에 의해 붐 마이크의 위치가 많은 제약을 받는다. 인공조명을 비추고 촬영할 때는 붐 마이크의 그림자가 카메라 앵글에 노출되는 것을 주의한다. 참고로 역사적인 내용을 다루는 사극은 시대와 맞지 않는 자동차·비행기 소리 등이 수음되지 않도록 주의한다.

---

2 continuity. 영화나 텔레비전 드라마를 촬영할 때 각본을 바탕으로 필요한 각각의 장면들을 그림으로 그린 것이다. 카메라의 촬영 각도와 위치, 연기자의 대사 및 액션 방법 등을 함께 적기도 한다.

방송 환경의 변화와 미래

텔레비전 방송은 아날로그 방식의 흑백·컬러, 디지털 방식의 SDTV·HDTV·UHDTV 방식으로 진화하는 동안, 그 시대의 최첨단 기술들을 활용해 2차원의 평면 위에 동영상을 재현하면서 눈으로 보는 3차원의 현실과 최대한 비슷하게 보여주기 위해 노력해왔지만 현실과 차이가 있다.

3D 입체영상은 2차원 영상의 한계를 극복하고 사람이 현장에서 직접 체험하는 것과 같이 보여준다. 제작하고 재현하는 방식 차이에 따라 스테레오·홀로그램·가상현실·증강현실 등으로 나누어지며, 영화·교육·통신·의료·게임·엔터테인먼트 등과 같이 매우 다양한 분야에서 활용한다.

하지만 TV 방송에서 사용할 수 있는 스테레오 방식은 화면을 시청할 때 나타나는 시각피로 문제로 활성화되지 못했다. 홀로그램은 안경을 써야 하는 불편함이 없고 다양한 방향에서 시청할 수 있으며 시각피로 현상도 없지만, 움직이는 피사체를 촬영할 수 없어 TV 방송에서는 사용할 수 없다. 가상현실(VR)은 사전에 제작되는 프로그램에서는 사용 가능하지만 실시간으로 방송하는 생방송은 화면에 제작진들이 보여 시청자들이 내용에 몰입하는 데 방해를 줄 수 있다. 증강현실(AR) 역시 방송에서 사용할 수 없다.

한국은 2017년에 세계 최초로 HDTV에 비해 해상도가 4배 높고 색 표현 범위가 사람의 시각과 비슷한 UHDTV 방송을 시작했고, 머지 않아 사람이 눈으로 보는 현실과 비슷하게 명암을 표현하는 UHD 방식의 HDR 영상으로 발전할 것이다. 그러면 시청자들이 눈으로 직접 체험하는 현실과 최대한 비슷한 해상도·색·명암 등을 표현하는 영상을 시청할 수 있게 된다.

하지만 기술의 발전에 의해 방송 방식이 바뀌어도 가장 중요하게 다루어져야 하는 것은 수용자이면서 소비자인 시청자들이 동영상으로 만든 다양한 종류의 프로그램을 시청할 때 느끼는 심리적인 작용이다. 시청자들과 커뮤니케이션하는 과정에 이 책에서 설명한 '카메라로 동영상을 촬영할 때 영상미학에 사용되는 예술적·기술적 원리'가 조금이라도 도움이 되기를 바란다.

INDEX

참고 문헌

- 《영화 연출론》, 스티븐 D 캐츠 저. 김학순·최병근 역. 2022. 시공아트

- 《영상 제작의 미학적 원리와 방법》, 허버트 제틀 저. 2016. 커뮤니케이션북스.

- 《방송과 기술》, 2014, 10월호

- 《미디어의 이해》 허버트 마셜 매클루언 저. 박정규 역. 2011. 커뮤니케이션북스.

- 《영상포럼》 30호, 한국방송촬영감독연합회

- 《한국방송카메라감독연합회》 2010년 6월호

- 《시지각과 이미지》, 리처드 D·자키아 저. 박성완·박승조 역. 2007. 안그라픽스

- 《텔레비전 장르의 이해》, 글렌크리버·토비밀러·존털로그 저. 박인규 역. 2004. 산해

- 《색채와 컴퓨터 그래픽》, 린제이 맥도날드 저. 김동호 역. 2001. 이화여자대학교출판문화원

- SONY. The Basics of Camera Technology.

- SUPER HI-VISION REVIEW. 2008. Masayuki Sugawara(NHK)

프로페셔널 영상 촬영의 바이블

촬영감독이 쉽게 풀어쓴 영상 촬영의 이론과 실제

3판 1쇄 발행 2024년 04월 10일

※ 이 책은 《HD 영상촬영 이론과 실제》의 전면 개정판입니다.

지은이 장기혁

펴낸이 최현우

디자인 박세진 · **조판** SEMO · **마케팅** 오힘찬

펴낸곳 골든래빗(주)

등록 2020년 7월 7일 제 2020-000183호

주소 서울 마포구 양화로 186 LC타워 5층 514호

전화 0505-398-0505 · **팩스** 0505-537-0505

이메일 ask@goldenrabbit.co.kr

홈페이지 www.goldenrabbit.co.kr

SNS facebook.com/goldenrabbit2020

ISBN 979-11-91905-66-3 93000

* 파본은 구입한 서점에서 바꿔드립니다.

우리는 가치가 성장하는 시간을 만듭니다.

골든래빗은 가치가 성장하는 도서를 함께 만드실 저자님을 찾고 있습니다.

내가 할 수 있을까 망설이는 대신, 용기 내어 골든래빗의 문을 두드려보세요.

apply@goldenrabbit.co.kr